ニーナ・ネセス 著
五十嵐加奈子 訳

ホラー映画の科学

悪夢を焚きつけるもの

Nightmare Fuel
The Science of Horror Films

Nina Nesseth

FILM ART
フィルムアート社

NIGHTMARE FUEL
The Science of Horror Films
by Nina Nesseth

Published by arrangement with Tor Publishing Group
through Japan UNI Agency, Inc., Tokyo.

ホラー映画の科学——悪夢を焚きつけるもの　目次

・映画名、TVシリーズ名、TV番組名、書名、ゲーム名、雑誌名には『』を、映画やゲーム等のシリーズ名、論文名には「」を、そのほかの固有名には〈〉を用いた。なお〔〕は訳注を示す。
・日本で公開・ソフト化が行われている映画名は邦題を記した。日本未公開・未ソフト化・未放送作は、初出時に原題に続けて（）内に直訳を記した。未翻訳の書籍についても同様である。
・映画名の後に続く（）内には公開年・監督名を記した。
・引用された書籍に既訳がある場合は、適宜参照のうえで新たに訳出した。

はじめに

「ホラー映画は好き？」

『スクリーム』（96／ウェス・クレイヴン監督）の象徴的なオープニング・シーンで、電話の向こうの声が問いかけてくる。この問いに、あなたならどう答えるだろうか？　私は「イエス」だ。この本を手にしているということは、あなたの答えもきっと「イエス」だろう。でも、できればあなたにはケイシー（ドリュー・バリモア）のような状況に陥る前に、つまり知らぬ間に殺人鬼に侵入されてしまう前に、ドアに鍵をかけるだけの分別を持ち合わせていてほしい。

あのシーンを最初に見たとき、あなたはどう感じただろうか。ホラー映画に関する簡単なクイズにも答えられないケイシーがもどかしかった？　自分なら正しく答えられたのにと思った？　あの映画のポスターの中で一番有名な役者が、まだタイトルカードも出ないうちにあっさり死んでしまったことに衝撃を受けた？

怖かった？

そういう気持ちをひとつでも抱いたなら、あなたはひとりではないから安心してほしい。そう感じるように、最初から仕組まれていただけなのだから。

あなたが最後に映画館で見たホラー映画を思い出してほしい。その映画は怖かった？　面白いことに、ホラー映画を見たと誰かに言うと、真っ先に返ってくるのは「面白かった？」ではなく「怖かった？」という問いだ。

人々が娯楽のために恐怖を求めることを、ホラー映画の長い歴史は物語っている（それをさらに裏付けるのが、幽霊ものやホラー系のビデオゲームの成功だ）。ホラーは苦手だと言う人の大部分は、特定のスタイルやジャンルのホラーが苦手なだけのことが多い。私の経験上、ちょっと話をしてみればその人のタイプがわかる。ホラーが嫌いというのはモンスター映画が嫌いという意味で、じつは「ファイナル・デスティネーション」シリーズが大好きだったりする。あるいはスプラッター、ゴア、ボディホラーは嫌いでも、ホーンテッドハウスや憑依ものには目がない人もいる。ホラーというジャンルは人間が感じる恐怖と同じくらい幅が広く、形態もさまざまだ。ホラーファンも同様に、オールラウンドなホラーマニアから特定の恐怖の味をこよなく愛する人までさまざまだ。そんな私たちホラーファン全員に共通するのが、怖いもの好きであることだ。

ホラーを定義する難しさ

映画産業の創成期からホラー映画は存在し、いまでは劇場における確固たる足掛かりを築いている。わずかな予算での撮影を余儀なくされることも多々あったことから、ホラーはクリエイティブな映画作りの手法を生み出し、実写やデジタルの特殊効果やカメラ技術、音響、編集、物語的なストーリーテリングはあらゆるジャンルに影響を与えてきた。このように豊かな歴史を持つにもかかわらず、ホラーというジャンルは低級なものとして排除されがちだ。そして、ホラー映画が正規の映画界に闖入して賞を取ろうものなら、突如ホラーというジャンルから引き離される。『ジョーズ』（75／スティーヴン・スピルバーグ監督）や『羊たちの沈黙』（91／ジョナサン・デミ監督）に起きたのがそれだ。史上最高のホラー映画と言われることの多い『エクソシスト』（73／ウィリアム・フリードキン監督）ですら、監督によればけっしてホラーとして製作されたものではないという。ちょっと磨きをかければ、ホラー映画予備軍も高尚なドラマに生まれ変わるということだろうか？　ホラーに対して（たいていは非ホラー系の）映画制作者や批評家が抱く固定観念が、私には到底理解できない。ホラーとはこういうものだという決まりなどあってないようなもの、独自のルールを打ち破っていくのがホラーというジャンルなのだから。

もっとも、ホラーの分類なら私たちホラーファンのほうがはるかに長けているというわけでもない。お互い現実的になろう。何をホラーと見なすか、ホラーファンはその要件に厳しいことで有名だ。一九六〇年がホラーにとってすばらしい年だったのは多くが認めるところで、『血ぬられた墓標』（マリオ・

バーヴァ監督)、『血を吸うカメラ』(マイケル・パウエル監督)などの名作が登場した。そしてもちろん、ヒッチコックの『サイコ』もそうだ。この映画がホラーというジャンルに与えた影響は否定できない。ところが、『サイコ』はホラーのカテゴリーに加えるに値しないと考える人もなかにはいるのだ。ノーマン・ベイツはその猟奇的な行動とは裏腹に、批評家によるモンスターの定義には当てはまらない……彼はいかなる点でも超自然的な存在ではないから、というのがその理由だ(たとえばノエル・キャロルは、モンスターとは現代科学が定める「自然の秩序に反する存在」でなければならないとしている。この定義に従うなら、映画の文脈を排除してしまえば、ノーマン・ベイツにはモンスターにふさわしい特徴が備わっていないけれど、スーパーマンにはそれがあることになる)。最近では、一部で〝高尚なホラー〟と呼ばれる作品が増えてきて、多額の予算を投じ、批評家にも広く支持されるそのような作品を見ていると、ジャンルの境界線がわからなくなってくる。たとえば『ゲット・アウト』(17/ジョーダン・ピール監督)、『ヘレディタリー/継承』(18/アリ・アスター監督)、『イット・フォローズ』(14/デヴィッド・ロバート・ミッチェル監督)、そして『ウィッチ』(15/ロバート・エガース監督)などがそうで、恐怖をもたらすと同時に高尚な感性にも訴えかけてくる。これらは低予算の恐怖よりもホラーとして価値があるのだろうか。必ずしもそうではなく、それもホラー映画がとりうるひとつの形なのだと私は思いたい。

スラッシャーはあなたが定義するホラーに当てはまるだろうか。SFホラーはどうだろう。サイコスリラーは？　ほんの少しでもホラーの要素があればホラー映画と言えるのか、それとも「トロープ」と呼ばれる独自の〝お約束〟をすべて満たさなければいけないのか。

そうか、わかった。ホラーはどんどん広がっていくジャンルで、ときに圧倒されそうなほどの数のサブジャンルがあるということだ。どこで線を引くかは個人的な問題だ。それはわかっている。けれども私は門番にはなりたくない。あなたならこの本に出てくる例をホラーと見なさないかもしれないが、それはほかの人にとってはホラーかもしれない。私は自分自身がすばらしいと思う恐怖の瞬間と、その例となりそうな作品を選んだつもりだ。

　とはいえ、ホラーには誰もが認める不可欠な要素がいくつかあると思う。ホラーはたいてい人を怖がらせるためのもの、最低限でも鑑賞者を不穏な気分にさせるものと定義される。そういう情動反応を引き起こすことを〝約束〟している点で、ほかのジャンルの映画に比べて特別だ。ホラー映画はあなたに恐怖を与えることを約束し、各映画の成功は、その約束を果たすかどうかにかかっている。たしかに、悲しい気持ちにさせたり感動を与えたりするのが狙いのドラマ映画や、笑いのツボをくすぐりたいコメディ映画もあるが、たとえ泣けなくても、ジョークがあなたのユーモアセンスに響かなくても、映画そのものは楽しめる。けれども、「怖くはなかったけど、すごく良い映画だったね！」なんて言いながら劇場から出てくる人などめったにいないだろう。ホラー映画が怖くないなら、なんの意味があるというのだろうか？

　じつは、ホラー映画の恐怖には多くの仕掛けがある。ホラーは鑑賞者の心理学的・生理学的システムを利用して、私たちを戦慄させる瞬間を作り上げる。すると今度は鑑賞者である私たちが、ホラー映画と連携して緊張感を生み出し、自ら恐怖を作り上げるのだ。ホラーは私たちに共謀者であることを求める。そしてこの共謀関係によって、つまり私たちがジャンルとしてのホラーに加担することで、ホラー映画を見るために座席に着くと、これから目にするものへのきわめて明確な期待感が高まっていく。

ジョン・カーペンター監督はこれを、「人々が見たいのはそれだ。彼らは同じ映画を何度も見たいのだ」という表現で捉えた。この場合の〝同じ映画〟とはシリーズのことを言っているのだが、その気持ちはホラーというジャンル全体に通じると思う。アンドリュー・ブリットンはこの現象を、リンダ・ブレア主演のスラッシャー映画『ヘルナイト』（81／トム・デ・シモーネ監督）に触れながら、より詳細に描写している。

> 観客はみな、その映画のどこで何が起きるかを知っていた。登場人物がどの順番で消されるかもわかっていた。さらに予告編までついていて、実際の映画が始まる数分前にドラマチックなシーンがエキサイティングに映し出された。このように完全な予測が可能であっても、退屈や失望が生み出されることはなかった。それどころか、明らかにその予測可能性こそが楽しみの主たる源であり、唯一失望するとすれば、そのお決まりの繰り返しに変化が生じたときだろう。（強調は筆者による）

これは興味深い。

最高のホラー映画とは、階段を歩いたり明かりを消したりするのが不安になるような映画だ。指のあいだから覗くようにスクリーンを見て、その晩は眠れなくなるような映画だ。

ホラー映画が人に与える影響を、私は細かく分析してみたい。恐怖を作り上げる人たちは、どのように科学を活用して鑑賞者を怖がらせるのか。私たちの脳や身体はどう恐怖に向き合うのか。また、論理的に考えれば、スクリーンに映し出されるのは回避すべきシナリオであって、喜んで身を晒すべきものではないのに、私たちはなぜさらなる恐怖を求めて何度も映画館に足を運ぶのだろうか。

この本の執筆中、私はホラー映画研究家や歴史家、監督、作曲家、映画編集者など、この世界に携わるさまざまな人たちと膝を交えて語り合うという幸運な機会を得て、制作者として、また見る側としての、このジャンルに対する彼らの視点を細かく分析することができた。すると、ほぼすべての会話に通じる共通点が浮かび上がった。それは、ホラー映画作りには共感、同情、同一視の要素が必要だということだ。私たちがホラー映画を見ているときの認識自体は脳が化学信号を発することで生まれる認知現象のひとつなのだが、これは制作者の情緒的ストーリーテリングによって作られたものだ。

私はホラー映画を成立させるあらゆる要素について、その方法や理由を探りたい。ホラーの何が私たちをぞくぞくさせるのか。もっとも効果的なモンスターや恐怖とはどういうものなのか。音や映像が果たす重要な役割とは何か。時を経ても古びない映画と、古臭くなってしまう映画があるのはなぜなのか。

ひとりのホラーファンとして、私はこの調査を通じて、ホラー映画にたびたび登場するお約束への認識が深まった。また科学者としては、スクリーンに映し出されるたんなる映像に自分がなぜあれほど怯えるのかが理解できた。

そういうわけで、ここで改めて尋ねる。ホラー映画は好き？
その理由を、あなたは考えたことがある？

第一章

恐怖を感じると、脳はこうなる

映画鑑賞は〝頭を使わない〟活動だと言われるのが、私は何よりも腹立たしい。上映中は脳の回路をオフにして、目玉だけで映像を追っているとでもいうのだろうか。とんでもない。それどころか脳は大いに関わり、忙しく働き、あなたのために経験を作り出している。脳の関与が如実にわかるのがホラー映画を見ているときで、映画制作者はあなたの脳と身体がほぼ確実に示すはずの反応を見込んで恐怖を作り上げている。

ここでまず、これまでに製作されたホラー映画のほぼすべてに登場するシーンを見てみよう。主人公は夜にたったひとりで自宅にいる。家の中は暗い。そのとき何やら奇妙な物音がして、主人公は確かめにいく。暗い廊下に出ると、突き当たりのドアが少しだけ開いている。部屋の中は真っ暗で何も見えない。ドアの向こうに何かがいるのだろうか？　主人公はゆっくりとそちらに歩き出し、静寂の中、あなたの耳にはその息づかいと床板がきしむ音だけが聞こえる。映画音楽がじわりじわりと音量を増し、何かが潜んでいるのではないかと、あなたは廊下の物陰や暗い隅にくまなく目を凝らすが、暗すぎてよくわからない。不安げな表情でドアノブに手を伸ばす主人公。と、そのとき不意に大きな音がして、主人公が後ろに飛びのく！　それと同時に、一匹の猫が部屋から駆け出していく。

なるほど！　さっきの物音は猫のしわざだったのか——猫は夜に活動するおかしな生きものだから、夜中に退屈して家の中を駆け回り、棚から物を落とすなど、いかにもやりそうないたずらをしていたんだろう。主人公はほっと胸を撫で下ろし、疑心暗鬼になっていた自分を笑いながら、猫を抱き上げようと身をかがめる。ところが次のショットで、猫を抱いて立ち上がる主人公のすぐ後ろにいる怪物の姿を私たちは見るのだ。

このシーンには、解き明かすべきものがたくさんある。そこには恐怖、戦慄、衝撃の要素がすべて盛り込まれ、スクリーン上の人物は明らかにそれらを体験している。一方、映画を見ている側はといえば、このシーンが展開するあいだに各要素をどれだけ体験できるかは人それぞれだ。

優れたホラー映画に真の〝恐ろしさ〟を与えているものはなんだろうと考えたとき、行き着くのは二つの要素——「テラー（terror）」と「ホラー（horror）」だ。この二つの言葉はよく同じ意味で用いられるが、じつは大きく異なる。テラーには緊迫感が伴う。例のあの不穏な、ぞくぞくする感覚であり、何かが起きる、あるいは目の前にあらわれることへの高まる不安と予感——要するに、びくびくした状態である。かたやホラーのほうは、実際に何かが起きてから私たちが示す反応だ。そう定義付けてくれたのは、ゴシック小説の母アン・ラドクリフだ。

私はラドクリフが使った言葉に微調整を加え、テラーと、そこからホラーに至る前のあらゆる感情をひとまとめにして「フィアー（fear）」と呼ぶことにする。誰もが知るフィアー——恐れ、恐怖心だ。私たちはつねに、起こり得る〝悪いこと〟から身を守るメカニズムとしての恐れ《フィアー》を体験している。

ホラーとは、その悪いことが起きてしまった結果だ。

恐れが有用なツールであることは、意外でもなんでもない。私たちが命を失わずにいられるのは、そのおかげなのだ。危険な状況で恐怖を感じることで、問題を解決したり、その状況と距離を置いたり、そもそも危険な状況に陥らないよう用心したりする可能性がそれだけ高まるからだ。

非常に有用なツールであるがゆえに、世代を超えて受け継がれてきた恐れもある。そうして進化してきたものの格好の例が、よくある暗闇に対する恐怖心だ。道具の使用と技術は、人類に天敵のいない世界をもたらした。けれども、遠く歴史をさかのぼればすぐにわかるように、私たちはつねに食物連鎖の頂点にいたわけではない。一説によると、人が暗闇を恐れる理由はその歴史にあるらしい。大型ネコ科動物など捕食者の多くは、夜に攻撃することを好む。だが、夜は人間の目がもっとも見えにくい時間帯でもある。私たちはもともと、目玉の奥にタペタムと呼ばれる光沢のある組織の層を持たない。タペタムは光を反射し、夜間視力を向上させる。フラッシュを使って写真を撮ると多くの動物の目が光るのもそのためで、人間の場合は血管が多く通っている網膜が光を反射するため、いわゆる「赤目」になりやすい。暗闇を怖がる人間ほど、捕食されないよう夜間は安全な場所に留まる傾向にあった。一方で豪胆な人間は、目が見えにくい夜間にわざわざ外に出かけるなどの無謀な行動をとりがちだったのかもしれない。

この手の恐怖は、捕食者がおらず十分に明かりもある現代ではとくに役に立たないかもしれないが、世代を超えて維持されてきたようだ。トロントにあるライアソン大学〔現トロント州立大学〕のコリーン・カーニーが二〇一二年に行ったある小規模な研究では、寝付きの良い人と悪い人を集めて明るい部屋か暗い部屋のどちらかに入れ、変則的に大音量のホワイトノイズを聞かせた。すると、概して明るい部屋よりも暗い部屋のほうで大きな驚きの反応が記録され、さらに、寝付きの悪い人は、ほぼ問題なく眠りについていた人よりもはるかに強い不快感を訴えた。不快感――それは主観的なものだが、ここでは重要なキーワードとなる。暗闇が怖いという話はよく聞くが、それは通常、悲鳴を上げるような類の恐怖ではない。一般的に語られるのは、暗闇に包まれたときの不安感や不吉な胸騒ぎだ。

映画制作者はこの不安感を利用して、多くは暗い色調を用い、スクリーンの端のさらに暗い片隅にあらゆる種類の悪霊や殺人鬼、悪魔、その他の脅威を潜ませる。何か邪悪なものの気配はないかとスクリーンの一番暗い部分を目で探ったことがあるならば、それは発達した恐怖心が、ホラー映画のお約束に対するあなたの基本的な理解とうまく組み合わさって作用しているからだ。

まず覚えておくべきは、恐怖はあなたの脳の中に存在するということだ。私たちはさまざまな種類の恐怖を経験することができる。脳には恐怖が伝わる経路が複数存在することが証明されており、その多くは（全部ではない！）大脳辺縁系として知られる場所に集まっている。脳のどの部分が辺縁系に含まれるかについては完全な合意があるわけではないが、一般的にそのエリアが人間の感情の大部分を司ると考えられている。

さてここで、奇妙な物音を聞いたホラー映画の主人公に話を戻そう。このシナリオで私たちに関係する大脳辺縁系の部位には、扁桃体、視床下部、海馬がある。

「扁桃体」とは、左右の側頭葉の奥深くにあるアーモンド（扁桃）型の構造体だ。扁桃体は多くの情動反応を解き明かす鍵となる器官で、有名なものに闘争・逃走反応がある。扁桃体はまた、恐怖に関わる情報や怖い記憶の保存と処理にも関係している。一九九四年、研究者ラルフ・アドルフスとそのチームは、扁桃体に影響を及ぼす障害を引き起こす疾患について調査を行った。その結果、そうした疾患を持つ人は他者の恐怖の表情を認識し解釈するのが難しい傾向があることがわかった。面白いことに、この研究によって、扁桃体は幸福、驚き、悲しみ、怒り、嫌悪など、恐怖以外の感情の認識には影響しないことも明らかになった。扁桃体は一般的に恐怖の処理を司る脳の主要な中枢として認識されているが、さらに、インプットされたのが苦痛に対する恐怖か、捕食者への恐怖か、他者からの攻撃に対する恐怖かといった種類に応じて、異なる回路に信号を送っている可能性があるのだ。

「海馬」は、記憶の中身に文脈を与える役目はもちろん、扁桃体と同様に記憶を保存し想起させる役目を果たしている。海馬というのはその形からついた名で、タツノオトシゴのくるりと丸く巻かれた尾に似ている（私はむしろ、ロールカステラに似ていると思いたい）。海馬と扁桃体はいずれも、意識的にまたは無意識のうちに、奇妙な物音を記憶と照合し、それが脅威かどうかを判断するのを助ける。

「視床下部」は、脳と体内のホルモンをつなぐ役目を担っている。喉の渇き、食欲、疲労などを司り、視床下部が信号ホルモンを出すと、それがトリガーとなって、脳のほかの部分や身体は特定のタスクを行うのに必要なホルモンを分泌する。言わば、ホルモンのリレーシステムのようなものだ。有名な闘争・逃走反応を起こすのは扁桃体だが、扁桃体に信号を送ってその反応を促すのは視床下部なのだ。

われらが主人公のシナリオで活躍するのは、これら大脳辺縁系の三つの構成要素だけではない。廊下を進んでいくとき、主人公は恐怖心に打ち負かされる前にそれを抑え込もうとする。腹外側前頭前野は意志力や自制心を司る、脳内の頼りになる領域だ。あなたがいま恐怖心などの感情を自分で抑え込もうとしているなら、腹外側前頭前野が扁桃体などほかの領域を制止して助けてくれるだろう。一方、腹内側前頭前野はあなたが状況をどれだけコントロールできるかを能動的に把握し、ストレス反応を形成するのに役立つ。

猫が部屋から飛び出してきて主人公を驚かせると、この新たなインプットは大脳辺縁系を完全に迂回して、そのまま反射モードに入る。ここで重要な役目を果たすのが「脳幹」だ。脳幹は大脳皮質のしわくちゃな襞《ひだ》の中で行われる処理作業の多くを省略する。脳幹が司るのは、呼吸することや、心臓を動かしつづけること、飛びかかってくる何かから反射的に身を守ることといった、意識する必要のないさまざまな自動機能だ。

脅威

そしてもちろん、われらが主人公には闘うべきモンスターがいる。

まともなホラー映画なら、リアルなものであれ架空のものであれ、なんらかの脅威が登場するはずだ。『エルム街の悪夢』（84／ウェス・クレイヴン監督）にはフレディ・クルーガーがいる。『13日の金曜日』（80／ショーン・S・カニンガム監督）にはジェイソン・ボーヒーズ（厳密に言えば、ジェイソン・ボーヒーズの母親）、そして『ブレア・ウィッチ・プロジェクト』（99／ダニエル・マイリック、エドゥアルド・サンチェス監督）にはもちろん、ブレア・ウィッチがいる。幸運にも、人間の脳にはもともと脅威に対処するシステムが組み込まれている。たとえば本章の冒頭で示した状況では、要するに次のようなことが起きる。シーンの最初で、脳はあなたに、脅威が存在するかもしれないと告げている。自分はいま映画を見ているだけだと頭ではわかっていても、あなたの身体は万が一それがリアルだった場合のために、その脅威に備えている。観客として安全なシートにお尻を預け、スクリーンで展開されるアクションの外にいるあなたは、怖い状況を把握して自分なりに期待を高めていくことができる。ホラー映画を見る楽しみの半分はそこにある。

けれども、あなたがもし主人公の立場なら実際に怖いと感じるかもしれないし、それは珍しいことではない。じつは恐怖を感じることは、あなたにとって〝有益〟かもしれない！　恐怖感とは、あなた自身とその身体に脅威に立ち向かう準備をさせるために脳が用いる道具だからだ。あなたがまだ恐怖を感じていないとしても、少なくとも感覚は鋭くなっているはずだ。警戒心すら抱いているかもしれない。あなたの〝考える〟脳はその感覚の脇役に徹し、あなたが見るもの、聞くもの、嗅ぐもの、味わうもの、触れるものはすべて、近くに脅威がないかどうかを見極めるための重要な手がかりとなる。

幸い、私たちは脅威を察知する能力に非常に長けている。たとえば、よく引き合いに出されるアヴェイロ大学のサンドラ・ソアーレスの研究では、ヘビなどの不吉な映像は、それがほんの一瞬、脅威を見たと観客がまったく認識できないくらい短い時間ちらりと映し出されただけでも脅威反応を引き起こすことがわかった。これは「ヘビ検出理論」として知られるものとも合致する。実験によって、被験者は(幼児ですら!)画像から花よりも先にヘビを発見できることが証明された理論だ。この理論はさらに、人間が暗闇を恐れるように進化したのと同じように、ヘビなどの脅威を選択的に恐れるように進化したことを示唆する。それは、見つけたときにはすでに手遅れである何かと遭遇するリスクを回避するためだ。いまの時代、ヘビに噛まれることはそれほど大きな脅威ではないかもしれないが、進化した適応性——脅威となりそうなものを目で見つけ出す能力——は、いまでも役立つかもしれない。

重要なのは、脅威の検出はヘビに限ったものではないということだ。概して、銃やクモといった脅威もすぐに目に留まって認識されやすい。そして脅威を素早く察知できる人ほど生き残る可能性が高くなる。あなたが警戒態勢になるのは、扁桃体のおかげでもある。扁桃体は目新しいものに対してやたらと神経質なのだ。

人間はまた、視界の隅にあらわれたものに非常に敏感だ。実際、目の前の脅威よりも視界の隅にあらわれた脅威のほうに速く反応することさえある。ある研究で、視野の中心と周辺にそれぞれ怖い顔と普通の顔の画像を提示して脳領域の活動を測定したところ、怖い顔が周辺視野に示されてわずか八〇ミリ秒後に、被験者の前頭葉と右の側頭葉の奥(扁桃体が含まれる)に反応があらわれた。これに対して視野の中心に怖い顔が提示された場合では、脳の活動は恐怖の解釈に直に関連する領域ではなく、より一般的な視覚経路を通じて誘発された。それだけではなく、恐怖の解釈には一四〇から一九〇ミリ秒と二倍近い時間がかかった。私たちは周辺視野にあらわれるものを、自分が何を見ているのかを真に認識する前に処理するばかりでなく、それを脅威として処理しがちなのだ。

恐れている脅威が実際に姿をあらわしたら、私たちは次のような反応をするようプログラムされている。闘争・逃走反応というのを聞いたことがあるだろう。脳と身体を乗っ取って、窮状から人を脱出させると言われる反応だ。けれども、私たちがストレスに対処できるよう助けてくれる「F」は、この「闘争《ファイト》（fight）」と「逃走《フライト》（flight）」だけではないし、また、それが必ずしも最初の助っ人というわけでもない。

脅威に対する一般的な反応として、ほかにもいくつかの「F」がある。〝ヘッドライトを当てられたシカ〟状態の「フリーズ（freeze）」、〔オポッサムがよく死んだふりをすることから〕〝ポッサムごっこ〟とも呼ばれる「戦慄《フライト》（fright）」、そして「フレンド（friend）」。フレンドは脅威を緩和させるための不本意きわまりない方法で、さらにフラート（flirt、たぶらかす）やフォーン（fawn、おもねる）が加わる場合もある。これらの「F」を合わせて防御カスケードモデルと呼ぶことがあるが、フレンドは除外されることが多い。

これらの「F」で、ホラー映画の登場人物が示す反応の多くが説明できる。映画の登場人物が、その状況に置かれたとしても自分なら絶対にしないと思うような、信じられないほど馬鹿げたことをしているように見えることがある。しかし現実世界の人間だって、脳が恐怖に乗っ取られると、ときに思いもよらない行動をとってしまうものなのだ。

フリーズ

ホームインベージョン（家宅侵入）系スラッシャー映画『サプライズ』（11／アダム・ウィンガード監督）で、エリン（シャーニ・ヴィンソン）は自分が簡単に逃げることも闘うこともできない状況にあると気づく。彼女はボーイフレンドの家族が所有する一軒家に閉じ込められ、携帯電話の電波は入らず、生きている隣人もおらず、片方の脚に怪我を負い、おまけに武装した複数の暗殺者と対峙していた。エリンは頭脳明晰で果敢な女性で、幼い頃にサバイバル・キャンプで育ったおかげで十分に肝は据わっていたが、だからといって恐怖を感じていないわけではない。だが身を隠す場所を見つけたことで、攻撃している相手の正体や動機を暴くだけでなく、周囲の状況を見極め、脅威を把握し、身を守るためのプランを練ることができた。

危険に晒されたとき、脅威に真正面から立ち向かったり逃げたりするのが最善の行動とは限らない。ときには『ジュラシック・パーク』（93／スティーヴン・スピルバーグ監督）のティラノサウルスから逃げようとしているかのようにフリーズするのが最善の策のこともある（ただし普通のティラノサウルスから逃れるように、ではない。あらゆる証拠が、その絶滅した捕食者たちは非常に鋭い嗅覚に加え、あなたがじっとしていようが命がけで走っていようが見逃さない優れた両眼視力の持ち主であったことを物語っているからだ）。

その場で凍りつくことは注意深い不動（attentive immobility）としても知られ、本能的な恐怖反応の第一段階であることが多い。これは、察知された脅威が差し迫ったものではないと（通常は無意識的に）判断されたときに、脳の中脳水道周囲灰白質という領域によって引き起こされる。中脳水道周囲灰白質とは、脳を保護する脳脊髄液が入っている中脳水道という管を囲む灰色の物質だ。この領域は痛みの処理に深く関与し、恐怖反応とりわけフリーズを引き起こすような状況下や、恐ろしい記憶が符号化される際、扁桃体と密接に連動する。

脅威がよく見える状態でじっと身を潜めていることには、思いがけない利点がある。注意深い不動の目的はその名の通りだ。脅威がまだ目前に迫らないうちに、（可能な限りそれを遠ざけながら）注意を向け、その脅威に関する情報を集めることに専念できる。動いてこそいなくても無抵抗とはほど遠く、あなたは脅威の動きを目で追い、すぐそばに近づいてきたら闘争モードに切り替えるか逃げ出せる状態にある。数多いホラー映画の死亡シーンが物語るように、さらに情報を集めようとせずにすぐに逃げ出すのは、気づかれ、追いつかれ、背後から攻撃されるリスクが高く、最悪の選択肢となりうるのだ。

もちろん、身を隠した場所でフリーズできれば理想的だ。そうすれば、相手からは見られずに攻撃者を観察できる。ホラー映画にはよく、身を隠すシーンが出てくる。たいてい登場人物は曲がり角やクローゼットの中で、手で口を押さえ、できるだけ音を立てないようにしながら、見つかるかもしれない瞬間に備えている。『サプライズ』で、エリンは地下の階段の吹き抜けに身を隠す。彼女はそこで相手からは見られずに、動物の覆面をつけた攻撃者たちが言い争う声と、犯行動機や弱点になりうる詳細な情報を聞く。ホラー映画のお約束として、隠れている人が見つかってしまうのはたいてい、思わぬ音でその場所が露見してしまうからだ。エリンの場合は、よりによって最悪のタイミングで携帯電話が一瞬つながり、彼女が送った緊急メッセージの受領を知らせる警察からの通知を受信する。

自然界では、車が近づいてくると本能的にフリーズしてしまうシカは多くの非難を浴びるが、小ジカが藪の中で捕食者の気配を感じてフリーズするなら、それには明らかにメリットがある。そこから不意に飛び出して逃げれば、急な逃走に捕食者が反応するまでのあいだ、子ジカはわずかながら優位に立てるかもしれないからだ。それはちょうど、エリンが隠れ場所から突然飛び出すことで不意打ちできるメリットを得たのと同じだ。

けれども凍りつくほどの恐怖があまりに大きいと、脳が過覚醒状態に陥り、このプロセス全体が崩壊してしまう可能性がある。過覚醒とは、注意反応が増幅され、周囲を脈絡なくキョロキョロと見回している状態で、こうなると生き延びるための選択肢を冷静に考えられなくなってしまう。

注意深い不動と関連する反射作用がもうひとつある。定位反射と呼ばれるもので、恐れるべき何かがあると判断する前からそれは始まっている。この反応は、ロシアの心理学者イワン・セチェノフが一八六三年に『Reflexes of the Brain（脳の反射）』で最初に記述したもので、のちにイワン・パブロフ（ベルが鳴ったら唾液が出るよう犬に条件付けをした、あのパブロフだ）が定位反射と名づけた。定位反射は、周囲の何かが変化したときに「いまのは何？」と思わせ、見たり、聞いた

『サプライズ』（11／アダム・ウィンガード監督）

り、感じたりしたものにすぐに注意を向けさせる。こうしていったん注意が向けば、それにどう反応するか判断できる（そして、その刺激がかなり強ければ、防御反応が働く）。フリーズ反応に似ているように思えるが、定位反射は習慣化しがちなのに対し、フリーズ反応ははるかに耐性が高い点がおもな違いだ。家が立てるきしみ音などには慣れることができても、窓の外から聞こえる銃声にビクッとするのを容易に止められないのはそのためだ。

ホラー映画に限らずどんなジャンルの映画にもある形式的特徴の多くは、定位反射を引き起こし、私たちの注意を引く。カット、ズーム、編集、突然の音といったシンプルなものであっても、私たちの「いまのは何？」センサーを作動させるには十分で、何かが起きていることにまだ気づいていなくてもいい。ホラー以外の映画ではもちろん、そうした形式的特徴は無害なものとなる。一方ホラー映画では、注意を引くだけでなく脅威の可能性を警告するために、これらのテクニックが巧みに配置されることが多い。

これであなたの身体は、全速力で駆け出すか、あるいは攻撃する準備が整ったはずだ。

闘争《ファイト》

『ハロウィン』（78／ジョン・カーペンター監督）で、ローリー・ストロード（ジェイミー・リー・カーティス）はマイケル・マイヤーズから逃げようとする。いまや彼女は、自分だけではなくベビーシッターをしている子どもたちを守るためにも彼と闘わざるをえない状況にあった。映画の終盤、ローリーは空っぽに近いクローゼットに必死になって身を隠すが、すぐに殺人者に見つかってしまう。その瞬間、恐怖心が取って代わり、ローリーは何か反撃に役立ちそうなものがないかと手を伸ばす。その手がハンガーを探り当てると、彼女は針金をほどき、クローゼットの扉が打ち破られた瞬間、マイケルの目に突き刺す。そして彼が落としたナイフをためらいもせず摑み取り、彼の胸に突き立てる。マイケルが床に倒れ込むと、ローリーは戦意を喪失したように寝室の出口のほうへよろよろと歩いていき、ドアフレームにもたれて呼吸を整える。

この時点では、脅威があるかもしれないという感覚はすでに超えている。脅威は存在し、それに対処しなければならない。あなたの脳は逃げるか脅威に立ち向かって闘うかを瞬時に判断し、あなたに告げなければならない。あなたが隠れ場所（そこでフリーズしているのであれば）に留まるつもりなら別だが、フリーズから闘争または逃走への移行は、数ミリ秒とまではいかなくても数秒で行われる。あなたはできる限り多くの情報を取り込み、それを脳の視床が処理して、扁桃体を含む必要な領域に信号を発する。すると扁桃体が視床下部を刺激し、そこからの指令で分泌された化学物質やホルモンが脳と身体にどっと送り込まれる。こうして流れ込んだホルモンが脳のほかの部分、すなわち脳下垂体に信号を送ると副腎皮質刺激ホルモンが分泌され、次にこのホルモンが副腎に信号を送り、エピネフリンとノルエピネフリン（別名アドレナリンとノルアドレナリン）というホルモンが分泌される。

エピネフリンとノルエピネフリンは心臓の動きを速め、血流を皮膚などのさほど重要でない部分から誘導し、いつでも筋肉が動かせるように準備を促す。同じ仕事をさせるのにエピネフリンとノルエピネフリンの両方を動員する必要はないように思えるかもしれないが、予備のプラン（つまりホルモン）があるに越したことはないだろう。最初のエピネフリンの波が収まると、視床下部はストレス反応の第二段階を起動させ、視床下部（hypothalamus）、下垂体（pituitary gland）、副腎（adrenal glands）――合わせてHPA軸とも呼ばれる――を再編成するが、その目的はストレスホルモンであるコルチゾールを分泌させることにある。コルチゾールは血糖値を上昇させてエネルギーを増強する。また、たとえば食べ物の消化など、目下のサバイバルにはさほど役立たない機能を抑制する働きもある。

　これが交感神経系の働きだ。交感神経系は自律神経系の一部で、生命維持のための不随意なプロセスを司る。交感神経系のおもな役割は、闘争または逃走を誘発することだ。自律神経系のもうひとつの部分である副交感神経系は、身体が安全に休んでいるときの活動を担う（「食べて子を産み育てる《フィード・アンド・ブリード》」や「休養と消化《レスト・アンド・ダイジェスト》」は、「闘争または逃走《ファイト・オア・フライト》」と比べると理想的な生き方のように聞こえる）。コルチゾールは脅威反応が起きているあいだ交感神経系のアクセルを踏みつづけ、身体を厳戒態勢にさせておく。そして脅威が過ぎ去ってコルチゾールの値が下がると、副交感神経系が後を引き継ぐ。

　闘争モードに入った人間は、見境なく暴力的になれる。それは、意識的な〝考える〟脳が中脳水道周囲灰白質に支配権を譲り渡したからだ。彼らはあらゆる武器を使い、どんな傷でも負わせる。これは人間に限らず、種を超えて共通するものだ。昆虫は嚙み、刺し、有毒物質を分泌し、鳥はつついたり爪で引っかいたりし、ほ乳類は牙やかぎ爪（そしてひづめや角）で闘い――人間は殴り、蹴り、目玉にハンガーを突き刺す。この衝動的で純粋に反応的な闘いはあなたの命を救うかもしれないが、その反面、無分別でコントロール不能にもなりうる。そのため、脅威が過ぎ去った後もしばらく闘いが続くことは珍しくない。

逃走《フライト》

オリジナル版『悪魔のいけにえ』（74／トビー・フーパー監督）で、サリー・ハーデスティ（マリリン・バーンズ）はたとえ純然たる恐怖のなかにあっても、チェーンソーに立ち向かおうとするのは賢明でないとわかっていた。それを振り回しているのが、自分よりもずっと体格が良く力も強い相手である場合はなおさらだ。ボーイフレンドがチェーンソーで切り裂かれるのを見た後、サリーの心は逃走モードに切り替わる。彼女はレザーフェイスにも、この映画に出てくるほかの攻撃者たちにもうまく反撃できず、怯えすぎて賢い逃走計画を立てることもできないが、それでも容易に脅威から逃げ切る。結局、走ることが彼女の身を救うのだ。

多くの場合、最善の選択肢は逃げることだ。できるだけ脅威との距離をとることで、身体攻撃を受ける範囲から出て、うまくいけば、チェーンソーを持つ男に殺されずにすむ安全な場所まで遠ざかることができる。

脳と身体は、あなたが闘えるようにするのと同様、あなたが逃げられるように準備を整える。違いはおもに状況だ。可能な逃走ルートがあり、脅威が迫りつつあれば、脳は中脳水道周囲灰白質に支配権を明け渡す。するとアドレナリンが身体を満たし、筋肉に準備をさせ、あなたを駆け出させる。

研究者たちは実験室でパックマンに似たゲームを使い（たとえば建物内でナイフを振り回しながら被験者を追い回したりするよりも、このほうがずっと簡単で倫理的だ）、逃走中の脳の活動をシミュレーションした。被験者がゲーム内で捕食者に捕まると、彼らは弱い電気ショックを受けた。機能的磁気共鳴画像法（ｆＭＲＩ）でスキャンした被験者の脳画像では、捕食者が安全な距離にいるとき、つまり被験者が状況を把握しているときには前頭前皮質に活動が見られた。けれども捕食者が近づいてくると物質代謝は中脳水道周囲灰白質に移り、逃走が引き起こされた。

これは覚えておかなければならない重要なことだが、アドレナリンはあなたを後押ししても、超能力を与えるわけではない。アドレナリンがどっとみなぎり、子どもが下敷きになった車を持ち上げ超人ハルク並みの力を発揮する母親の話を耳にするが、これを裏付ける経験的証拠はない。むしろ、体内を駆け巡るさまざまなホルモンに含まれる何かが鎮痛効果を引き起こし、極限まで酷使された肉体が本来感じるはずの緊張や絶叫するほどの痛みを和らげている可能性が高い。アドレナリンによるもうひとつの恩恵は、瞳孔を拡大してより多くの光を取り込むことによる視力の向上だ。そういう局面では、生き延びることが最重要事項となる。

しかし、実際のところ闘争・逃走反応の力はどれだけ持続するのだろう？　アドレナリンが全身を駆け巡ることを私たちは理解しているが、それを定量化する研究はほとんどなされていない。ホラー映画では、疲れ果て、落ちている木の枝につまずくまで、被害者は永遠に走りつづけるかに見える。けれども実生活では、命を守るために走りつづけるといった激しい身体活動をどれだけできるかは人それぞれで、身体がアドレナリンを分解し代謝する速度にもいくらか個人差があるだろう。わかっているのは、アドレナリンが普段使われるよりも多くの筋肉繊維とそれをコントロールする神経を一度に動員するということだ。それだけの運動単位が一気に活動するのはめったにないことで、これが究極の闘争・逃走状態だ。だから個人の能力がどうであれ、あなたの身体は必死にがんばり、体力が限界に達する前に生きるか死ぬかの状況から脱出させてくれるはずだ。

脅威が去った後、ホルモンの増加はたいてい急速に収束するが、これは理想的なシナリオだ。ところが慢性的にストレスを感じている場合、そうしたホルモン（とくにコルチゾール）が身体に負担を与えることがある。闘争・逃走反応の最中は、エネルギーをサバイバル・モードに振り向けるために、体内のプロセスの大半がなんらかの形で中断される。このような中断が長期に及べば、あらゆる健康面に甚大な被害が及ぶことは想像に難くない。長期間のストレスによって、不眠などの睡眠障害、不安やうつ病などのメンタルヘルス障害、消化器系疾患、心疾患、認知機能障害といったさまざまな症状が出るだろう。

戦慄《フライト》

『マーターズ』（08／パスカル・ロジェ監督）では、幼馴染のリュシー（ミレーヌ・ジャンパノイ）を助けようとするアンナ（モルジャーナ・アラウィ）の姿が描かれる。リュシーは子どもの頃、虐待を受けたカルト集団から逃れ、かつての虐待者たちを見つけ出して殺すことを自らの使命として課していた。だが、やがてアンナもまた同じカルト集団に捕らえられる。カルトのリーダーは「マドモアゼル」と呼ばれ、感受性の強い人間はトラウマによって死後の世界を見ることができると信じていた。アンナは「超越」の名のもとに行われる過酷な虐待に耐え、しまいには皮膚まで剝ぎ取られる。映画の最後、むごたらしい傷を負いながらもアンナは生きているが、その顔に表情はない。

一見、戦慄はフリーズとよく似ているように思えるかもしれないが、二つはまったく別の恐怖反応で、強直性不動または静止、〝ポッサムごっこ〟とも呼ばれる（ただし、くだけた表現として〝ポッサムごっこ〟と言った場合は犠牲者がわざと死んだふりをしていることを暗に示すが、一方の強直性不動は、ほぼ確実に無意識の恐怖反応だ）。フリーズは脅威を発見したときの最初の反応で、相手に気づかれずに逃げる方法を考えるのに役立つのに対し、強直性不動は攻撃がすでに行われ、感覚が恐怖に圧倒されているときに起こりやすい。

これは動物によく見られる反応だ。キツネにくわえられているウサギはすでに死んでいるように見えるかもしれないが、実際はさらなる攻撃や傷害を食い止めようと副交感神経系をフル稼働させている状態だ。身体はぐったりとして動かない。心拍数は低下し、目は開いたままか閉じたままだが、ウサギは周囲の状況に無反応だ。

『マーターズ』では、アンナの最後の状態をカルト集団が求める悟りの境地と解釈しているようだ。彼女はあらゆるものに無感覚で、あまりの責め苦の末、たんなる恐怖を超越してしまったかに思える。皮を剝がれる前、アンナは亡き友リュシーと会話をしている幻覚まで見るが、そのなかでリュシーは、アンナがもう怯えていないことに驚く。もうひとつの解釈は、アンナの身体が最後の力を振り絞り、彼女を苦痛から――もう逃げられないと彼女自身もわかっている責め苦から――守ろうとしているというものだ。

人間が強直性不動を経験するには、圧倒的な脅威に晒され、逃げ道が閉ざされた状態で命に危険が及ぶ状況に置かれなければならない。人間の強直性不動には裏付けがあり、性的暴行の被害者たちから報告された「レイプ麻痺」の根本原因であることが示唆されている。たしかに二つの症状は似ており、身体を動かすことも、悲鳴を上げることも、大声で叫ぶこともできず、無感覚になり、痛みも寒さもあまり感じなくなる。意識を失うことなく、そうなるのだ。

ブラジルの研究者たちが、人間の強直性不動を研究するべくこの反応を引き起こし、可能な限り客観的に測定しようと試みた。この実験のために、彼らは過去にトラウマとなるような出来事を経験した少人数の被験者を集めた。そのなかには、いまも心的外傷後ストレス障害（ＰＴＳＤ）の症状がある人たちと、それらの症状がない人たちがいた。被験者は全員、トラウマとなった経験について詳細に語るよう求められた。研究チームはその話を記録し、それを書き起こしたものをプロのナレーターにニュートラルなトーンで読み上げてもらい録音した。そして最後に、被験者はその録音を聞くよう求められた。ここで重要なのは、被験者はこの流れを事前に知らされ、この実験によってＰＴＳＤの症状が引き起こされる可能性があることを理解していたという点だ。彼らはまた、いつでも途中で実験を降りられることもわかっていた。

　この実験の結果、録音を聞くことは強直性不動に似た反応を引き出すためのかなり信頼性の高い手段であり、反応を示す率はＰＴＳＤを抱える被験者のほうが高いことがわかった。だが、ひとつ大きな違いがあった。実際に強直性不動が起きる状況では心拍数が下がる傾向があるが、出来事を追体験した被験者の心拍数は上がったのだ。けれどもこの研究は、人間にも強直性不動が起きることを示す十分な事例として結論付けられた。

　強直性不動には進化上の根拠がある。じっと動かない（ゆえに捕まえやすい）ものを餌食にしたほうが合理的に思えるが、多くの捕食者は動いている獲物を攻撃して殺す。極端な例として、タカは動いている獲物にありつけなければ飢え死にしてしまうかもしれない。それは、タカは動いていない獲物を死んでいる――だから食べられない肉だ――と解釈するからだ。獲物が動いていなければ捕食者は興味を失い、気を抜き、動いているほかの獲物に攻撃の矛先を向けるかもしれない。だが『マーターズ』では、アンナの不動はそのように効果的な防御手段にはなっていない。彼女に脅威を与えているものは人間であり、彼女のことはごちそうではなく、哲学的、形而上学的な目的を達成するための手段と見なされていたからだ。

フレンド

『10 クローバーフィールド・レーン』（16／ダン・トラクテンバーグ監督）で、ミシェル（メアリー・エリザベス・ウィンステッド）は自分がどうやって地下シェルターに入ったのかわからない。町を出ようとしていたこと、別の車に衝突されたことは覚えているが……目覚めると密閉された地下シェルターにいた。ハワード（ジョン・グッドマン）は自分が彼女を救った、外の世界は毒ガスが充満し人の住めない場所になったと言うが、彼が外に出してくれないのは身の安全のためだけではないとミシェルは察する。ハワードの激しやすい性格はすでに露呈していた。ミシェルにとって生き延びるための選択肢はただひとつ、見せかけの友好関係を演じ、入念な逃亡計画を練って実行に移すまでの時間稼ぎをすることだ。ときに「フォーン〔おもねる、機嫌をとる〕反応」と呼ばれるものが防御カスケードモデルに含まれないのは、脅威に対して無意識的に起きる典型的な反応ではないからだ。これはむしろ学習行動であり、状況に大きく依存する。フォーニングは攻撃者に取り入ることで攻撃を防ぐ働きをする。もちろんその場合の脅威は、なだめたりすかしたりが通用する相手でなければならず、超自然的なモンスターが相手では意味がない。モンスターは人間の感情などおかまいなしだし、まして同情や駆け引きなどしないからだ。この場合の脅威とはほぼ例外なく人間であり、そしてこちらもほぼ例外なく、被害者は監禁されていて——虐待関係にある場合には、それが長期に及んでいることも多い。

『10 クローバーフィールド・レーン』のミシェルや『スプリット』（16／M・ナイト・シャマラン監督）のケイシー・クック（アニャ・テイラー＝ジョイ）が良い例だが、彼女たちはいずれも、理屈が通じるはずの人間（もしくは人間の姿をしたもの）に捕らえられ、恐ろしい状況に置かれている。ミシェルはすぐに、監禁者に敵意を向けても無駄だということを学ぶ。一緒に食事をしたり、ボードゲームをしたり、映画を見たり——ハワードとおままごとを続け、子ども扱いされたままでいなければ、射殺されるか過塩素酸の入った樽に沈めて殺されてしまうだろう。一方『スプリット』のケイシーは、拘束された三人の少女たちのなかでただひとり、監禁者（たち）（ジェームズ・マカヴォイ）と大事な話ができる存在だった。彼女はまもなく、彼のどの人格が交渉に前向きか、同情を示してくれそうかを知り、友情を装えば少なくともひとつの人格を騙せそうだと気づく。

ストックホルム症候群はこの反応と同類だと見なされているようだが、それを取り巻く謎は多く、症候群というよりもひとつの現象と呼ぶほうがより正確かもしれない。症候群とは一群の症状のことで、ストックホルム症候群はある特殊な行動によって特徴付けられる。それは、被害者が自分を監禁した犯人に同情し連帯感を抱くことだ。ストックホルム症候群については、精神状態および精神疾患の公式診断・統計マニュアルであるDSM-5に掲載されるのに十分な診断情報はない。この現象にストックホルム症候群という名がついたのは（命名したのはメディアであり、医療専門家ではない。「症候群」という言葉が不正確に使われているのはそのせいかもしれない）、一九七三年にスウェーデンのストックホルムで起きた銀行強盗事件で人質となった四人が、法廷で犯人に不利な証言をするのを拒んだことに由来する。

『10 クローバーフィールド・レーン』のミシェルと『スプリット』のケイシーが体験したことは、ストックホルム症候群の筋書きには当てはまらないようだ。どちらも監禁者に同情的になることはあっても、けっして連帯感は抱かない。彼女たちと『The Poughkeepsie Tapes（ポキプシーのテープ）』（07／ジョン・エリック・ドゥードル監督）のシェリル・デンプシー（ステイシー・チョボスキー）の状況を比べてみよう。一〇代のシェリルは、シリアルキラーのエドワード・カーヴァー（ベン・メスマー）に拷問と虐待を受けながらも、最終的には奴隷として生かされていた。最初はおそらく生き延びるためのフォーン反応であったものが、やがて依存関係へと変わっていった。そして発見されて救出された後も、シェリルは自分を誘拐した犯人をかばい、彼は愛してくれたと主張するのだった。

このように、人間には生まれながらにして脅威に対処するための多様なシステムが備わっていて、それらがホラー映画で巧妙に使われていると思うと、すごいことだ。さらに面白いのは、スクリーン上の脅威が映画とそれを見る側の境界を越え、観客の中に脅威反応が引き起こされたときだ。

ジャンプスケア

ホラー映画を見たことがある人なら、ジャンプスケアを経験しているはずだ。私たちの多くは、座席で飛び上がるほどの恐怖を少なくとも一回は味わえなければ、真にホラー映画を見た気分にはなれない。たとえその恐怖が安っぽく、予測可能なものであってもかまわない。ジャンプスケアをけなすわけではないが、そもそもそれ自体が安っぽいものなのだ。このテクニックは論理を完全に迂回し、直に反射を引き起こす――恐怖が来るとわかっていても身体がビクッとするのはそのためだ。

『フッテージ』（12／スコット・デリクソン監督）の脚本家のひとりであるC・ロバート・カーギルはかつて「優れたジャンプスケアは手品《マジック》のようだ」と語ったが、座席で飛び上がる側からすれば、マジカルな感じなどちっともない。

この反射そのものは驚愕反応として知られ、異なる二つの段階で起きるが、あまりに速すぎるため、混在したひとつの反応のように感じられる。第一段階では心拍数が跳ね上がり、あなたはハッと息を呑み、目をつぶり、手がぴんと伸びる。そして第二段階では筋肉が緊張し、手をぎゅっと握りしめ、目は再び開かれる。このときあなたの身体は予期せぬ攻撃に備えている。じつはこれは、背後から近づいてきた誰かにいきなり背中を叩かれたときに多くの人が示す反応と同じなのだ。

驚愕反応のあいだ身体に何が起きているかは明らかにされているが、（人間も含む）ほ乳類のなかで、それがどう進化してきたかについては意見が分かれている。驚いたときに起きる反射は、身を守り、捕食者の突然の攻撃、とくに背後からの攻撃による被害を最小限に抑えるために進化した――そこまでは研究者のあいだで意見が一致している。けれども全身の反応については、まだわからない部分がある。手足を引き寄せるのは、柔らかいぐにゃぐにゃの内臓をダメージから守るためなのか。必要があれば瞬時に逃げ出せるように、無意識のうちにその動作をするのか。それとも、潜在的な脅威に注意が向くように、すべての器官が停止するのだろうか。答えはどの説であってもおかしくないし、それらすべてが組み合わさったものかもしれない。また、驚愕したときに多くの人が顔をしかめて目をつぶるのは、ダメージから目を守るための反射だと考えられている。つまり、守るために動員されるのは閉じたまぶただけではない。顔をしかめると鼻にしわが寄り、口のまわりの筋肉が伸びて、頬から眉まで、寄せられるところはすべて目に引き寄せて、保護を厚くすることができる。

ジャンプスケアは脳を迂回するもののように思えるが、研究によって、ほ乳類に驚愕反応を引き起こす信号を伝達している可能性の高い神経経路が提示されている。この経路で重要な役目を果たしている一群のニューロンは尾橋網様核と呼ばれ、脳幹網様体の一部を成している。網様体とはニューロンと神経線維とが複雑に絡み合う集合体で、脳幹全体に存在し、覚醒と意識において大きな役割を果たす。とりわけ尾橋網様核は聴覚情報（突然の大きな音！）、平衡感覚情報（急な頭の動きや突然の転倒）、体外からの触覚情報（あーっ！　誰かに触られた！）といった求心性神経細胞がもたらす情報を統合し、信号を送って脳幹と脊髄にある介在ニューロンと運動ニューロンを活性化させ、頭、首、手足の筋肉群を収縮させて驚愕特有のポーズをとらせると考えられている。

映画館での驚愕は無害な反射だが、現実の世界では重大な結果を招くことがある。パイロットの驚愕反応を理解して飛行中の事故を防止する目的で、何かに驚愕したときに人々がどのような行動をとるかに着目した研究が行われた。想像はつくだろうが、飛行機を安全に飛ばす責任を負っている場合、予期せぬ出来事に対して誤った反応をすれば大惨事につながりかねない。いまは飛行の大半が自動化されているかもしれないが、不測の事態にパイロットが早急に対応しなければならない状況では、冷静さと素早い判断が不可欠だ。この研究では多くの場合、驚愕《スタートル》（落雷など）と驚き《サプライズ》（機械の故障など）は区別された。パイロットのケースでは、驚愕はジャンプスケアと同様、爆発音やまぶしい閃光といった突然の予期せぬ刺激を受ける状況、驚きは想定外の何かが起きる状況だ。

とはいえ、両者はまったく相反するわけではない。二〇一六年にウェイン・マーティンと彼のチームが行ったシミュレーター実験で、パイロットたちはミストアプローチ（進入復行）を求められた。ミストアプローチとは、安全に着陸ができないと判断されたときにパイロットが行う操縦のことだ。アプローチが中断される要因は、滑走路が遮断されている、着陸許可が出ない、飛行機が滑走路の指定されたゾーンに安全に着陸できる位置にいない、などさまざまだ。飛行中に予期せぬ火災警報が鳴った、大きな爆発音がしたといったケースもある。これらの音が飛行機を操縦するパイロットの仕事に影響を及ぼしてはならないが、実験の結果、音を鳴らすとパイロットの三分の一以上でミストアプローチの開始に遅れが生じた。

シミュレーションとは別だが、びっくりすると、たとえベテランのパイロットであってもとっさの判断ができなくなることがある。最大の問題は、驚愕が二つの経路に分かれて処理される点にある。速いほうは視床から扁桃体へ即座に伝わり、例のストレスホルモンが一気に分泌される。遅いほうは大脳皮質、すなわち脳の〝考える〟部分で処理される。ストレスがある状態は私たちのワーキングメモリー（短期記憶）に影響を及ぼし、頭がぼんやりして働きが鈍くなり、単純な選択以上のことは何もできなくなってしまう。ストレスはまた、細かい動きを器用にこなせなくしてしまうため、映画でよく見るように、何者かに追いかけられていると、鍵穴に鍵をさすといった単純な作業さえ急にできなくなり、不器用に鍵を地面に落としてしまう。そこへさらに驚愕の情報が遅れて大脳皮質に届くと、飛行機を操縦しているときであれ、殺人鬼から一刻も早く逃れるために車を発進させようとしているときであれ、たちまち危険な状況に陥りかねない。

ホラー映画の鑑賞者に対して、ジャンプスケアは二つの役目を果たす。映画全体を通じて高まった緊張をいくらか解き放つ一方で、血流にアドレナリンを放出するよう身体にシグナルを発信するのだ。緊張は映画技術の功績であり、恐怖のプロットが解き明かされていくにつれて高まる緊張は、一度ならず解放されなければならない。緊張はまた、良いジャンプスケアにとっても重要なもので、恐怖増強驚愕とも呼ばれている。要するに、不安感が強ければそれだけ大きな驚愕を経験する可能性が高いということだ（たしかに、不安を感じている人ほど敏感に驚愕し、より大きな反応を示しがちだ）。

これからジャンプスケアが来ると十分に予測できるのに高まりゆく緊張。その格好の例が、『ライト／オフ』（16／デヴィッド・F・サンドバーグ監督）の冒頭の恐怖シーンだ。このシークエンスは、本作に着想を与えた二〇一三年の短編映画の再利用だ。何もなさそうな空間の明かりが消え、薄闇の中に不吉な人物のシルエットが浮かび上がる。ところが再び明かりがつくと、その姿は消えている。この現象を目撃した人物は、何度も明かりをつけたり消したりして確かめる。明かりが消えると、まったく同じ場所にその人影はあらわれ、明かりがつくと消えている。ここで緊張が高まるのは、私たちが脅威を認識し、まもなく悪いことが起きるに違いないと知るからだ。

明かりが消え、点灯し、また消えて、再び点灯したとき、わずか一秒足らずのあいだに二〇フィート〔約六メートル〕の距離をどうやって移動したのか、人影は突如、手の届きそうな場所まで迫っていた。来るぞ来るぞとわかっているのに――いや、わかっているからこそ――これがじつに効果的なのだ。心理学者のグレン・D・ウォルターズ博士によると、ホラー映画の魅力はおもに三つの材料に絞られる。そのうちの二つは緊張感と非現実性（三つ目は関連性）だ。驚愕が予期されるとき映画は盛り上がり、そこに映画ファンとしての共謀関係が加わると、自分はホラー映画を見ているのだと認識する。それが緊張感と非現実性の作用だ。

〝恐怖強めの驚愕風味〟が最高のジャンプスケアだというルールに例外はあるのだろうか？　もちろんある。観客が安心しているときに、まさかのタイミングで不意にやってくるジャンプスケアもあるが、それを成功させるのは各段に難しく、それだけに効果的で恐ろしい。そんな無情なジャンプスケアにみごと成功した映画として私の脳裏に浮かぶのは、もちろん『エクソシスト3』（90／ウィリアム・ピーター・ブラッティ監督）だ。

この映画には、精神病院の長い廊下を映した長尺のワンショットがある。ナースステーション・シーンと呼ばれる場面だ。アクションのほとんどは背景の一番奥で起き、焦点もぼやけて〝アクション〟とはとても呼べないものだ。ナースステーションのところに男がひとり立っていて、看護師がカルテに目を通している。ここで、ある患者の部屋から奇妙な音が聞こえてきて看護師が見に行くという、軽いジャンプスケアのシーンがある。ここは典型的なジャンプスケアのシーンらしく、ゆっくりとドアを開ける看護師の手が大写しになる。だが結局、パチパチという奇妙な音はコップの水の中で氷が解ける音で、病院の静寂の中で不気味に増幅されて聞こえたのだった。それがわかり看護師がほっとした瞬間、患者が起き上がって彼女を怒鳴りつけ、看護師は悲鳴を上げ、それを見ている私たちは飛び上がる。

このジャンプスケアは巧みに緊張を解きほぐし、すでにこのシーンの恐怖は味わったと観客に思い込ませる。この流れは、『ライト／オフ』のように何度も繰り返すことでヒントを与え、徐々に期待感を高めていくものとは違う。むしろこのシーンでは、平凡な瞬間を延々と続けることで徐々に緊張感を盛り上げる。ある意味、『エクソシスト3』のジャンプスケアはバス停でバスを待っているのに似ている。長いあいだ待てば待つほど、もうすぐ何かがやってくるという期待感が高まっていくというわけだ。ただ『エクソシスト3』の場合は、その〝何か〟がなんであるかを知る手がかりがないのが問題だ。

患者が怒鳴る最初のジャンプスケアの後は、また長い廊下のショットになり、看護師は持ち場に戻る。歩き回る警備員たちの姿が見え隠れする。また別の部屋から奇妙な音が聞こえてきて、看護師が確認しにいこうとするが、前回の病室確認で確立されたパターンは完全に破られる。今回は室内の様子がわかる緊迫した接写はない。私たちは廊下の突き当りを見つめたまま、看護師の姿が病室の中に消え、とくに変わったことはなかったという様子でまたあらわれるのを見守る。彼女は鍵をかけ、病室に背を向ける。そして彼女が立ち去った瞬間、ありえないことに、閉めて鍵をかけたばかりのドアから悪魔が出てきて、巨大なハサミで首の後ろを切りつけんばかりに看護師の後ろをついていく。悪魔の登場に加えて、シーン全体で唯一のノンダイジェティック・サウンド〔物語世界外の音〕――鋭い効果音――が大音量で鳴り響き、恐怖のクライマックスを告げる。実際、これがじつに怖いのだ。

もちろん、驚愕に対してみんなが同じ感度を持つわけではない。不安がひとつの要因になりうるのはわかっているが、びっくりしたときに飛び上がったり叫んだりするタイプか、少しビクッとして息を呑むだけのタイプかは、遺伝的特徴や文化、育った環境にも影響される。自分は友だちと比べてぎょっとしやすいと感じたことがあるだろうか？　私は〝ハイパー・スタートラー〟すなわち極度に驚きやすいタイプだと確定しているとは言えないが、自宅で妻が思わぬ場所に立っていたりすると驚愕の叫びを上げることで有名だ。そのため職場の同僚たちは、私を脅《おど》かさないように、オフィスに近づくときは大声で名乗る傾向がある（どうしたものか、それがさらに事態を悪化させるのだが）。驚愕反射の感度は、怖いものが好きかどうかを直接左右するものではない。とはいえ、もしあなたが良い驚きから得られる興奮を快楽として味わえるのならば、相関関係があるのかもしれない。私自身は間違いなくジャンプスケア好きで、これから恐怖が味わえると思うと胸がドキドキしてしまう。

かつてドイツのボン大学の研究者が、人をハイパー・スタートラーにする可能性のある遺伝子変異を特定したことがある。その研究では、九六人の女性を対象にCOMT遺伝子の異型を調べた（COMTとは分解酵素カテコール－O－メチルトランスフェラーゼの略で、脳内のドーパミンを分解し、その信号を弱める働きを持つ）。COMT遺伝子は感情を抑制する能力に関係するとされてきた。COMTにはVal158とMet158という二種類の型（対立遺伝子）があり、人口の約半分がこの二つの対立遺伝子を一コピーずつ持っている。それ以外の人たちは、Val158を二コピー持っている人とMet158を二コピー持っている人に分けられる。なお、Met158はCOMT遺伝子の異型と考えられている。

研究者は女性たちに心地良いもの（かわいい子犬や赤ちゃんなど）、ニュートラルなもの（ヘアドライヤ

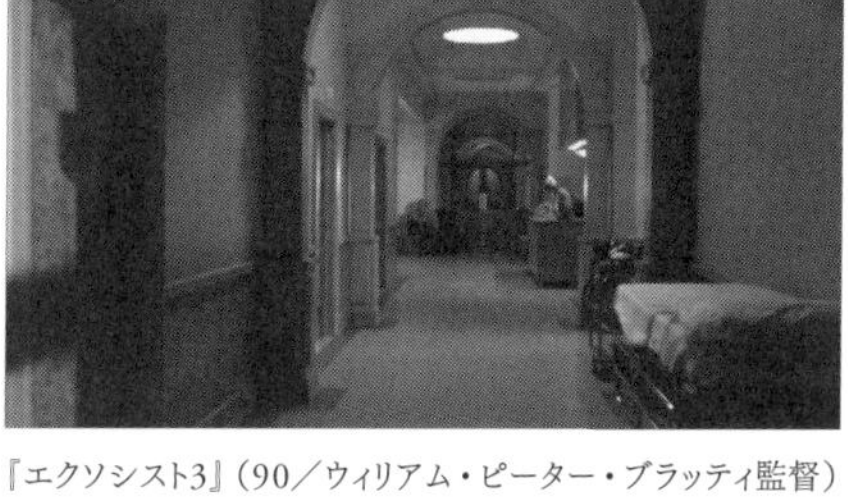
『エクソシスト3』（90／ウィリアム・ピーター・ブラッティ監督）

ーなど）、恐ろしいもの（武器や事件現場で負傷した人々など）の画像を見せ、驚愕プローブと呼ばれるホワイトノイズのような大きな音をランダムに流した。そして眼筋につけた電極を通して、女性たちが示す驚愕反応の強さを測定した。これは、びっくりすると眼筋が収縮して目をつぶるという発想によるものだ。その結果、怖い画像を見せたとき、Met158を二コピー持つ女性はより敏感に驚愕を示し、これを一コピーしか持たない女性のほうが驚愕を抑制する能力が高いことがわかった。

また、なかには病的なほど敏感に驚愕反応を起こす人もいる。これは「過度な驚愕」を意味するハイパーエクプレキシアとして知られるきわめてまれな遺伝子疾患で、グリシン受容体遺伝子の突然変異が関係している。突然変異が脳幹と脊髄に影響を及ぼし、驚愕を引き起こすしきい値を下げるのだが、驚いて飛び上がった直後に身体が硬直し、ひどい場合は床に倒れ込んでしまうこともある。こう聞いて、ネットでときどき出回る「気絶するヤギ」の動画を連想したとすれば、二つがよく似た症状だからだろう（気絶するヤギは先天性筋緊張症という別の疾患を持っていて、これは人間にも見られる）。ハイパーエクプレキシアを持つ人と標準的な驚愕反応を示す人の違いは、多くの人は一度びっくりしたらその後は（時間を置かずに驚愕が続く場合はとくに）次第に反応が薄れていくが、ハイパーエクプレキシアの場合は毎回同じくらい驚愕するという点にある。

実生活なら、あなたの脳は取り込んだ感覚情報をふるいにかけて、そこに正当な理由を与えることができるかもしれない。

- 二階のドアがひとりでにバタンと閉じたのは、窓を開けっ放しにしていたから。
- あの不気味な影は、椅子の上に置いた洗濯物の山。
- ブギーマンなんて本当は存在しない。
- あれはただの猫だから、心配ない。

でも、それで本当に安心できる？

誤報は裏目に出ることがある。感覚が潜在的な脅威のヒントを与えているにもかかわらずなんの脅威もあらわれない場合、以下のようなことが起きうる。まず、次にまた同じことが起きたとき、脅威アラームが作動しにくくなること（これは「誤報効果」または「馴化《じゅんか》」と呼ばれる）。二つ目は、再び同じ警鐘が鳴らされたときにそれを無視してしまうこと。そして三つ目は、まったく逆効果の反応をしてしまう可能性があることだ。そして結果的に、警告をまったく受けなかった場合よりも無益で、身を守る役にも立たない対応をしてしまう。

けれども実生活とは異なり、ホラー映画は理由付けをするチャンスをあまり与えてくれない。すべてが仕組まれたものだからだ。そして、すべてが設定であることを私たちは知っている。ホラー映画の世界のルールは、たいてい現実世界のルールに沿っていない。ブギーマンは存在しうるし、実際に存在し、あなたを狙っている。誤報はホラー映画において一時的に緊張をほぐす巧みな手法であり、それをじょうずに盛り込むことで面白い鑑賞体験が生まれる（プロットは依然としてつまらないかもしれないが、少なくとも生理学的には面白くなる)。しかし一時的に緊張がほぐれてもそれが長続きするわけはなく、私たちは再び戦慄モードに逆戻りするのだ。

注目作品
『キャット・ピープル』(42/ジャック・ターナー監督)

アリス(ジェーン・ランドルフ)には、神経をとがらせるのに十分な理由があった。彼女は同僚で既婚者のオリヴァー(ケント・スミス)と不倫関係にあり、彼の妻イレーナ(シモーヌ・シモン)がそれに感づいたのだ。これは普通の人々にとっても厄介な状況だが、イレーナにはヒョウに変身できる能力があるとかないとか……。ある晩、オリヴァーとレストランで会った後、家まで送ろうかという彼の申し出を「怖くないから平気」と断り、アリスはひとり暗い夜道を歩き出す。だがこのとき、すぐ後ろをイレーナがついてきているのが観客にはわかる。静まり返った人気《ひとけ》のない道を数ブロック進んだ頃、アリスは誰かにつけられているような気配を感じる。歩調を速めながら、聞こえるのは自分の足音だけか、後をついてくる誰かの足音が響いてはこないかと耳を澄ませる。そしてようやく立ち止まると、街灯に摑まって、自分に視線を向けている誰か(または何か)がいないか周囲を見回す。

そのとき、低い唸り声と「シャー」という音が聞こえてくる。それは、いまにも飛びかかろうとしている野良猫が発する威嚇の声に似ていた。観客はアリスと一緒になって、クロヒョウと化したイレーナが襲いかかってくるだろうと身構える。けれどもその音は、停車しようとしているバスのエアブレーキ音だった。

ジャンプスケアを引き起こすものがすべて実際の脅威とは限らないが、不意に驚かされると、身体は必死に命を守ろうとする。その際つねに反応が先、脅威の評価は後になる。ドキッとするが結局は害のないものだと判明するテクニックは、プロデューサーのヴァル・リュートンが『キャット・ピープル』のこのバスのシーンに用いた手法ということで、「リュートン・バス」と呼ばれる。この手法の特徴は、いまに脅威が姿を見せるに違いないという緊張感を徐々に高めていき、脅威でもなんでもないもので観客の不意を突く点にある。

ヴァル・リュートンは、低迷期のRKOピクチャーズに雇用された。いまでは史上最高傑作と評されることの多い『市民ケーン』も、じつは一九四一年の公開当時、失敗作のひとつに数えられていた。手っ取り早く収益を上げる必要に迫られたRKOは、競合するユニバーサル・スタジオが成功を収めたモンスター映画に触発され、リュートンを雇い入れてホラー専門の部門を任せた。つまりはB級ホラーだ。十分な予算が与えられなかったことから、リュートンは凝った演出なしで映画ファンをハラハラドキドキさせる巧妙な方法を編み出さなければならなかった。あなたがもしCGや特殊効果に頼りすぎた恐怖に飽きたなら、ヴァル・リュートンの映画が新鮮な空気をもたらしてくれるかもしれない。

潤沢な製作費はなくとも、リュートンには豊かな想像力があり、目に見えない何かで観客の心をざわつかせることができると確信していた。『キャット・ピープル』では彼の見せ場であるジャンプスケアが重要な役割を果たしているが、リュートンはＲＫＯピクチャーズで手がけた九本のホラー映画すべてに驚愕効果を盛りこみ、絶えず改良を重ねていった。

ところで、ジャンプスケアが驚愕反射を引き起こして心拍数を上昇させる確実な方法なのだとしたら、なぜこんなに安っぽく感じるのだろうか？

問題は、ジャンプスケアは反射作用であり、容易に引き起こせるものであるために、最近のホラー映画があまりにもそれに頼りすぎている点にあるのかもしれない。面白いことに、映画やドラマのジャンプスケアを集めた『Where's the Jump?（ジャンプはどこ？）』というネット上のアーカイブに、ジャンプスケアの評価が高い映画のリストがある。そのリストに載っている七〇本ほどの映画のうち、二〇〇〇年よりも前に公開されたものはわずか六本しかない（一九八一年以前のものは皆無だ）。私は一ホラーファンとして巧みに驚かされるのは大好きだが、ジャンプスケアの使用が急増しているということは、その分もっと創造的な恐怖が失われているのではないかと思ってしまう。

ここ数十年、ジャンプスケアは（非常に長いあいだ）脚光を浴びてきたが、もうひとつ、実写の特殊効果が人気を博した時期に全盛期を迎えたエモーショナル・ホラー〔情動に訴えかけるホラー〕の定番がある。個人的にはそろそろ復活してもいい頃だと思っているそれは、グロスアウト・ホラーだ。

嫌悪感

嫌悪感は恐怖とは異なる感情だが、血みどろのスプラッターパンクであれ、特定の状況や人の行動へのモラル的な嫌悪感であれ、ホラーの定番であることに変わりはない。

気持ちの悪い何かが目に留まると、脅威が引き起こすような急速な交感神経系の反応ではなく、（明白な脅威はないという想定のもと）別の反応が進行する。嫌悪感のおもな機能は病気の予防のために進化したと考えられている。だから、むかつくほど不快なものを見たらそれを嫌い、回避し、そして……吐き気がするのは当然なのだ。人間の糞便や膿のたまった傷口など、普遍的な嫌悪感の多くは病気の予防と明らかに関連している。両者の関連性がさほど明確でないものには、身体的な醜さや、じっとりとしたナメクジを素足で踏むといったものがある。

恐怖を含めたほかの感情と同様、嫌悪感を処理し、他者が不快に感じていることを認識するのには島皮質が大きく関与しているようだ。島皮質とは大脳のある領域で、私たちの感情的および身体的な自己認識体験を表現する経路に深く関わっていると考えられる。島皮質に損傷を受けた症例を調べた複数の研究から、損傷が他者の顔に浮かぶ嫌悪の表情を認識する能力に影響を及ぼすことがわかった。これは大事なことだ。他者の嫌悪感を認識する能力は防衛戦略になる。ほかの誰かが不快に感じているとすれば、彼らは病気を発症するリスクを高めるような何かに接触したのかもしれない。だから、もしあなたがそれと同じものに接触したなら、あなたも危険に晒されている可能性がある。

激しい嘔吐は、あなたの身を守ってくれるかもしれない。もしも脅威が体内にあるとしたら、吐き気は賢明な反応であり——言ってみれば、それは免疫システムの延長上にある。たとえばカビの生えた食べ物など不快なものを目にすると、脳は嘔吐を促す（あるいは、少なくともむかむかさせる）信号を送る。万が一それを食べてしまった場合、危険なカビの胞子を体外に排出させる必要があるからだ。同じことが、ほかの誰かが嘔吐しているのを見たときにも起きる。その人を嘔吐させているものに、あなたも接触しただろうか。それを判断するのは難しいので、念のため吐いたほうがよさそうだ。脳には最後野《さいこうや》という嘔吐専用の中枢があり、おもに血液中の有害物質（過度なアルコールなど）を監視し、毒素が危険なレベルに達したら、嘔吐が必要だと身体にシグナルを送る役割を担っている。もし中毒症状の可能性があると判断されれば、それが車酔いしたときのめまいだとしても、嘔吐反応が引き起こされることがある。

もちろん、すべての嫌悪感が病気の予防に由来するわけではない。人は多くの場合、文化として学習したものか、経験として学んだものに嫌悪感を抱く。サンフランシスコにあるエクスプロラトリアム〔科学博物館〕に、すごい展示物がある。トイレの便器に設置された噴水式の水飲み場だ。申し分なく安全で清潔な飲料水なのだが、利用客の多くはその水を飲むことがなかなかできない。トイレから尿や糞便を連想せずにいられないからだ。同様に、昆虫を食べるという発想を嫌がる人は多いが、世界の多くの地域では、昆虫は日常的な食べ物のひとつだ。文化に根ざした嫌悪感は影響を受けやすく、時とともにに変化する。近年、欧米諸国は食用タンパク質としての昆虫に以前よりも寛容になってきている（もしかすると、あなたの近所の食料品店でも、コオロギの粉末が売られているかもしれない！）。

ホラー映画では、このようなネガティブな連想がじつに印象的なイメージを生み出すことがある。たとえば、『サスペリア』（77／ダリオ・アルジェント監督）に出てくるあの気持ち悪いシーン。バレエダンサーのスージー・バニオン（ジェシカ・ハーパー）が寄宿舎の部屋で夕食前に髪をとかしていると、櫛に何かが引っかかる。それは一匹のウジ虫だった。彼女はさらに、ウジ虫がもっといることに気づく。その後あちらこちらで悲鳴が上がり、寄宿舎じゅうの天井からウジ虫が降ってくるのだ。何がこのシーンを不快なものにしているかは、わざわざ言わなくてもわかるだろう。ウジ虫は腐敗と死体を連想させる。ウジがいるということは、見えない場所で何かが腐敗しているということだ。状況によっては、不快で不衛生なだけでなく脅威でもある。

ここでひとつ白状すると、私はホラー映画のグロいシーンがものすごく苦手で、ゴアとボディホラーがとくにだめだ。少しでもカニバリズムが関係すると、その映画を見るのをためらってしまう。もっとも、私のお気に入りの映画のいくつかは、食人を軸に展開する話だったりする――たとえば『RAW 少女のめざめ』（16／ジュリア・デュクルノー監督）がそうだ。面白いのは、グロい映画はだめと言いながら、実生活はまるで違うのだ。私はペトリ皿でカビや細菌のコロニーを育てたことがある

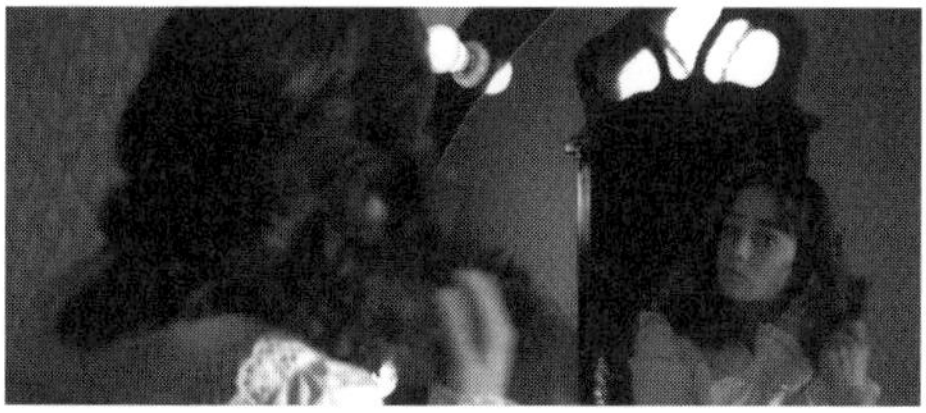

『サスペリア』（77／ダリオ・アルジェント監督）

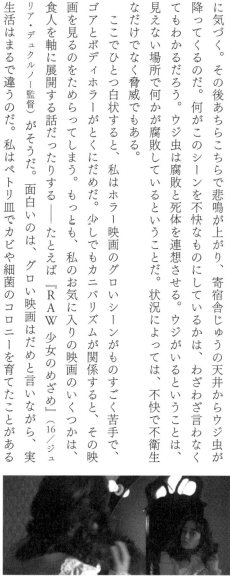

が、これがじつに嫌なにおいがする。また、あらゆる動物の臓器を解剖し、不快な見た目や音、においにさんざん触れてきたが、そういうものにはまったく動じない。ところがホラー映画の不快なシーンとなると、これは映画であって現実ではないとわかっているのに、胃がむかむかしてくるのだ。

この本の執筆中、デヴィッド・クローネンバーグ映画のミニマラソンと称して続けざまに何本か見た。クローネンバーグ監督の作品はボディホラーで有名で、明らかに嫌悪感を掻き立てる構成になっているようだ。『シーバース／人喰い生物の島』(75)、『ラビッド』(77)、『ザ・ブルード／怒りのメタファー』(79)、『ヴィデオドローム』(83)、そして『ザ・フライ』(86)にはすべて、血や体液がにじみ出る傷や脈打つこぶ、人体の本来あるべきではない場所に肉を突き破ってできた穴が、なんらかの形で出てくる。皮膚や毛髪、爪は抜け落ちたり剝がれたりしがちで、人体が作るあらゆる粘液や体液がバケツ何杯分も放出され、身体から出てくるはずのないものまで出てくることもある。映画を見ているあいだ、私はそのどれも気にならなかった。ところがこのミニマラソンの翌日のお昼、私は適度にとろみのあるソースがかかった料理を食べていた。すると私の脳は、『ザ・フライ』でブランドルフライ（ジェフ・ゴールドブラム）が食べ物の上に奇妙な腐食性の液体を吐いていた記憶を呼び起こし、私はいったんフォークを置かなければならなかった。

私には架空のハエ人間の不快な映像と自分が食べているものとを結びつけ、その食べ物が有害なものかもしれないと判断する理由はない。ところが脳はそれらを関連付けて、万が一のために私に嫌悪感を抱かせたのだ。それにはおそらく、大学生時代の記憶が一役買っている。その頃の私には、少し灰色っぽくなったソーセージを茹でて食べたり、腐って固まりができた牛乳を濾してコーヒーに入れたりする不運な癖があった。そういう怪しげな（そして明らかに不快な）ものを食べたときはたしかに具合が悪くなる傾向があったため、やや異例ではあるが、脳は嫌悪感を呼び起こすことで私を守ろうとしたのだろう。私がどろどろのソースからクローネンバーグ監督のぬるぬるしたモンスターを連想し、食べて気持ちが悪くなってはいけないというわけだ。一応言っておくと、私はそのランチをしっかり食べたが、なんともなかった。

恐ろしいメッセージ（ほとんどのホラー映画では、「これがあなたを殺す！」というメッセージだ）と不快な映像を組み合わせると、その効果が強まるという研究結果もある。つまり、怖いとわかっているものを見て、それがさらに気持ちの悪いものだったら、より強い嫌悪感を抱き、ただ怖いだけのものよりもいっそう避けたくなるということだ。カナダやイギリスを含む多くの国が、タバコのパッケージに健康への害に関する警告と一緒に大きな画像を表示するのはそういう理由からだ。「喫煙は口腔癌を引き起こすかもしれません」という警告は、タバコに手を伸ばすたびに腫瘍に蝕まれた人間の舌の巨大なフルカラー画像を見せられることで、はるかに説得力が増す。

さてここまでは、怖いものや脅威に感じるもの、あるいはたんに気持ちの悪いものに遭遇したとき、人間の脳と身体がどのような反応を示すのか、そしてそれはどれくらい強力になりうるかを見てきた。日常的に起きるごく一般的な反応もあれば、スクリーン上ではよく見られる、あまり一般的ではない反応もある。では、そのすべてをホラー映画を見るという体験に置き換えたらどうなるのだろうか？

映画で見る恐怖

映画館で、あるいは家でソファに座ってホラー映画を見ているとき、あなたは逃げ出したり、隣にいる友だちを蹴ったり殴ったりすることはないだろう。座席に貼りついたようになっていても、恐怖で凍りついてはいない。あなたは自分の身に危険が迫っているとは思っていないようだ。では、脳では実際何が起きているのだろうか？　脳と身体が恐怖や脅威にどう反応するかはわかったが、映画で見る恐怖への反応はそれとは少し違うようだ。

もしかすると、私たちは真の恐怖などこれっぽっちも体験していないのかもしれない。二〇〇九年、ドイツにあるフリードリヒ・シラー大学イェーナの研究者トーマス・シュトラウベとそのチームは、ホラー映画を鑑賞中の人の脳を観察した。彼らは四〇人の被験者に『エイリアン2』（86／ジェームズ・キャメロン監督）、『シャイニング』（80／スタンリー・キューブリック監督）、『アザーズ』（01／アレハンドロ・アメナーバル監督）の恐怖シーンと、同じ映画でも怖いことが何も起きないニュートラルなシーンを見せ、fＭＲＩを使って脳のどの領域が活性化するかを観察した。

するとその画像からは、もっとも怖いシーンが続くあいだ扁桃体の興奮は見られず、代わりに以下の領域が活性化することがわかった。

- 視覚野（目で見たものの情報を処理する脳の領域）
- 島皮質（脳の深部にある構造で、前にも触れたように、自己認識、知覚、感情、共感、そしてなぜか嗅覚など、多数の認知機能に関係している）
- 視床（感覚情報を処理し、それを大脳皮質のさまざまな部位に発信するハブ的な働きをする領域）
- 背内側前頭前皮質（計画、注意、問題解決に関わる脳の領域であり、ほかにも個性すなわち自分らしさの創造や、他者の視点の統合など、自分以外の人に関する情報の理解にも関与している）

この研究が示唆するのは、スクリーン上に明らかな脅威があっても、リアルな恐怖体験のスイッチは起動しないかもしれないということだ。

シュトラウベはまた、この研究で扁桃体の動きが観察されなかったことから、扁桃体はホラー映画に組み込まれた（そして予想される！）持続的な緊張よりも、突然の予期せぬ脅威により深く結びついているのではないかと推論している。活性化した脳の領域を見ると、被験者は脅威に対して恐怖反応を示すというよりも、登場人物たちの窮状に注意を向け、危機を脱する方法を彼らと一緒に見つけようとしていたようだ（ホラーでは、共感と同情が同一化に劣らず重要な役目を果たすことを思い出してほしい）。もしかすると、じつはホラー映画は、私たちが現実の世界で危機に瀕したときのためのメンタルトレーニングになっているのかもしれない。もちろんこれはすべて推論にすぎないし、映画のプロットの話のように聞こえるだろう。たとえば『スクリーム』では、ホラー映画のお約束と、脅威に対処するためのルールを理解している登場人物が生き残る。

ホラー映画を見ているとき、身体は恐怖状態というよりも興奮状態になると言ったほうが正確かもしれない。人を強い興奮状態にさせる感情には、恐怖はもちろん、高揚感や怒りなどさまざまある（そう、性的興奮もそのうちのひとつだ）。これらの状態も同じように交感神経系を活性化させるため、興奮が脳に伝わって、脳はそれを解釈し、あなたがどう感じているかをアウトプットする。身体がなんらかの興奮状態になれば、後はいつ強い身体的反応が起きてもおかしくない。

映画を見ていて心底怖くなり、その後笑いだしたことはないだろうか？　それは大脳辺縁系と前頭前皮質が状況を再解釈し、あなたがまだ安全な映画館にいて映画を見ていると判断したからだ。オリジナル版『悪魔のいけにえ』のラストシーンを見直すと、そこにはいわゆる興奮移転理論がじつにうまく生かされている。サリーは攻撃者から走り去るピックアップトラックの荷台に乗っていて、敵はまだ道の真ん中でチェーンソーを振り回している。サリーは血まみれで、目を見開いている。彼女は夜通し恐怖による激しい興奮状態に置かれ、ほぼひと晩じゅう叫びつづけていた。けれども自分がようやく安全になったと認識した瞬間、身体はまだ厳戒態勢にあるにもかかわらず、彼女の叫びは怯えた笑いに変わる。

興奮移転理論は、映画の最後にモンスターや悪党が負けるのを見ると大きな満足感が得られる理由とも関連している。映画の大半を見て味わった恐怖で、私た

『悪魔のいけにえ』（74／トビー・フーパー監督）

ちはすでに興奮状態にあるが、〝善〟が勝利した瞬間にもう怖くはなくなり、別の感情（この場合は「やった！」という感情）に興奮を注ぎ込むことができるようになる。

注目作品

『ヘレディタリー／継承』（18／アリ・アスター監督）

アニー・グラハム（トニ・コレット）とその母親の関係を「険悪な」と表現するのはやや控えめすぎるだろう。母の死後、アニーは母が家族を支配していたという秘密を暴きはじめる。そして一家は、次々と悪夢のような状況に陥っていくのだった。この映画は容赦なく陰鬱で不穏だ。

『ヘレディタリー／継承』を配給したスタジオ〈A24〉は、プロモーション上映の際に二〇人の観客にApple Watchを装着してもらい、上映中の心拍数を測定した。その結果、オープニングとエンドロール以外で心拍数が一〇〇を切ることはまれで、始まって三〇分あたりで一三〇、一時間が経過した頃に一四〇と顕著なピークが見られ、大詰めでは一六四という驚きの数値に跳ね上がった。ちなみに、大人の安静時の心拍数は平均して六〇から八〇だ。

こうして、『ヘレディタリー／継承』は史上最恐とは言えないまでも、とてつもなく怖いホラー映画であることが科学的に証明されたと大々的に報じられた。

なかなかすてきな実験だが、厳密な意味での科学とは言いがたい。まず、二〇人は研究のサンプルとして十分な数ではない。また、ストレスと恐怖を推し量るのに心拍数を使うのはそうひどい方法ではないし、心拍数のピークがその映画の特定の（そして効果的な！）恐怖の場面と実際に一致したのならばなおさらそうだが、心拍数を上昇させた要素は恐怖だけとは言い切れない。映画館で映画を見るというわくわくした気分だけでも、安静時よりも心拍数を上昇させるには十分だからだ。

とはいえ、この研究はより高度なツール（ｆＭＲＩスキャンと心拍数やその他の興奮度を測定する手段との組み合わせなど）を使って、より多くの被験者を対象に幅広いホラー映画について繰り返し行われるべきだ。探求心旺盛な研究者なら、スラッシャー対クリーチャー・ホラーや、もちろん『ヘレディタリー／継承』とほかの映画の対比から、脳の活動を見てみたいと思うだろう。

私たちはなぜ恐怖のシナリオに夢中になるのか、それを紐解くもうひとつの有力な説には、いわゆるミラーニューロンが関わっている。ミラーニューロンは、一九九〇年代にイタリアのパルマ大学の研究チームによって最初に報告された。実験では、マカクザルの脳に電極を挿入し、サルが手で物を握る、持つといった特定のタスクを行ったときと、実験者が同じタスクを行うのをサルが見ていたときの細胞の活動を記録した。その結果、誰かがタスクを行うのを見ているか、自分でそのタスクを行うかに関係なく、特定の動きに関係する脳の領域に活性化が見られた。

目で見た活動を、あたかも見ている本人が行っているかのように反映《ミラー》してニューロンが発火したことから、運動機能だけではなく感覚機能においても発火が起きる可能性が示唆された。このようなニューロンの発火は、模倣学習（見た通りに行う、文字通り〝猿真似〟）だけでなく共感の根拠にもなりうるのかもしれない。これは神経科学の世界にとって大きなヒントだ。

見ることとすることの境界線を曖昧にすることで、ミラーニューロンは私たちがどのように他者の意図を読み取り共感を抱くのかについて、もっともらしい説明を可能にした。つまり、人間の多くの経験の裏にはミラーニューロンの存在が必要だと判断されたのだ。ミラーニューロンがあるから、スポーツ観戦者は自分も試合に参加しているような気分になる！　ミラーニューロンがあるから、踊っているダンサーを見ていると身体が動き出しそうになる！　ミラーニューロンがあるから、私たちは映画のスクリーン上で誰かが悲鳴を上げるのを見て恐怖を感じる！　ミラーニューロンがあるから、スラッシャー映画で誰かが攻撃を受け、ナイフで刺されるのを見て縮み上がり、なかには痛みを感じる人さえいる！

神経科学者のヴィラヤヌル・ラマチャンドランは、ミラーニューロンは人類文化の基礎であるとまで述べている。魅力的な説だが、すべてをミラーニューロンで片づけてしまう前に、いまのところ実験的研究のデータはまちまちで、とくに人間のミラーニューロンに関してはさまざまな結果が出ていることを考慮しなければならない。現時点でのデータの大半は、マカクザルを使った最初のミラーニューロンに関する実験のようにサルから得られている。科学の名のもとに人間の脳に電極を挿入するのは、少なからずやりすぎだからだ。実際に手元にある人間を対象にした実験データは、大半がｆＭＲＩスキャンを用いたものだ。そのほか少なくともひとつの研究では、実験者が物を拾い上げたり手に持ったりする様子を観察する被験者の運動誘発電位と、筋肉がこれから動き出すことを示すかすかな収縮が記録されている。これらの実験は人間にもミラーニューロンが存在することを裏付ける証拠としては十分だが、マカクザルの実験のように具体的に細胞を特定できるわけではない。

ミラーニューロンは、恐怖に怯えながら命からがら逃げまどう被害者に——あるいは、まれなケースだが殺人者に——私たちが自分を重ね合わせるのに役立っているのかもしれないが、もっと証拠が得られるまでは、この説は懐疑的に捉えたほうがいいだろう。

懐疑的といえば、一般的な恐怖研究で面白いのは、その多くが実験室や実験設備内で行われ、なおかつ——その研究が倫理的なものであれば——実験に恐怖心を誘発する要素が含まれていることを被験者が知っている点だ。さらに、多くの異なる感情が脳の同じような場所にあるニューロンによって処理されるため、fMRIスキャンの画像でポジティブな感情とネガティブな感情を区別するのは難しく、それが嫌悪感と恐怖のように明らかに似通った感情ならばなおさらだろう。加えて、自分が実験室にいるとわかっているなら、悪いことが実際に起きるはずはないと被験者は確信しているはずだ（〝悪夢の燃料〟としての人体実験が出てくる怖い映画はたくさんあるけれど）。結局のところ、研究者が脅威をどれだけシミュレーションできるかには限界がある。それを踏まえれば、測定される反応の一部は実際の場面で経験する恐怖反応に近似したものにすぎず、場合によってはまったくの別物なのかもしれない。だが少なくとも、そこからさらに研究を重ねていくための出発点にはなる。私たちはどんな刺激を与えれば人を飛び上がらせ、心拍数を上げることができるかを知っているし、映画館の中は実験室と同じく真に脅威を感じるシチュエーションではないとわかっている。それらの文脈がすべてを非現実的にしてしまうのだ。

映画鑑賞とは、観客である私たちが再び共謀者として加担し、非現実的なシチュエーションに抗おうとする場だ。この章では、脳が恐怖やさまざまな脅威にどう反応するかを掘り下げてきた。そうした反応は私たちが映画を見ているときに、鑑賞体験への没入の一環として作用する。あらかじめ仕組まれたシナリオと編集によるトリックが機能するのは、私たちのなかでそれを期待する心構えができているからだ。

グレン・D・ウォルターズ博士によるホラー映画のレシピの話を思い出してほしい。三つの材料のうち、私たちはすでに緊張感について分析し、非現実性を紐解いた。残るは最後のもうひとつの材料――関連性だ。その本質に迫るには、少し歴史を掘り下げる必要があるだろう。

インタビュー

ジェイミー・カークパトリック

ジェイミー・カークパトリックは、映画編集者。手がけたホラー作品には、『サモン・ザ・ダークネス』（19／マーク・メイヤーズ監督）、『My Friend Dahmer（わが友ダーマー）』（17／マーク・メイヤーズ監督）などがある。

――ホラー映画を何本くらい編集すれば「ホラー映画編集者」を名乗れるのでしょう?

ぼくはホラー以外にもいろいろ手がけているので、自分がホラー映画編集者だとは思っていないけど、気がつくとホラーの世界にどっぷり浸かっていたんです。以前から興味はありましたよ。でも不思議と、ホラーを見に映画館に行くことはめったになかった。最大の理由は、ぼくが臆病だから。劇場で怖い思いをするのが苦手なんです。緊張しすぎて、ポップコーンを落としてしまう。それにほかの人が、それも見ず知らずの他人が隣に座っているのに、両手で顔を覆って見ているのは恥ずかしいですからね。

――いろんなジャンルの映画をたくさん編集してこられた立場から、ホラーの編集に特有なものはなんだと思いますか?

ジャンルそのものがある種の編集スタイルを求める、そんなジャンルはほかにないでしょうね。唯一の例外はアクション映画かもしれない。たとえば戦闘シーン。ホラー映画って、表現は良くないけど、お荷物が多いんです。言い方を変えるなら、いろんな〝お約束〟がある。ホラーファンなら誰もが期待する要素ですね。それは必ずしも、いま現在期待されているものとは限らない。ホラー映画を見に行くとき、人はある種の期待を抱くもので、それが何十年とは言わないまでも何年かのあいだにお約束になっていったんです。わかりやすい例を挙げるなら、ある人物が暗い場所を歩いていると、我々はそのうちに何かが、あるいは誰かがその人の目の前にいきなりあらわれると期待する。映画制作者がその期待に応えてくれれば待望の瞬間が訪れるし、期待が外れて何も起きないこともある。それでもみな、顔を歪めてびくびくしながら見るわけです。

そういうわけで、ホラー映画の編集をするとき、ぼくは自分にこう問いかける。どっちが怖いか？　登場人物がパニックになる様子を大写しで見せられるほうが怖いか、それとも恐怖におののく彼女の目を通してその立場に置かれるほうが怖いか。

ホラーの編集で一番面白いのは、それがわかったときですね。シーンによっても、映画によっても違います。そのシーンの前に何があったのか、場合によってはそのシーンの後に何が来るかでも違ってくるし、その映画に先行する作品によっても変わってきます。

――ホラーの場合、先行作品といってもなかなか難しいですね。

でしょう？　「ホラー」という言葉は、いろんな人がいろんな意味で使っている。このジャンルの魅力のひとつが、いったいいくつあるんだというほどの、サブジャンルの多さです。サブジャンル同士がまるで違う、まったくの別物なんです。ホラーに魅了された制作者に訊いてみたら面白いと思いますよ。一人ひとりに、ホラーの脚本を書くようになった動機を尋ねてみる。すると間違いなく、こんな答えが返ってくるでしょう。ホーンテッドハウスものの映画を作りたかったから、悪霊に取り憑かれた子どもの映画が作りたかったから、あるいはスラッシャー映画を作りたかったから。

そしてあなたは思う。どれもホラーだ。種類は違ってもすべてホラー映画だ。ただ、ホラーであることを除けば、完全に違うタイプの映画だ、と。

――映画編集では、どれくらいホラーのお約束に合わせようとするのでしょうか。また、ラストシーンを見たときに観客がどう反応するかはどれくらいわかっているんですか？

「良い映画編集者に必要な資質は何か」とよく訊かれます。少し年齢を重ねて、より多くの仕事を経験するうちに、ぼくは文字通りひとつの答えに行き着いた。それは共感力です。編集者は登場人物に感情移入する。それができると、自分が取り組んでいるシーンを見て何かを感じたとき、観客も同じように感じるはずだとわかって安心できる。ホラー映画では、飛び上るほど怖がらせたいと思ったところで観客がみんな飛び上がってくれる。

そういう瞬間が作られたものだと気づく人はめったにいないと思うけど、じつは入念に仕組まれている。

こういう譬《たと》えを許してもらえるなら、ジャンプスケアというのは、言ってみればバーにある強い酒なんです。それは酔わせるための酒で、飲めばいつでも酔える。酔えさえすればウォッカのソーダ割りでいいというのなら、それで結構！　ただ、繊細な味わいには欠けるけどね。ジャンプスケアは少しずつ趣向の異なるさまざまな方法で引き起こせるし、脚色もできる。けれど、突き詰めればどれも同じなんです。一方で、ぼくが静かな恐怖や緊迫した恐怖として捉えているものは、棚の一番上に置かれた最高級のウイスキーです。そこにはなかなか辿り着けない。結末はさほど重要じゃなく、そういう映画を見終わったときには、ああ、あのシーンに酔いしれたという感動が残るんです。

――これぞ〝静かなホラー〟だと言える作品はありますか？

『シャイニング』が格好の例ですね。映像メディアを使って怖さを出す方法を熟知している点で、キューブリック監督は達人でした。

この映画の中でそれがもっともよくあらわれているのが、三輪車に乗るダニーのシーン。本来は怖くないものから恐怖の瞬間が構築された例です。

パターン化されたあの廊下のショット――誰もいない廊下。
反転し、子どもの表情。
再び廊下のショット。廊下を進んでいく子どもの肩越し――誰もいない廊下。
角を曲がる――誰もいない廊下。

このパターンが二、三度繰り返され、シークエンスは見る者を油断させるのに十分な長さだ。そしてあなたは三輪車に乗っていた子ども時代を思い出す。あの自由！　ホテルの中を思いのままに動き回れるなんて、最高！　そしてもちろん、ダニーが最後の角を曲がったとき、そこに立っている双子が肩越しのショットで映し出される。廊下に立つ二人の女の子も、やはり本来ならば何も怖くないはずのものだ。それに双子は（まだ）血まみれになっていない。ところがあまりに予想外の出来事だったために、そこにいるはずのない人間がいるのを見て認知的不協和が生じる。

それがこの映画でもっとも恐ろしい瞬間のひとつで、すべて編集されたもの。一〇〇％編集によるものなんです。

第二章

ホラー映画の歴史

映画は何もないところから生まれるわけではない。生身の人間が自らの世界観をベースに作り上げるのだから、意図的であろうとなかろうと、映画には制作者と社会や文化との関係性が反映される。それが映画の運命であり、宿命なのだ。一九九一年のドキュメンタリー映画『Fear in the Dark（暗闇の恐怖）』（ドミニク・マーフィー監督）で、ウェス・クレイヴンが「ホラー映画は恐怖を生み出すのではない。恐怖を解き放つのだ」と語った話は有名だ。

ソフィア・タカール監督が手がけ、レイプ・カルチャーを公然と探求した『ブラック・クリスマス』（19）や、アメリカの特権と疎外に触れたジョーダン・ピール監督の『アス』（19）など、意図的に社会問題を掘り下げたホラー映画も一部にはあるが、映画制作者の多くは、自分たちの作品が、それが作られた時代を支配する不安を映し出す鏡となっていることに気づいていない。ジェフ・リーバーマン監督はジョン・トールソンの著書『Subversive Horror Cinema: Countercultural Messages of Films from Frankenstein to the Present（破壊的なホラー映画――フランケンシュタインから現代の作品まで、映画に込められた反文化的メッセージ）』

（二〇一四年）の序文で、自身が手がけたホラー映画『スクワーム』(76)を見た人々が、そこに社会的・政治的な意味を見出したことへの驚きを語っている。この映画は気味の悪い殺人ミミズの話だが、「批評家たちは私自身も知らなかった深遠な意味を読み取った。エコロジーを顧みない人間に自然が復讐しているとか、人間は死すべき運命にあり、ミミズの餌になるのは免れないということを象徴しているとか……。まさしくその通りなのかもしれないが、もしそうだとしても、私にはそういう意図はなかった」。また、ジョージ・A・ロメロ監督が『ナイト・オブ・ザ・リビングデッド』(68)は人種問題についての議論を意図したものではないと語った話も有名だ。

恐怖の瞬間がいかに入念に作り上げられ、脳の特定のシナプスを活性化させるかといった内容に終始する本を書いているときには、恐怖は生み出されるのか解き放たれるのかというニュアンスはやや失われてしまうかもしれない。けれども、意図したものかどうかは別として、ホラーには社会が抱える恐怖が反映されているという発想には注目すべきものがある。ホラー映画はつねにその役割を担ってきた。古いホラー映画のなかには、時代とともに社会文化的規範が変化していくにつれて心に響かなくなるものがある一方で、いつまでも新鮮な恐怖を与えてくれるものが残りつづける傾向があるのはもっともな話なのだ。

スクリーンに初登場した恐怖映画から現在のものまで、ホラー映画の歴史をざっと振り返り、この理論を検証してみよう。とはいえ、深く掘り下げるのは到底無理だ。ホラー映画の歴史にまともに向き合おうとすれば、一冊丸ごとそれに捧げなければならなくなるだろう。というわけで、ここでは〝ホラーサイクル〃とも呼ばれる周期的な流行の波に着目し、それらのサイクルを象徴するホラー映画に、その時代にあった実際の恐怖が反映されているかどうかを見ていこう。

静かな恐怖——初期のホラー映画（一八九〇年代頃－一九二〇年代初頭）

人々が恐れていたもの——戦争、変化、共産主義

最初期の映画は、ストーリーテリングに関して著しく制限されたメディアだった。リュミエール兄弟が発明したシネマトグラフは、ごく初期の手回し式ムービーカメラで、一秒間になんと一六コマも記録することができた。参考までに、現代の標準的なフレームレートは毎秒二四コマ、なかにはピーター・ジャクソン監督の「ホビット」三部作のように、より高いフレームレート（毎秒四八コマ）を実験的に試みた映画もある。人間の目が静止画からなめらかでシームレスな動きを知覚できるのはおよそ毎秒一八コマ以上からなので、毎秒一六コマならばたしかに動きは出るが、だいぶぎくしゃくしたぎこちないものに見える。

初期のカメラはまた、フィルムをあまり収納できなかった。つまり最初の映画制作者たちがただ実生活を記録するだけでなく物語を作りはじめたとき、彼らは物語を簡潔にしなければならなかった（もっとも、ソーシャルメディアの時代になると、Vine〔六秒以内の動画を共有できるＳＮＳ〕や TikTok のようなごく短い形式のメディアアプリのおかげで、私たちは魅力的な物語をわずか六秒という短い時間で簡潔に伝える術を身

につけた)。

大衆向けのメディアとしての映画の登場は、一九世紀から二〇世紀への過渡期、ヴィクトリア朝からモダニズムの時代への移行時期と重なった。感性におけるこのような変化は、新たなスタートへの関心と過去に対する拒絶と無縁ではなかった。芸術以外の領域でも、第一次世界大戦へとつながる数年のうちに世界や社会は急速に変化した。産業革命後の数十年間、技術、科学、工学は絶えざる進化を遂げ、家庭や社会を幾度も変容させた。

最初のホラー映画はおろか最初の映画ですらないが、『ラ・シオタ駅への列車の到着』(1896/ルイ&オーギュスト・リュミエール監督)は、英語では『The Arrival of the Train』として知られ、黎明期の映画を観客がどう体験したかを描写するのにもっともよく引き合いに出される(その描写が正確かどうかは別にしても)。五〇秒に及ぶシーンは、ある駅に列車が到着する様子を捉えたものだ。この映画とよく一緒に語られる神話は、それまで映画というものを見たことのなかった観客たちが、列車がカメラに近づいてくる映像を初めて目にして、スクリーンを突き破って出てくるのではないかと思い、悲鳴を上げながらなだれを打って客席の後方に逃げたというものだ。もちろん、『ラ・シオタ駅への列車の到着』を見た観客が、音もなく近づいてくる粗い白黒映像の列車にそこまでのパニックを起こしたという話に歴史家たちは懐疑的であり、パリでの初上映の真相に迫る逸話も残されていない。ドイツのトリーア大学の映画研究者マーティン・ロイベルディンガーによれば、この一件にまつわる警察の報告書や新聞記事も存在しないという。そのような映画史に残る印象的な出来事があったのなら、記録が何も残っていないとは考えにくい。

とはいえ、セルロイド〔当時の映画フィルムの原料〕の列車が観客を恐怖に陥れたという噂は、映画そのものと同じだけ歴史が古い。おそらく『ラ・シオタ駅への列車の到着』について語るとき、私たちは実際のところ、映画のマーケティング手法の誕生について語っているのかもしれない。

最初期のホラー映画の多くからは、物語に野心的に取り組むというよりも、テクニックやテクノロジーを実験的に使っているような印象を受ける。しかし、初期のホラーから鮮明に浮かび上がるひとつのトレンドがある。それはファウスト的物語の人気だ。同様に、その時代の大衆文学にもファウスト的物語は見受けられる。ファウストは実在の人物――ヨハン・ゲオルク・ファウスト博士――がモデルだと言われている。ドイツの錬金術師で魔術師、神への冒涜者として非難された、一五世紀から一六世紀にかけて存在した人物だ。彼の生涯から生まれた伝説はやがて、「悪魔との契約」の譬えとなった。劇作家クリストファー・マーロウは一六世紀の終わりに『フォースタス博士』を上演し、ファウストの物語をヨーロッパに広めた（とはいえ、この伝説のもっとも影響力ある翻案はその数百年後に、ゲーテの詩という形で登場する）。この芝居が描き出すフォースタス博士は野心的な男で、知識と力を授けてほしいと悪魔に求め、悪魔は使いとしてメフィストフェレスを送り込む。メフィストフェレスはフォースタスの魂と引き換えに、しばらくのあいだ彼に力を授けることに同意する。（じつは二つある）マーロウの戯曲では、フォースタスは力を浪費し最後に地獄へ引きずり込まれるが、その他の翻案では全能のフォースタスに悔い改めて魂を救済するチャンスが与えられている。

ファウストの物語には、初期の映画制作者の心に訴える何かがあったようだ。それはたんに、ファウストとメフィストフェレスの物語が、すでに何世紀ものあいだ語られてきた馴染みのあるものだったためかもしれないが、むしろ当時のホラー映画の物語にはすでに社会的恐怖が反映されていたという解釈のほうがしっくりきそうだ。二〇世紀への変わり目、モラル危機と不確実性のよどんだ空気のなかへ突入する時期、政治や倫理観、超越への野心は罰せられるべきかといったテーマを掘り下げる映画でファウスト的な寓話が復活したのも不思議ではない。第一次世界大戦とバルカン戦争が勃発するまでの数年間は、ヨーロッパ全土で緊張感が高まりつつあった。それは概して、物事が軌道を外れていくことへの恐れであり、その感覚は第一次世界大戦によっていっそう激化していくことになる。

『Le manoir du diable（悪魔の館）』（1896／ジョルジュ・メリエス監督）もファウスト的物語のひとつだが、この作品が史上初のホラー映画として知られるのは、おもに悪魔や変身するコウモリ、薄気味悪い人物など、ホラーの定番が登場するおかげだ。一種のヴァンパイア物語のようだが、この映画には恐怖を与える目的で作られた印象はない。実際、初期のホラー映画には、むしろホラーコメディという呼び名が似合いそうなものが多い。一八九七年、『悪魔の館』よりも短いが驚くほどよく似ている『Le château hanté（幽霊の城）』（英題は『The Haunted Castle』）が公開された。監督は同じくジョルジュ・メリエスだが、同時代のジョージ・アルバート・スミス監督の作品と誤認され

『悪魔の館』（1896／ジョルジュ・メリエス監督）

がちで、そのせいで失われた映画《ロストフィルム》と見なされることもよくある（残念ながら、この時代のホラー映画の大半がロストフィルムと考えられている）。「ロストフィルム」というと誰かが誤ってフィルムリールをどこかに置き忘れたような響きだが、時の経過とともに数多くの古いフィルムが失われた大きな要因のひとつに、映画作りに用いられた未使用の映画フィルム《フィルムストック》が非常に不安定だったことがある。硝酸塩ベースのフィルムストック（ニトロセルロースという化合物でできている）は、保管方法によって一〇〇年以上持つこともあれば劣化して粉末状に分解してしまうこともあり、その残骸は非常に可燃性が高く、自然発火することもあった。このような化学的な要因はさておき、おそらく多くのフィルムが失われた最大の理由は偶発的な破壊ではなく、意図的な破壊だ。わずかな例外を除けば、アメリカの初期の映画スタジオは必ずしもフィルムリールの保管に価値を見出していなかった。そのため作品を保管する棚のスペースを確保するよりも、もう上映していないリールはただ処分してしまうことにしたのだ。

　ジョージ・アルバート・スミスは『幽霊の城』の監督ではないが、彼自身もまた一八九〇年代の終わりに『X-Ray Fiend（X線の悪魔）』（１８９７）や『Photographing a Ghost（心霊写真）』（１８９８）を含む不気味な映画をいくつか世に送り出した。そのうち後者は、パラノーマル・インベスティゲーション（超常現象調査）というサブジャンルを生んだ映画とされている。

　この時代のファウスト的物語のほとんどはファウストが地獄に引きずり込まれる結末を迎えるが、おそらく女性監督による史上初のホラー映画である『Faust et Méphistophélès（ファウストとメフィストフェレス）』（１９０３／アリス・ギイ監督）はファウストに幸福な結末を与え、彼は永遠の天罰から救われて恋人マルガレーテと再会する。

ファウストの伝説と同様、初期の映画制作者が好んで取り入れたのが、メアリ・シェリーの小説『フランケンシュタイン』だ。一九一〇年にエジソン・スタジオが製作した短編映画『Frankenstein（フランケンシュタイン）』（J・サール・ドーリー監督）が、おそらく最初の作品だろう（エジソン・スタジオは、初期のファウスト映画も製作している）。この作品ではファウスト的物語と同様にテーマ性を持たせた手法で、人間の進化と、拡張する知識に伴う恐怖、そして野心的な追求がはらむ危険性を探る。

世界のほかの地域でも、初期の映画制作者たちはホラーと呼べそうな物語に魅了されていた。日本では、小西本店（一八七三年の創業から一三〇年後、有名なカメラ・機器メーカーのミノルタと合併する）という映画製作会社が、八太《はった》永次郎《えいじろう》脚本の『死人の蘇生』と『化け地蔵』（いずれも1898）という二本の映画を公開したが、現在はどちらもロストフィルムとされている。『死人の蘇生』は、落下した棺から解き放たれた男が生き返る話だと伝えられている。『化け地蔵』の内容を記述したものは現存しないが、日本に古くから伝わる地蔵は、子ども、とくに親よりも先に亡くなった子どもの守り神のような存在だ。

これらの映画に関する情報があまりにも少なく、当時の日本映画についても全般的に記録が乏しいため当てずっぽうにすぎないが、『死人の蘇生』の俳優陣は小西本店の従業員だったと伝えられていることから、この映画はカメラ会社による映画技術のデモンストレーションの先駆けだったとも考えられるだろう。これら初期の映画に死や霊が描かれるのは不思議ではない。西洋のレンズはアンデッド（吸血鬼やゾンビなど、死者でも生者でもないもの）や霊的な守護者のイメージを安易にホラーのお約束として解釈するが、そこに出てくる霊が邪悪なものなのかどうかは、映画を見てみなければわからない。日本文化と霊の関わりは、世界のほかの地域と大きく異なる。霊は打倒すべき敵というよりはむしろ、人間と共存する形ある存在なのだ。大雑把に言えば、東アジアではその時代、中国から日本に初めて覇権が移った。明治維新によって日本が急速に発展し、工業化が進んだためだ。このような大きな変化に対する文化的不安は、その後の数十年間に登場するホラー映画により顕著にあらわれるようになる。伝統にしがみつくかのように、一九二〇年代に入るまで、日本映画の多くは映画用の新たな視覚的言語を進化させることなく、能や歌舞伎といった古典的な舞台芸能やストーリーテリング用に培われた演技技法に依存していた。

映画が誕生して最初の数十年間で、映画というメディアがストーリーテリングのツールとして足掛かりを得るなか、ホラー映画はすぐに視覚的なお約束を創造しはじめ、その後一〇〇年以上にわたってそれが繰り返されることになる。一九二〇年代にかけての映画産業の成長はまた、恐怖のテーマをより深く掘り下げる長編ホラー映画への需要を生み出した。

全盛には至らない時期（一九二〇年代－三〇年代）

人々が恐れていたもの——経済危機、政変

第一次世界大戦が終わると、ドイツ表現主義が台頭した。戦後の喪失、経済危機、政治的過激思想の

苦しみを味わったドイツの映画制作者たちは、大胆に芸術性と様式を追求するメディアとしての映画、ハリウッドが生み出す映画よりもはるかに暗い物語を精巧に作り上げる手段としての映画を模索した。ドイツ表現主義の映画が持つ影のあるおぼろげな雰囲気と、狂気や裏切りといったテーマの探求が、今日《こんにち》フィルム・ノワールやゴシックホラーとして知られるサブジャンルの美意識を生み出したと考えられている。この時代の注目すべき作品は、『カリガリ博士』（1920／ロベルト・ヴィーネ監督）、『吸血鬼ノスフェラトゥ』（1922／フリードリヒ・ヴィルヘルム・ムルナウ監督）、そして『M』（1931／フリッツ・ラング監督）だ。その後、海外ではハリウッドがドイツ表現主義を踏襲し、『オペラの怪人』（1925／ルパート・ジュリアン監督）などが製作された。

表現主義の辛辣さはさておき、狂騒の一九二〇年代、アメリカ人は戦後の経済成長期の比較的快適な生活を享受していたが、二〇年代も終わりに近づく頃、幸運の潮目が変わりはじめた。

一九二九年、株式市場が完全に崩壊してアメリカはすさまじい不況に見舞われ、国民は仕事と住む家を失った。さらに、それとほぼ同時期に干ばつが家屋と農業の好機を破壊し、世界大恐慌の砂嵐《ダストボウル》の時代が到来した。アメリカでは、大恐慌の重圧から逃れるために空想的な作り話の要素を持つ映画が好まれ、ホラー映画もその例外ではなかった。

当時のホラー映画にはたしかに満足のいかないものもあったが——空想的な要素が欠けていたり、たとえば『フリークス』（32／トッド・ブラウニング監督）〔見世物小屋が舞台で、実際に奇形や障害を持つ人々が登場した〕のように暗く、人を不安にさせるテーマであったりしたのがおもな原因だ——ファンタジーを求める顧客の欲求を満たしたのは、ユニバーサル・ピクチャーズがホラージャンルへの初進出作品として打ち出した、クラシックなゴシックモンスター映画だった。その第一弾が『ノートルダムの傴僂男《せむし》』（1923／ウォーレス・ワースリー監督）と『オペラの怪人』だが、昨今では、「ユニバーサル」の「モンスター」と聞いて真っ先に思い浮かべるのは傴僂男でも怪人でもない。ユニバーサルのクラシック・モンスターの代表チームといえば一般的に、ボリス・カーロフ演じる『フランケンシュタイン』（31／ジェームズ・ホエール監督）、『ミイラ再生』（32／カール・フロイント監督）のミイラ、ベラ・ルゴシ演じる『魔人ドラキュラ』（31／トッド・ブラウニング、カール・フロイント監督）で、そこにクロード・レインズ演じる『透明人間』（33／ジェームズ・ホエール監督）が加わることもある。のちにロン・チェイニー・ジュニア演じる『狼男』（41／ジョージ・ワグナー監督）と、いずれもクレジットされていないが、『大アマゾンの半魚人』（54／ジャック・アーノルド監督）でリコウ・ブラウニングとベン・チャップマンが演じたギルマンが加わってチームは完成した。

　こうした象徴的なモンスターは、人間を脅かす〝異質な存在〟か、人間を受け入れて寄り添うしばしば孤独な生きものか、というぎりぎりのところで描かれる場合が多い。スティーヴン・キングは『死の舞踏』の中で、「何やらひどく悲しげで哀れな雰囲気をたたえているものだから、（私たちは）恐怖と嫌悪感にたじろぎ後ずさりながらも、心はそのモンスターに寄り添おうとするのだ」と書いている。このように、モンスターは観客が抱える不安の便利でわか

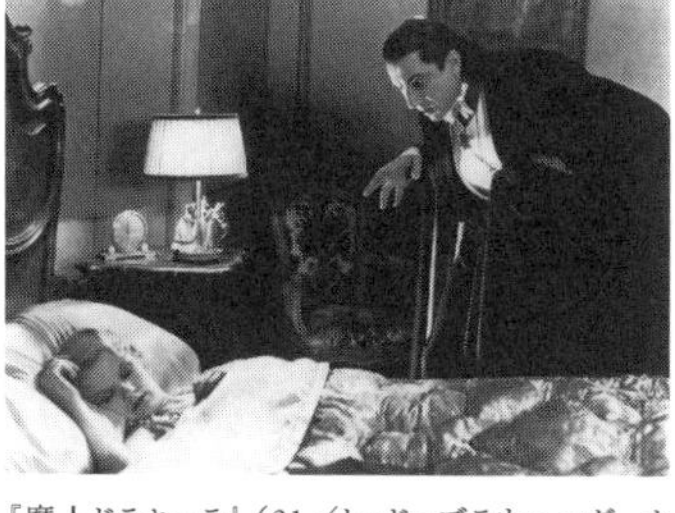

『魔人ドラキュラ』（31／トッド・ブラウニング、カール・フロイント監督）

りやすい身代わりとなり、それを人間の領域からほどよく遠ざけ、ファンタジーという安全な視点から体験させてくれる。

映画産業への監視が厳しくなるにつれて、このようなファンタジーによる現実からの距離のとり方は有用なツールとして機能するようになった。一九二二年には、ハリウッドに対して外部から強い圧力がかかるようになっていた。地方レベルでは、宗教的指導者たちが倫理上のルールを作り、観客に見せるのにふさわしいものになるまで映画フィルムを切り刻んだ。一九三〇年には、元郵政長官のウィル・ヘイズが映画の健全性を保つための三六項目から成る映画製作上の規定と勧告を策定した。規定は多岐にわたり、要は観客のモラルを低下させたり、悪や犯罪、道徳上の罪に共感を抱かせたりするような表現はすべて規制された。つまり、宗教的な人物を笑いものにしたりコミカルに扱ったりしてはならず、登場人物は裸になってはならず（挑発的なダンスもだめ）、セックス、情熱、犯罪、暴力を話題にしてはならないということだ。ヘイズ・コードと呼ばれるこの倫理規定は任意の制度のはずだったが、ヘイズの政治的な影響力によって実質的なプロダクション・コード〔映画製作規定〕として機能し、自分たちの映画を実際に劇場で公開したいと考える映画制作者は、この倫理規定に従わざるをえなかった。

世界のほかの地域でも同様の規制が設けられた。英国映画検閲委員会（ＢＢＦＣ）は一九三三年に「horrific（恐ろしい）」の頭文字をとったH指定を導入し、これに該当する映画の製作を公然と阻止した。一方、日本では、猥褻《わいせつ》な（この言葉を具体的に定義付けることはできない）ものを取り締まるため、早くも一九一七年から映画産業には厳しい規制がかけられていた。当然ながら、この手の規制の結果、全国上映されるホラー映画の数は減少傾向を示し……少なくとも、利益を得る機会を逸していることにスタジオが気づき、また新たにホラー映画を作りはじめるまでその状態が続いた。

原子力の登場（一九四〇年代－五〇年代）

人々が恐れていたもの――熱核兵器、共産主義（再び）

一九五〇年代の社会には、ヒロシマとナガサキ以降の核放射能への恐怖と、それが私たちに及ぼしうる影響への不安が満ちていた。一九五〇年、トルーマン大統領は核兵器の研究を加速的に進めるという物議を醸すような決定を下し、アメリカとソ連との核兵器開発競争を激化させ、水素爆弾の開発に拍車をかけた。どの学校でも、子どもたちは万が一核攻撃を受けた場合に備え、机の下に隠れ、漫画のカメにならって「伏せて頭を隠す《ダック・アンド・カバー》」練習をしていた。

人類が核による滅亡にどれだけ近づいているかを示すメタファーとして「ドゥームズデイ・クロック（終末時計）」という言葉が生まれたのは、ちょうどこの時期だ。一九五三年までに、時計は「真夜中まであと二分」となっていた――つまり人類滅亡の日が目前に迫っているということだ。

この恐怖は、モンスター映画の新時代をもたらした。放射能ミュータントの登場だ。『放射能X』（54／ゴードン・ダグラス監督）はその最初の、そしてもっともよく知られる作品のひとつだ。映画の中で、巨大アリのコロニーが発見される。どうやらニューメキシコ州のトリニティ・サイトで行われた初の核実験で突然変異したアリらしい。この殺人アリの駆除に協力する昆虫学者のメドフォード博士（エドマンド・グウェン）は、率直にこう述べる。「原子力時代に入り、人類は新たな世界への扉を開いた。その世界に何があるかは誰も予測できない」。当然の流れとして、この映画の後には〝ビッグ・バグ〟ものの模倣映画が続々と作られ、『黒い蠍《さそり》』（57／エドワード・ルドウィグ監督）の巨大なストップモーションのサソリや、『世紀の怪物／タランチュラの襲撃』（55／ジャック・アーノルド監督）の高さ一〇〇フィート〔約三〇メートル〕のタランチュラのほか、節足動物以外のミュータント・モンスターも登場した。

世界のほかの地域でも、同時期に同じような脅威が生まれ、一九五四年にはゴジラ映画第一作『ゴジラ』（本多猪四郎監督）が日本で公開された。この映画は再編集され、『Godzilla, King of the Monsters』〔邦題『怪獣王ゴジラ』〕として一九五六年に北米で公開された。その後公開された『マタンゴ』（63／本多猪四郎監督）すなわち『Attack of the Mushroom People』（キノコ人間の襲撃）は、日本での公開当初、ほぼ上映禁止となった。この映画で描き出される人々は、核の廃棄物によって動植物が突然変異したと思われる島に取り残されている。その島に自生する異常に大きい（そして異常に中毒性のある）キノコを食べた彼らは、自分たちがキノコ人間に変わりつつあることに気づくのだった。この映画が大きな議論を呼んだのは、キノコに変身する人々が日本に投下された原爆の被害者たちの姿に酷似していたかららしい。本多猪四郎監督はまた、『マタンゴ』には薬物の使用や中毒など、その時代に関連するほかの恐怖も反映されていると述べている（ヘロイン使用の増加とともに、当時イギリスとアメリカで表面化しつつあった薬物関連の恐怖にもよく似ている）。

しかし、誰もが放射能を恐れていたわけではない。原子爆弾の恐怖とは裏腹に、放射能が持つ潜在能力への胸躍る期待はなおも高く、たとえば原子力自動車（フォード・ニュークレオン）など概念的なものから、実際に作られたウラン砂ハウスまで、多くの無謀な個人向け製品が生まれる結果となった。ウラン砂ハウスは一時期、万病に効くスポットとして人気を博し、予約をすれば弱い放射能を持つウラン砂に足を入れて休めることができた。

　原子力時代が生んださらに不気味な流行がガンマ・ガーデニングと呼ばれる趣味で、これはヨーロッパとアメリカの一部に定着した。その噂がどこから広まったのかは不明だが、一九四七年頃から、原爆が投下された長崎とその周辺の土地の植物は大きく育ち、通常の作物よりも収穫量が多いという報告が聞かれるようになった。そこでアメリカ政府はさっそく、国内の農業従事者に協力を求め、放射能が植物に及ぼす影響を調べる実験を開始した。基本的には、重要な農産物生産地域が核攻撃を受ければ農業にどれほどの混乱が生じるかを知るための実験だったが、放射能が本当に有用な突然変異を起こしうるのかを確認する目的もあった。一九五〇年代の巨大昆虫ものの映画は、放射能が突然変異を引き起こすという発想と、それがもたらす最悪のシナリオとを一直線に結びつける傾向があった。『世界終末の序曲』（57／バート・I・ゴードン監督）に出てくる巨大バッタは、普通のバッタがガンマ・ガーデニングの実験場で育ったビーチボール大のトマトやイチゴを食べたことで誕生する。

　放射能への恐怖と結びついていたのが共産主義に対する恐怖だ。ＦＢＩ長官ジョン・エドガー・フーヴァーは、あらゆる抗議行動をすぐに共産主義と同一視したことで知られる。また、その頃〝脅し戦略〟で有名だったウィスコンシン州選出の上院議員ジョセフ・マッカーシーは、ろくに証拠もないまま、国家転覆や反逆を激しく糾弾することで、他者を（とくにハリウッドを）恐怖に陥れた。このマッカーシズム（赤狩り）は、パラノイアと不信感が蔓延する環境を作り出した。

　そこから生まれた、日々顔を合わせる人々がじつは隠れた敵かもしれないという恐怖は、この時代のホラー映画に——とりわけ『ボディ・スナッチャー／恐怖の街』（56／ドン・シーゲル監督）に反映されている。一九五〇年代にはエイリアン侵略映画も脚光を浴び、全体主義的な乗っ取りとして『宇宙戦争』（53／バイロン・ハスキン監督）や『遊星よりの物体X』（51／クリスチャン・ナイビー監督）に描かれ、ソ連による占領を不安視する映画ファンの共感を呼んだ。

　このようなエイリアン侵略映画のひとつ『マックィーンの絶対の危機《ピンチ》』（58／アーヴィン・S・イヤワース・ジュニア、ラッセル・S・ドゥーテン・ジュニア［クレジットなし］監督）では、すべてをむさぼり尽くす無形の赤いエイリアンが、赤の恐怖《レッド・スケア》のメタファーと解釈された。プロデューサーのジャック・ハリスはあるインタビューで、その関連性を「馬鹿げた話」だと一蹴した。ハリスによると、イヤワース監督はブロブ（落下した隕石に付着していた、赤いアメーバ状の物体）を「悪人への神の怒り」の譬えと捉えていた。彼がこの作品に登場する誰を悪人と想定したのかは、私にはよくわからない。もっとも、一〇代の若者のセックスへの罰だというなら話は別だ。その物体を見つけたのは若者たちで（演じるのは二八歳のスティーヴ・マックイー

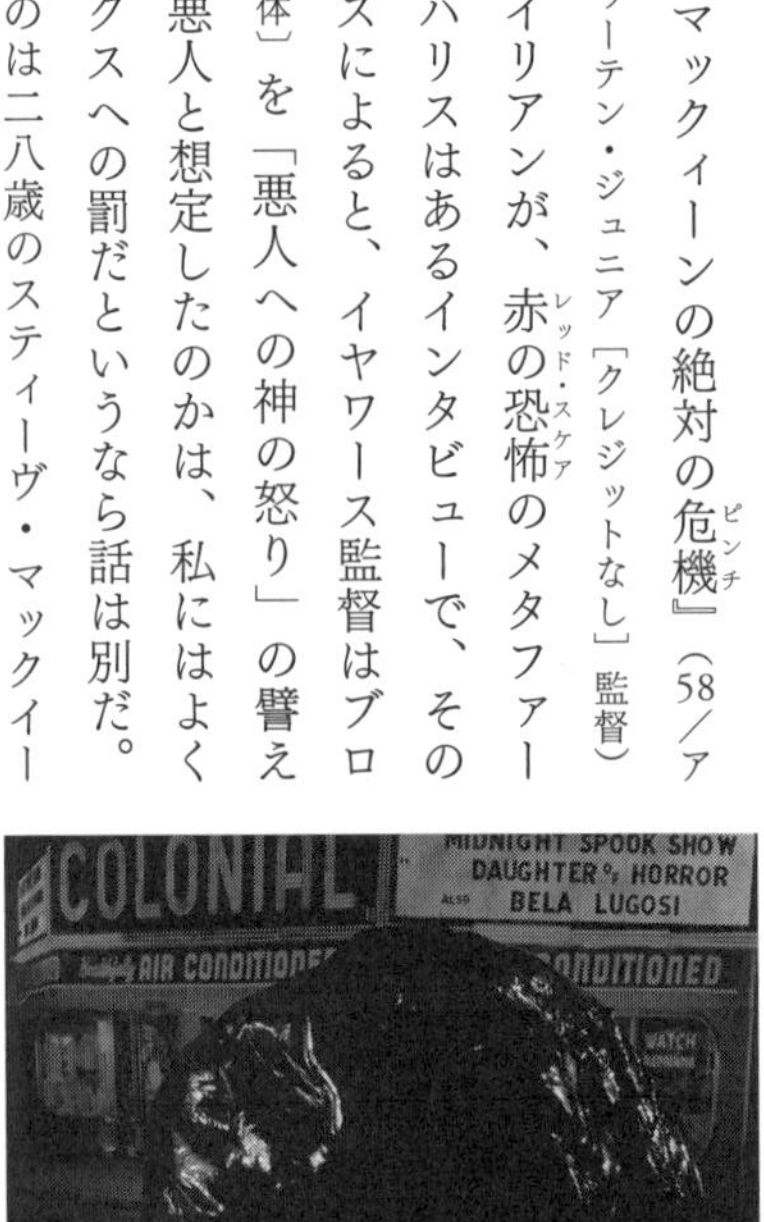

『マックィーンの絶対の危機《ピンチ》』（58／アーヴィン・S・イヤワース・ジュニア、ラッセル・S・ドゥーテン・ジュニア［クレジットなし］監督）

ンと二五歳のアニタ・コルシオで、二人とも年相応に見えた）、彼らは地元の恋人たちの小道《ラヴァーズ・レーン》でロマンチックな冒険に乗り出していた。

核の虫から宇宙の怪物まで、一九四〇年代から五〇年代にかけて恐怖はさまざまな形をとったが、それらはじつに〝奇怪〟だった。ついには放射能を帯び、触手までついた巨大な殺人目玉を中心に展開する映画まで登場したら――ハーイ、『巨大目玉の怪獣トロレンバーグの恐怖』（58／クエンティン・ローレンス監督）！――後はどうやってそれを超えられるだろうか？　ホラー映画が宇宙の恐怖から手を引き身近な世界に回帰するのは、ほぼ必然的な流れだった。

他人という悪魔（一九六〇年代）

人々が恐れていたもの――社会的混乱、価値の変化

一九六〇年に登場した代表的な二本の映画は、クリーチャー・ホラーから他人の心の中に潜む得体の知れない恐怖への転換点となった。その二本とは、『サイコ』（60／アルフレッド・ヒッチコック監督）と『血を吸うカメラ』（60／マイケル・パウエル監督）だ。

いずれもシリアルキラー的な人物を描いたものだが、『サイコ』はロバート・ブロックによる同名の小説を原作に、実在の殺人者エド・ゲインが一九五〇年代に起こした犯罪からインスピレーションを得て作られた。ゲインはのちに『悪魔のいけにえ』のレザーフェイスのモデルにもなった人物だ。いまで

はごく普通に使われている「シリアルキラー」という言葉も当時はまだ馴染みがなく、家庭にテレビが普及しはじめ、国内外の犯罪のニュースを視聴できるようになって徐々に浸透したものだ。

『サイコ』のノーマン・ベイツ（アンソニー・パーキンス）は不器用だが礼儀正しそうな青年で、脅威になりそうな人物には到底見えないが、映画の前半でヒロインを殺し、観客に衝撃を与えた。『血を吸うカメラ』のマーク・ルイス（カール・ベーム）もまた、平凡な容姿の内気な若者で、残忍な覗き趣味を隠している（この趣味は、幼い頃から彼が父親から受けてきた計画的な精神的虐待と条件付けによって生まれた）。世界がひとつの戦争から回復し、もうひとつの戦争に突入しつつあるなか、スクリーンに映し出される人間の形をした恐怖のリアルさは観客の心を捉えた。この手の恐怖は、数十年にわたるホラーの歴史においてほかの恐怖よりも頻繁に再登場し、世紀の変わり目と一九五〇年代、さらに八〇年代にも登場した共産主義の恐怖を軽くしのいでいる。これは毎日顔を合わせる人々や隣人、友人、あるいは受付で働く礼儀正しい若者が、じつは秘かな敵かもしれないという恐怖だ。

イタリアの監督たちは、『サイコ』や『血を吸うカメラ』の跡を継ぎ、ヒューマン・バイオレンスを大衆的かつスタイリッシュに捉えた独自のジャッロ映画を作り上げた。ジャッロとは「黄色」を意味し、低俗なクライムノベルには黄色の表紙が

『血を吸うカメラ』（60／マイケル・パウエル監督）

『サイコ』（60／アルフレッド・ヒッチコック監督）

ついていた（モンダドーリ社が一九二九年に創刊したものが最初だが、やがて黄色はパルプ雑誌を発行する出版社にとって表紙の定番色となった）。これに由来するジャッロ映画は、当時のイタリアの緊迫した風潮を打ち破るものとして感覚的なモチーフや暴力を用いたクライムスリラーを世に送り出した。これはある意味アメリカで起きていた変化に似ているが、イタリアではプロダクション・コードによる締め付けは行われなかった。

まぎれもない大衆ムードとスタイルを備えた『知りすぎた少女』（63／マリオ・バーヴァ監督）が一般に最初のジャッロ映画とされているが、このジャンルが持つ審美性はそれ以降の作品と関連付けられることが多い。たとえば『モデル連続殺人！』（64／マリオ・バーヴァ監督）の強烈な色彩に満ちたセットやセンセーショナルな殺人シーン、『歓びの毒牙《きば》』（70／ダリオ・アルジェント監督）に登場する黒手袋の殺人者や、どろりとした赤い血だ。ジャッロ映画が打ち立てた様式的要素の数々は、一九七〇年代の終わりから八〇年代にかけて、アメリカのスラッシャー映画が大ヒットしはじめる時期の作品に取り入れられた。だがそこに至る以前の一九六〇年代、高まりゆく社会の緊迫したムードはスクリーンにも波及したが、それは鮮烈なテクニカラー方式で映し出されたわけではなかった。

暴力的な結末（一九六〇年代後半－七〇年代）

人々が恐れていたもの――ベトナム戦争、カルト、シリアルキラー

人々は公然と街頭に出て人種差別政策に抗議し、黒人の公民権を求めて行進していた。一九六〇年代の後半には、公共の場はさらに反戦運動に加わる人々であふれ、一方で制度化された性差別の撤廃を求めて抗議活動をする人々もいた。市民の不安や、変化を求めて押し進む（そして権力者がそれを押し戻す）力によって社会が揺れ動くなかで、その変化がもたらしうる恐怖がホラー映画に反映されていくのは当然だった。

この時代の世相を物語る映画として、『ナイト・オブ・ザ・リビングデッド』（68／ジョージ・A・ロメロ監督）を挙げないわけにはいかないだろう。ホラーにおける文化を語る際、たいてい真っ先に取り上げられる作品だ。もちろん、見知らぬ人々が一軒家に追い込まれ四方八方からゾンビが迫り来るストーリーを、ロメロ監督は必ずしも人種や社会の実録として撮ったわけではないだろう。けれども、生き延びるヒーローのベン役に黒人の俳優（デュアン・ジョーンズ）を起用した時点で、社会の実録として解釈し<u>ない</u>わけにはいかなくなる。なにしろベンは、過酷な恐怖の一夜を耐え抜いた挙句、白昼、白人警官の手で撃ち殺されるのだ。しかもその警官が、引き金を引く前にベンがゾンビではないことを認

『ナイト・オブ・ザ・リビングデッド』（68／ジョージ・A・ロメロ監督）

識していたのかどうかも定かではない。

　権力の座につく者たちを居心地悪くさせていたのは、もちろん人種間の対立の問題だけではない。フェミニズムの第二波、すなわち一九六八年の避妊用ピルの導入と七三年のロー対ウェイド判決（女性が人工妊娠中絶を受ける権利を認めた判決）が、この時代のホラー映画に影響を与えたのは明らかだ。そこには、このいわゆる「性革命」が、一九五〇年代に生み出され奨励された核家族という完璧な理想像にもたらすものへの不安があった。

　さらに具体的な例を挙げれば、一九五〇年代半ばに悪阻《つわり》止めとして世界中で処方されたサリドマイドという薬が催奇形性を持ち、成長する胎児に（もし生き延びたとしても）重篤な先天異常を引き起こしかねないとわかったことで、子どもが障害を持って生まれるかもしれないという、率直に言えば健常者優先主義的な恐怖が芽生え、子どもたちを奇怪に描き出す作品が生まれた。と同時に、『悪魔の赤ちゃん』（74／ラリー・コーエン監督）、『ローズマリーの赤ちゃん』（68／ロマン・ポランスキー監督）など多くの妊娠ホラーが誕生し、『オーメン』（76／リチャード・ドナー監督）のダミアンや、『エクソシスト』（73／ウィリアム・フリードキン監督）のリーガン・マクニールのような悪魔的な子どもたちも登場した。さらに『ステップフォード・ワイフ』（75／ブライアン・フォーブス監督）、『ザ・ブルード／怒りのメタファー』（79／デヴィッド・クローネンバーグ監督）など、核家族という理想を打ち破る女性を罰するかのような映画も数

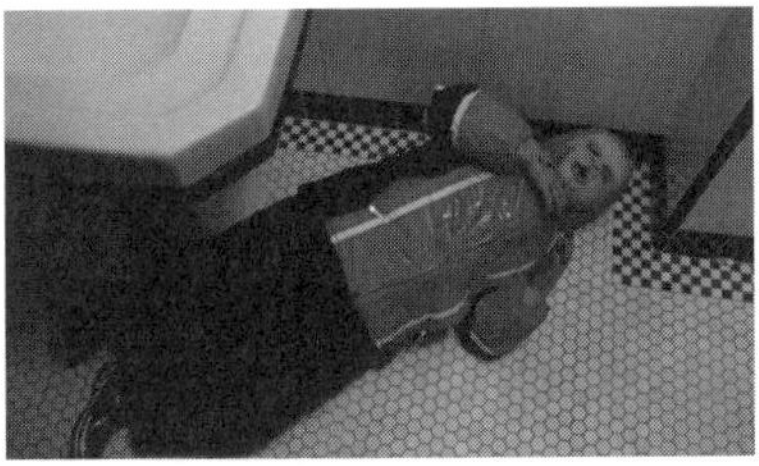

『ザ・ブルード／怒りのメタファー』（79／デヴィッド・クローネンバーグ監督）

多く生み出された。

　クローネンバーグ監督はとりわけ、恐怖の場として身体、とくに性的な身体に焦点を当てたことで脚光を浴びた。彼の監督作品では、性欲を増進させる脈打つ物体が人体に寄生したり（『シーバース／人喰い生物の島』〔75〕）、まさかの場所に奇妙な生殖器状のものが形成されたり——腋の下に生えた陰茎状の突起物（『ラビッド』〔77〕）や、腹部にあいた明らかに女陰らしき穴（『ヴィデオドローム』〔83〕）など——概して倒錯的な侵略や変容が見られた。これらの作品は、ボディホラーがホラー映画のひとつのサブジャンルとして発展するうえで大きな役割を果たした。

　一九六〇年代の終わりから七〇年代初頭にかけて、カルトやシリアルキラーの話題が広く語られるようになった。マンソン・ファミリーのカルトと殺人がもたらした恐怖の影響は、『処刑軍団ザップ』〔70／デヴィッド・E・ダーストン監督〕のようなX指定〔成人向け〕映画に色濃く見られる。また、その影響は『ウイッカーマン』〔73／ロビン・ハーディ監督〕や『The Blood on Satan's Claw〔血塗られた悪魔の爪〕』〔71／ピアーズ・ハガード監督〕などのフォークホラー映画〔民間伝承や神話などを題材とする〕にも間接的に反映され、そこではヒッピーのコミューンが魔術や悪魔的な秘儀を行う異教徒グループに置き換えられている。

　その頃アメリカでは、さまざまな異名を持つ多数のシリアルキラーが野放しになっているというニュースが飛び交い、新たな恐怖を呼び起こした。公共の場所や自宅の裏庭に殺人鬼が潜んでいるかもしれないという脅威と、さらに一歩進んで人々の家や安全な場所に踏み込んでくるかもしれないという脅威の、二重の恐怖だ。デートゲーム・キラー（デートゲーム番組に出演した殺人鬼）、ゴールデン・ステート・キラー（黄金州の殺人鬼）、サムの息子、ヒルサイド・ストラングラーズ（丘の中腹の絞殺魔）、サクラメントの吸血鬼、トルソー・キラー（胴体バラバラ殺人鬼）……いたるところに、すでにお馴染みの名前となりつつある新たな脅威が存在した。実世界の殺人鬼たちは、映画の世界の殺人鬼が誕生する道を切り開き、『悪魔のいけにえ』（74／トビー・フーパー監督）、『The Town That Dreaded Sundown（日没を恐れた町）』（76／チャールズ・B・ピアース監督）が描くヒューマン・バイオレンス、さらには『わらの犬』（71／サム・ペキンパー監督）や『鮮血の美学』（72／ウェス・クレイヴン監督）などの、極端なまでに暴力的な家宅侵入系映画が生み出された。

注目作品
『暗闇にベルが鳴る』（74／ボブ・クラーク監督）

ニュー・スラッシャーというサブジャンルの最初の作品として引き合いに出されることの多い『暗闇にベルが鳴る』は、いずれも一〇年以上前に公開された従来のスラッシャー映画、『サイコ』と『血を吸うカメラ』を下敷きにしている。この映画は数ある同時代の作品のなかでも、シリアルキラーとセクシュアリティへの不安を反映した新たな時代にぴったりマッチしていた。プロットは、クリスマス休暇を女子寮で過ごす女性たちを入念に追跡し、なぶりものにして殺害する、正体不明で姿の見えない（見えるのは、つかのま映し出される両手と、じっと見つめる目玉のみ）殺人者の動きを追うというものだ。彼から女子寮にかかってくる不可解な電話は「ベビーシッターと二階の男」の都市伝説を想起させるが、それ以外には犯人の動機について何も明かされていない（ただし、クラーク監督の全面的許可を得たうえで、グレン・モーガン監督により二〇〇八年のリメイク版で明かされる）。

この映画が怖いのは、なんの理由もなく暴力的に家に侵入され、それを防ぐ手立てが何もないからだ。当時はまだ、シリアルキラーや強姦魔が見も知らぬ他人の家に押し入り暴行を働いたというニュースに人々が動揺していた時代で、このストーリーは他人事とは思えない内容だった。伝えられるところでは、劇場公開から数年後の一九七八年に『暗闇にベルが鳴る』が初めてテレビ放送されたときには論争が巻き起こったという。全国のテレビ画面に映し出されたこの映画が、当時はまだ正体がわからなかった殺人鬼（のちにテッド・バンディと特定される）がほんの数週間前に引き起こした女子寮殺人事件と重なって見えたからだ。

『暗闇にベルが鳴る』は、私たち観客を殺人者の立場に置く作品だった。その視点から見えるものは、撮影技師バート・ダンクがこの映画のために特別に作ったヘッドマウントカメラで撮影された。ちなみにステディカムが映画の撮影に導入されるのは、一九七五年になってからだ。『暗闇にベルが鳴る』とその後のスラッシャー映画のあいだには遺伝的なつながりが見て取れる。ジョン・カーペンター監督の『ハロウィン』(78)も同じようにオープニングシーンは目に見えない殺人者の視点で始まるが、『暗闇にベルが鳴る』と異なるのは、文字通り仮面《マスク》が剥ぎ取られて正体が明かされる《アンマスク》点だ。

ホラー映画専用サイト〈Icons of Fright（戦慄の偶像）〉のインタビューで、ボブ・クラーク監督は冗談で、かつて『ハロウィン』を制作する前のジョン・カーペンター監督に『暗闇にベルが鳴る』の続編を作らないかと持ちかけたと語った。クラーク自身は『暗闇にベルが鳴る』をさらに掘り下げるつもりはなく、カーペンターも同じだったが、もし自分が続編を作るとしたら、「それは翌年の話で、犯人はもう捕まっていて、精神病院から逃げ出してあの家に戻り、また同じことを繰り返す。そして私はその映画に『ハロウィン』とタイトルをつけるだろう」と言ったという。やけに聞き覚えのある話に思えて仕方がないが、クラーク監督はさらに、『ハロウィン』が『暗闇にベルが鳴る』からインスピレーションを受けたのは確かだが、完全に独自の映画であり、カーペンターとデブラ・ヒルのオリジナル作品だと続けている。

『悪魔のいけにえ』で、ソーヤー一家でただひとり生き残ったサリー・ハーデスティがピックアップトラックの荷台で高々と恐怖の笑い声をあげたその年に、『暗闇にベルが鳴る』はジェス（オリヴィア・ハッセー）によって、ファイナル・ガールの概念を「周囲の友人たちがかさぶたのように剝がされていくなか、恐怖を暴き、巧みに生き延びる女性」に拡大した。とはいえ、ジェスにはスタンダードなファイナル・ガールが持つ要素の多くが欠けていた。彼女はセックスもするし、妊娠したとわかり中絶を考えている。全体的に、ジェスの人物像はまさしく第二波のフェミニスト、そして解放された女性であり、前年にロー対ウェイド判決が出たことで、自分の赤ん坊をどうするかを公然と選択できる立場

にあった。彼女は現代の鑑賞者の目に最高にクールに映るが、一九七四年当時は、ジェスもほかの女子学生たちもあまりにセクシャルに描かれすぎだと考えられていた（映画批評家のジーン・シスケルはそもそもほとんどのホラー映画を嫌っていたのだが、この映画の登場人物はみだらで「安っぽい」とけなしたことで知られる）。じつはこの映画で、ジェスは本当の意味でファイナル・ガールとしては扱われていない。救出されたかに見えた後、鎮静剤を投与されベッドに横たわった状態で、彼女は最終的に犯人と二人きりで家に残され、その運命は曖昧なままなのだ。

映画研究家キャロル・クローバーによる定義を簡単にまとめると、ファイナル・ガールは本来、恐怖（テラー）の体現者として行動し、大切な人を目の前で殺害されたりその死体を発見したりすることで殺人者に気づくが、どうにか生き延び、最終的に救出されるか自ら悪党を仕留める女性のこと、とある。ジェス・ブラッドフォードはそのいくつかに該当するが、典型的なファイナル・ガールの先駆けにすぎない。いま私たちが知っているお約束はまだ確立しておらず、ホラーの伝統として人々の脳裏に刻まれてもいない。そうなるのは四年後、『ハロウィン』でローリー・ストロードがスクリーンに登場してからだ。

狂暴なシリアルキラーに対するこの新たな執着は、暴力が大々的に映画の主流に加わる道を開くのに役立ったようだ。暴力を売りにしたエクスプロイテーション映画はそれまで低予算のオールナイト劇場に追いやられていたが、次第に大型の劇場で上映されるようになった。

映画の世界で言う「エクスプロイテーション」は、ジャンルというよりもむしろアプローチだ。ひとつのアプローチとしてのエクスプロイテーション映画をざっくりと定義するなら、その時々のトレンドや未開拓の客層に合わせ、彼らを食い物にする《エクスプロイト》作品と言えるだろう。そして多くの場合、コンテンツは煽情的な画像と強化されたステレオタイプで表現される。この定義に従うなら、エクスプロイテーション映画は食い物にしようとする客層で決まることになる。たとえば、黒人による黒人のためのブラックスプロイテーション映画も数多く製作され、扱うテーマや設定をオーストラリアに特化したオージープロイテーション映画には、一九七〇年にオーストラリアで導入されたばかりのR指定〔年齢制限〕がフルに活用された。このようなエクスプロイテーション映画の傘下で、スラッシャー映画やスプラッター映画などのサブジャンルが発展したのだ。エクスプロイテーション映画はすでに一九五〇年代末には登場していたが、私たちはそれを七〇年代のより残虐で暴力的な、おもにティーンエイジャーや若者をターゲットにしたホラー映画と関連付けがちだ。ヘイズのプロダクション・コードは一九六八年に正式に廃止され、現在用いられているのとほぼ同じMPAA（アメリカ映画協会）の分類基準に移行した。映画制作者はもう三六項目の倫理規定に従う心配をする必要がなくなった（とはいえ、すでに機に乗じて規定を破っていなかったわけではない）。そうなると必然的に、ホラー映画はより一層暴力的になった。そしてご推察の通り、ホラー映画の伝統が数多く誕生したのもこの時期だ。

　ヴァンパイア映画が完全に消え去った時代はなかったが、一九七〇年代には新たな大ブームが訪れたようだ。もっとも、ユニバーサル・クラシックのベラ・ルゴシのようなドラキュラを描いた映画（『魔人ドラキュラ』〔31〕）はもはや通用しなかった。ヘイズ・コードが廃止されると宗教的なテーマ、とりわけ宗教的テーマを倒錯的に扱うことが再び可能となり、とかくヴァンパイア伝説には付き物の性的メタファーも自由に使えるようになったのは言うまでもない。そういうわけで、性革命の時代が牙を持つ悪魔を再考する格好の場となったのはごく当然の流れだった。注目すべきは、ブラックスプロイテーションというきわめて特殊な波に乗って、黒人の吸血鬼が登場する映画が何本か作られた点だ。難解なアート系映画の『Ganja & Hess（ガンジャ＆ヘス）』（73／ビル・ガン監督）や、ヴァンパイア映画の『吸血鬼ブラキュラ』（72／ウィリアム・クレイン監督）などがあり、後者はシリーズ化された。これらの映画はそれぞれ異なる手法で、古くから異質な存在であった吸血鬼の姿を通じて人種やアイデンティティの問題を探求した。このほか同時期に製作された非ヴァンパイア系ブラックスプロイテーション映画としては、『ブラッケンシュタイン』（73／ウィリアム・A・レヴィ監督）が挙げられる。もちろん黒人のフランケンシュタインが登場する映画で、ベトナム戦争が舞台だった。また、ゾンビの復讐劇『Sugar Hill（シュガー・ヒル）』（74／ポール・マスランスキー監督）もある。

この低予算、ハイ・バイオレンスの動きに商機を見出し、スタジオはこぞってエクスプロイテーション商戦に参入しはじめた。一九八〇年、パラマウントは賭けに出て、自主制作映画『13日の金曜日』を獲得、大々的に公開し大成功をおさめたのち、この映画をフランチャイズ化した。これがスラッシャ

『13日の金曜日』（80／ショーン・S・カニンガム監督）

ー映画のフランチャイズ化の波を起こし、次の一〇年のホラー映画界が形作られていく。

スラッシャー、悪魔系パニック、ビデオ・ナスティ（一九八〇年代）

人々が恐れていたもの――ティーンエイジャー、家族の価値観を脅かすもの、共産主義（……再び）

一九八〇年代のホラー映画を分類しようとするとき、それぞれのテーマを明確に特定するのは難しい。VHSが一般家庭に普及したおかげで、人々はケーブルテレビや映画館で見る代わりに、ビデオをレンタルして家庭で映画を楽しめるようになった。これは低予算の映画にとってちょっとした恩恵であった。なぜなら、映画館では上映されなかった――されても多くの映画館では上映されなかったはずの――映画でも、直接ビデオとして発売できたからだ。このようなビデオスルー映画のごく初期の作品（ビデオミュージックアルバムではないもの）には、『ブラッド・カルト／悪魔の殺人集団』（85／クリストファー・ルイス監督）、ブラックスプロイテーションのB級映画『Black Devil Doll from Hell（地獄の黒い悪魔人形）』（84／チェスター・ノベル・ターナー監督）などのホラー映画もあった。

行き過ぎを軌道修正するためか、その時期のホラー映画は空想的な要素を盛り込む方向にシフトしたようだ。スラッシャー映画は依然として好調だったが、人間の殺人鬼に代わって、たとえば『エルム街の悪夢』（84／ウェス・クレイヴン監督）のフレディ・クルーガーのような超自然的な武器を使う殺人者が登場するようになっていった。ジェイソン・ボーヒーズやマイケル・マイヤーズといった既存のスラッシャー映画の定番キャラクターも、シリーズが進むにつれて超自然度が明らかに増していったように思える。

その差が際立つのが、『スランバー・パーティー大虐殺』(82/エイミー・ホールデン・ジョーンズ監督)とその続編の『マッドロック・キラー』(87/デボラ・ブロック監督)だ。前者の殺人鬼ラス・ソーンは、奇怪ではあるが完全に人間のシリアルキラーで、電気ドリルを振り回し、出会った相手を(とくにそれが女性ならば)片っ端から攻撃する。ところが、打って変わって続編では、われらが殺人鬼はドリル付きエレキギター片手に歌って踊るドリラー・キラーに変わっていた。しかもフレディ・クルーガーばりに人の現実認識を歪める能力を持ち、彼自身の実在性も疑わしい。どちらの映画も、殺人者像は公開当時の美的感性に沿ったもので、まるでひと巻きのトイレットペーパーのように、ホラー映画は徐々に回転速度を速めながら、さまざまな美的トレンドを通り抜けて現代に近づいてきているように思える。

一九八四年、MPAAの分類基準にPG-13指定〔一三歳未満の鑑賞には保護者の注意が必要〕が加わり、従来よりも広くファミリー層をターゲットにしたホラー映画の新時代が訪れた。そのひとつがジョー・ダンテ監督の『グレムリン』(84)だが、パペットが主役なら『E.T.』(82/スティーヴン・スピルバーグ監督)に近いものだろうと期待したファミリー層は、この映画にやや戸惑いを感じたかもしれない。PG-13指定の追加はまた、ホラー映画をニッチなカウンターカルチャーから日の当たるメインストリームに押し出

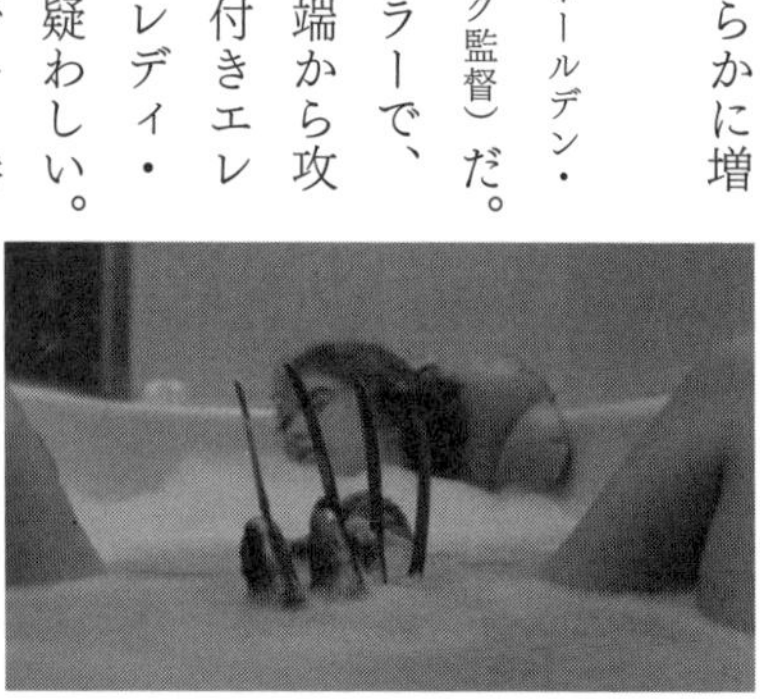

『エルム街の悪夢』(84/ウェス・クレイヴン監督)

すのに一役買った。ＰＧ-13指定のおかげで、『ザ・ゲート』（87／ティボー・タカクス監督）や『クリッター』（86／スティーヴン・ヘレク監督）など、子ども時代に悪夢を与えてくれた、家族みんなで楽しめるホラー映画と出会えたことに、ミレニアル世代は感謝したほうがいい。

一九七〇年代のエクスプロイテーション映画の血生臭さや暴力性への反動から、イギリスでは八〇年代初頭にモラル・パニック〔反道徳的なことに対する人々の激しい反応〕の波が起き、「ビデオ・ナスティ」〔暴力描写などがあるビデオ〕のレッテルを貼られた多数のホラー映画が禁止された。その結果、一九八四年にビデオ録画法が制定され、上映や販売が禁止された映画の数は七二本に上ったが、禁止を決める要件には、ひいき目に見ても一貫性がなかった。『食人族』（80／ルッジェロ・デオダート監督）や『血の祝祭日』（63／ハーシェル・ゴードン・ルイス監督）など、つねに疑惑の目で見られていた作品のほか、『ドリラー・キラー　マンハッタンの連続猟奇殺人』（79／アベル・フェラーラ監督）といった、いかにもビデオ・ナスティによるモラル・パニックを引き起こしそうな作品が真っ先に禁止された（一九八〇年代の基準からすると、ゴアや血などの描写の多く、とくに『血の祝祭日』のそれはすでに時代遅れに等しかったのだが）。その一方で、批評家に称賛された受賞作のホラー映画ですら難を免れなかった。『エクソシスト』は公式に訴えられたり禁止されたりこそしなかったが――どのビデオ・ナスティ・リストを見ても載っていないだろう――ＢＢＦＣはイギリス国内での家庭用ビデオ発売に大きな障壁を設けた。『エクソシスト』はノーカットで18Ａ指定〔一八歳以上推奨〕され、一九九八年にようやく一般家庭やビデオショップに辿り着いた。ビデオ録画法は一九九〇年代の終わり頃から勢いを失いはじめ、二〇一〇年には正式に新ビデオ録画法に取って代わられた。旧法のもとで禁止された映画の多くは指定が見直され再公開されたが、それは比較的最近のことだ。

モラル・パニックに揺れていた国は、イギリスだけではなかった。アメリカではレーガン政権が、保守的な家族の価値観を取り戻すための政策を押し進めていた。レーガンは貧困を「福祉文化」と呼び、それが昔ながらの理想的な家族を崩壊させたと非難した。そして一九八四年には、「信仰、家族、仕事、地域との交流、平和、自由といった根源的な価値を再び信奉する」ことを提唱。一年後の一般教書演説ではさらに、「家族が崩壊すれば、我々の文明も崩壊する」と、より強固な信念を表明した。

ホラー映画で繰り広げられるレーガン時代の家族重視の価値観への風刺的な批判は、二〇世紀半ばのテレビドラマ『ビーバーちゃん』が示す理想の家族像のパロディによく似ている。『ペアレンツ』(89／ボブ・バラバン監督)や『エルム街の悪夢』(84)などが描き出した真の脅威は、自分たちが教わった信念や価値観を子どもに伝えることで永続化させようとする親たちの姿だ。レーガン政権のもうひとつの側面に新自由主義経済への転換があり(当然ながら、富裕層の大幅減税と貧困層への援助削減を含む)、これは「レーガノミクス」と呼ばれた。大統領としてのレーガンは、反共主義者で監視社会推進派であり、消費拡大主義《コンシューマリズム》と立身出世のアメリカン・ドリームを喧伝した。このようなレーガン時代の世相にはっきりと物申している映画が『ゼイリブ』(88／ジョン・カーペンター監督)と『ソサエティー』(89／ブライアン・ユズナ監督)で、どちらも正体を隠したエイリアンがはびこる世界を舞台とし、反共産主義の波が訪れる以前の『ボディ・スナッチャー／恐怖の街』の物語を思い出させる。

ホラー映画の……低迷？（一九九〇年代）

人々が恐れていたもの――シリアルキラー（再び）、社会的混乱（再び）、世界の終末

ホラーファンが一九九〇年代を語るとき、奇妙なパターンがある。人々はその一〇年を、ホラーが枯渇したとは言わないまでも、やや干上がった時期として描写するのだ。個人的にはその解釈に同意できないが、私もやはり先入観にとらわれている。というのも、私が若きホラーファンの年齢に達したのがちょうどその時代だったからだ。私は『グレムリン2 新・種・誕・生』（90／ジョー・ダンテ監督）、『IT／イット』（90／トミー・リー・ウォーレス監督）、『キャンディマン』（92／バーナード・ローズ監督）、そして『バーチャル・ウォーズ』（92／ブレット・レナード監督）の恐怖に浸り、子どもらしい悪夢をくぐり抜けて成長した――実際に映画を見なくとも、その恐怖はなんらかの方法で私の意識に取り込まれた。それは映画のポスターや、近所のレンタルビデオ屋の前に置かれたボール紙の立て看板、本当なら寝ているはずの時間にテレビで流れる予告編のおかげだった。けれども、私が一九九〇年代にホラーに目覚めた本当のきっかけは、『ルームメイト』（92／バーベット・シュローダー監督）、『ゆりかごを揺らす手』（92／カーティス・ハンソン監督）、『コレクター』（97／ゲイリー・フレダー監督）などのスリラー映画だった。多くの子どもたちがそうだったように、私も恐怖映画を見せてもらえなかった。ところが多くの子どもたちとは違って、ネット上で「エロティック・スリラー」と評されるような作品は堂々と見ることができた。母いわく、スリ

ラーのほうが「まだ現実味があった」からだ。いったいどういうこと？
一九九〇年代のホラー映画は、それまでの一〇年間の派手派手しさやファビュリズム〔寓話的な物語の様式〕が劇的に後退し、よりリアルな、ときに形式的な恐怖描写に舵が切られた。この時代のホラー映画にはスリラーとホラーの境界線をまたぐような作品が多く、なかでもクライムスリラー、サイコホラー、そしてシリアルキラーを題材にした作品が花開いた。一九九一年の連続殺人鬼ジェフリー・ダーマーの逮捕は、九三年のカナダの殺人カップル、ポール・ベルナルドとカーラ・ホモルカの逮捕や、九六年に起きた六歳のジョンベネ・ラムジー殺害など、ほかの悪名高き犯罪とともに、このサブジャンルの人気に拍車をかけた。人々は実際にあった犯罪《トゥルー・クライム》への関心を新たにし、殺人者の心理を解き明かす物語に夢中になった。こうした関心がもたらしたのが、『羊たちの沈黙』（91／ジョナサン・デミ監督）や『セブン』（95／デヴィッド・フィンチャー監督）が描き出すよこしまな、ときに理知的ですらある暴力だった。

　アレクサンドラ・ウェストが『The 1990s Teen Horror Cycle: Final Girls and a New Hollywood Formula（一九九〇年代のティーン・ホラー・サイクル――ファイナル・ガールと新たなハリウッド方式）』で指摘しているように、一九九〇年代の青春映画はある交点から生まれた。その頃「男性が運営するスタジオは、女性、ホラー、青少年、映画のあいだに強力な交わりを積極的に見出そうとしていた。一九八〇年代に全盛期を迎えたスラッシャー映画はすでに廃れ、最前線にいた殺人者たちもさまざまな段階で死に至り、今度はファイナル・ガールに焦点を当てる時代が訪れた」のだ。

　この転換によって誕生したもっとも人気の高いファイナル・ガールといえばもちろん、『スクリーム』

（96／ウェス・クレイヴン監督）で最後まで生き残るティーンエイジャー、ネーヴ・キャンベル演じるシドニー・プレスコットだ。フランチャイズ第一作ではとりたてて確立されたキャラクターではなかったが、映画の世界で入念に定められたルールを破る点で、シドニーはファイナル・ガールたちのなかでも突出した存在だ。彼女はボーイフレンドとセックスするし、事態を仕切ろうとして第四の壁〔役者と観客を隔てる見えない壁〕を破りそうになりながら〔死んだかに見せて不意によみがえった〕殺人者のひとりを撃ち抜き、「私の映画ではそうさせない」と告げる）、それでも勝ち抜く（当然ながら彼女もトラウマを抱えていて、続編で明かされていくのだが）。彼女こそ、それまでファイナル・ガールとなる女性たちに押しつけられていたはっきり言って息苦しい社会的ルールを、よくぞ打ち破ってくれたと称賛したくなるような存在なのだ。

　一九九〇年代のティーン・ホラー・サイクルは多くの点で、八〇年代のジョン・ヒューズ監督のブラット・パック映画〔若手スターの一団が登場する青春映画〕に対抗するかに見えたが、ハッピーな気分にさせるだけのコメディ映画を打倒するどころか、むしろお約束や登場人物の定型化を強め、青春映画に期待されるのと同じようなメッセージを発するティーン・ホラー作品が驚くほどたくさん製作された。また、ファイナル・ガールを主役に据え、一見すると画一的な考えを回避するような物語が多いが、深く掘り下げると、これらの映画は枠からはみ出そうとしたり自立を求めたりする一〇代の若者を罰しているように見える。それはちょうど、『危険な情事』（87／エイドリアン・

『スクリーム』（96／ウェス・クレイヴン監督）

ライン監督）など少し前のサイコスリラー映画が、自立した女や性に貪欲な女を、家父長的制度を踏みにじる者として罰したのに似ている。結局のところ、ティーン向けのホラー映画の大部分は依然として白人の成人男性によって作られていたということだ。

『ザ・クラフト』（96／アンドリュー・フレミング監督）は、青春コメディ映画『クルーレス』（95／エイミー・ヘッカリング監督）をカウンターカルチャー的なホラーに仕立てたような作品だ。『クルーレス』の洗練された、陽気で、ファッショナブルに着飾ったリッチな少女たちに代わって登場するのは、幻滅を感じた下流から中流クラスの女子高生たちで、それぞれが抱える人生や恋愛の悩みを魔術の力で解決しようとする。『ザ・クラフト』に登場する一〇代の魔女たちは、本来あるはずのない力を使おうとしたために順に罰せられる。同様に『パラサイト』（98／ロバート・ロドリゲス監督）には、人に寄生して宿主を集合意識に取り込んでしまうエイリアンから自分の人格を必死に守ろうとする一〇代の若者グループが登場する。映画の冒頭、人と交わろうとしないゴス系からドラッグの売人、アメフトのスター選手まで、『ブレックファスト・クラブ』〔一九八六年の青春コメディ映画〕さながらの類型的なキャラクターだった若者たちは、勇気ある闘いによってエイリアンを打ち負かし、映画が終わる頃には本来の姿に近づいていた。エイリアンの脅威の助けを借りなくとも、それまで頑なに守ってきた類型的なキャラクターを喜んで捨て去る気になったようだ。

『ザ・クラフト』（96／アンドリュー・フレミング監督）

所変わって日本のホラーは、多数の終末論的な作品でミレニアムの最後を捉えた。とくに有名なのは、アメリカでは『Suicide Club』というタイトルで公開された『自殺サークル』（01／園子温監督）や『うずまき』（00／ヒグチンスキー監督）、『回路』（01／黒沢清監督）で、これらの作品はすべて、あらゆるコミュニケーションがテクノロジーや消費者製品、メディアを介して行われる状況における疎外感や、孤立、人とのつながりの重要性に目を向けている。これにもっとも近い、同じテーマを扱った同時代のアメリカ映画として頭に浮かぶのは『マトリックス』（99／リリー&ラナ・ウォシャウスキー監督）だが、こちらは明らかにSF調であり、前述の日本映画のほうはじつにホラーらしいホラー映画だ。

新たなミレニアムに向けたホラー映画（二〇〇〇年代）

人々が恐れていたもの——テロリズム、移動、テクノロジー、拷問

社会が二〇〇〇年に移行しようとしていた頃、北米では奇妙な反動が起きた。映画界は暴力描写を慎重に避けていたのだ。とりわけ一九九九年にコロンバイン高校銃乱射事件が起き、アメリカの社会が傷を負って以降、一〇代の若者が関わる暴力描写が回避された。一〇代の暴力が絡む映画が反響を呼んだとしても、それは人の死が現実世界の人間の行動とは異なる超自然的な未知の手段——たとえば『ジンジャー スナップス』（00／ジョン・フォーセット監督）の人狼の攻撃や、『ファイナル・デスティネーション』（00／ジェームズ・ウォン監督）の死神——によってもたらされたからであり、『スクリーム3』（00／ウェス・ク

レイヴン監督）のような人間の殺人者が登場するティーン向け絶叫ホラーは、人々の心の傷を余計に深くするばかりだった。

一方、世界のほかの地域の映画制作者たちは、児童生徒を中心にしたホラー映画を作るのをためらわなかった。『バトル・ロワイアル』（00／深作欣二監督）は、武器を使った殺し合いを大人に強要された一五歳の中学生を描いた作品で、監督はこの物語から、自身が子ども時代に経験した恐怖を思い出したという。第二次世界大戦中、軍需工場で働かされていた彼は、工場が攻撃を受け、クラスメイトたちが死んでいくのを目の当たりにしなければならなかった。いまでこそカルトクラシックとして評価されている『バトル・ロワイアル』だが、この映画がアメリカで公開されるのは、日本での初公開から一〇年以上経った二〇一一年のことだった。

二〇〇一年九月一一日、組織的テロ攻撃で四機の旅客機がハイジャックされた。うち二機はニューヨークの世界貿易センタービルに突っ込み、何千人もの死者が出た。三機目はバージニア州アーリントンにある国防総省本庁舎《ペンタゴン》に突入、最後の一機はワシントンDCに向かう途中、野原に墜落した。この攻撃を受けて、ジョージ・W・ブッシュ大統領は対テロ戦争を開始し、それは約二〇年経ったいま――本書を執筆している現時点でもまだ続いており、暴力に対する人々の意識を永遠に変える一連の出来事を引き起こした。

暴力の一形態としての拷問はけっして新しいものではないが、北米の人々のほとんどは、世界のどこかで拷問が行われている、まして自分たちの同胞の手でそれが行われているなどとは考えずに日常生活を送ることができていた。ところが9・11の後、〔イラクの〕アブグレイブ刑務所と〔キューバの〕グアンタナモ湾収容キャンプで行われている拷問の事実が否応なく世間の目に晒された。この新たな苦悩の種と、9・11とブッシュ政権が生み出した外国人恐怖症とが相まって、ホラーの新しいサブジャンルが誕生し、他者——とりわけ〝異質な〟(つまりアメリカ人ではない)他者によって行われる暴力の怖さがまざまざと表現された。

この新しいサブジャンルを示すのに「トーチャー・ポルノ(拷問ポルノ)」という言葉がしばしば使われるが、この表現には批判もある。「ポルノ」が加わることで、過激な暴力描写を見れば覗き見的な性的快楽を得られるというイメージを与えるし、何より『ホステル』(05／イーライ・ロス監督)や『ブラッド・パラダイス』(06／ジョン・ストックウェル監督)といった作品を見て楽しいと言う人はめったにいない。それらはむしろ、理不尽な暴力の恐ろしさを知るための安全な場を提供し、カタルシスをもたらす可能性を秘めている作品なのだ。『ホステル』と『ブラッド・パラダイス』はいずれも、アメリカ人が祖国を離れれば直面するかもしれない恐怖を題材にしている。また、『ソウ』(04／ジェームズ・ワン監督)のような作品は拷問をアメリカという場に持ち込み、アメリカ人だって拷問するときはするのであり、恐れるべき相手だと教わった非アメリカ人の「他者」となんら変わらないということに気づかせてくれる。

過激な暴力のほかに、トーチャー・ホラーに特有の要素があるとすれば、誰かが土壇場で窮地を救うことはなく、最後はほぼ全員が死ぬという点だろう。いわゆるファイナル・ガール的な生存者がいたとしても、トーチャー・ホラーではほかのジャンルと異なり、最後に社会がなんらかの秩序を取り戻すことはなさそうだ。解決の糸口も見えないまま数十年にわたり戦争が続いている時代を生きる私たち鑑賞者もまた、秩序の回復など期待してはいない。

ニュー・フレンチ・シネマ（すなわちフランス新過激主義）は、トーチャー・ホラーの動きと関連付けて語られることが多い。表面的には似ているものの、これら二つのサブジャンルは別物だ。『マーターズ』（08／パスカル・ロジェ監督）、『ハイテンション』（03／アレクサンドル・アジャ監督）、『RAW 少女のめざめ』（16／ジュリア・デュクルノー監督）などフランス新過激主義の映画は写実的かつ超越的で、描き出される暴力は人間の身体（および精神力）の限界を探るためのものだが、これらの映画には必ずと言っていいほど、トーチャー・ホラーには存在しない物語性と構造の複雑さがある。フランス新過激主義の映画を、自分はどれだけ残虐な映像に耐えられるかという許容性への挑戦と見るホラーファンもいるが、このサブジャンルの捉え方は国民性によって大きく異なり、人種差別やレイプ、小児性愛といった暴力に対して非常に寛容な（少なくとも無策である）フランスおよびフランス映画界への明確な批判もあるようだ。

意外かもしれないが、この時期、独自の国民意識を高めようとしていたアメリカでは、全世界から入ってくる日本や韓国のホラー映画のリメイク版の人気が急上昇した。リメイク版では通常、オリジナル作品の主人公はたいていブロンドで白い肌のアメリカ人女性に置き換えられた。『THE JUON／呪怨』（04／清水崇監督）のサラ・ミシェル・ゲラー、『ザ・リング』（02／ゴア・ヴァービンスキー監督）のナオミ・ワッツ、そして例外的にブロンドではなくブルネットだが、『ダーク・ウォーター』（05／ウォルター・サレス監督）のジェニファー・コネリー。これらの映画は、おもに怨念を抱く悪霊を扱った明らかに超自然的な性質のものだ。オリジナル版では、「伝統的な日本人」としての理想的な役割と、日本を確実に過去から遠ざけるであろう社会文化的変容とのあいだの緊張関係が描かれている。当時のジャパニーズ・ホラーを分析した『Nightmare Japan（悪夢の日本）』の中で、ジェイ・マクロイは『リング』（98／中田秀夫監督）と〔『ダーク・ウォーター』のオリジナル版である〕『仄暗い水の底から』（02／中田秀夫監督）はどちらも幽霊に遭遇するシングルマザーが主役であることから、両作品を「〝家族〟のさまざまな（再）構築」の象徴と捉えている。

暴力への回帰は、二〇〇〇年代初頭から半ばにかけて名作ホラーのリメイクへの道を開いた。再編集し、配役に人気スターやインフルエンサーを起用して、明確に一〇代の若者をターゲットにしたリメイク版が盛んに作られたのは、一九九〇年代のティーン・ホラー・サイクルからの自然な流れだ。ヴィンセント・プライスを主役に想定して作られた『肉の蝋人形』（53／アンドレ・ド・トス監督）は『蝋人形の館』（05／ジャウム・コレット＝セラ監督）としてパリス・ヒルトン主演でリメイクされ、ウィリアム・キャッスル監督のクラシックな作品『13ゴースト』（60）は『13ゴースト』（01／スティーヴ・ベック監督）として、元祖スラッシャーの『暗闇にベルが鳴る』（74）は『ファイナルデッドコール 暗闇にベルが鳴る』（06／グレン・モーガン監督）としてそれぞれリメイクされた。オリジナルの映画を「台無しに」したと批判されることの多いリメイク版ティーン・ホラーだが、近年、その真価がホラーファンに再び認められつつある。

現在のホラー映画と今後の展望（二〇一〇年代以降）

次に人々が恐れるものは？

自分がひとつのサイクルの中にいるあいだは、ホラーのトレンドを把握するのは難しいかもしれない。だが、一〇年経てばきっと、本章で私が過去の年代について行ったように、批評家たちは二〇一〇年代の注目すべき出来事をいくつか挙げることができるだろう。私たちを取り巻く歴史が激動するなかで、いまもっとも大きな影響力を持つものが何かを示す大きな流れはまだ見えなくとも、人生のあらゆる面を作り上げる要素が恐怖を形作っていることは容易にわかる。

最近のホラー映画には、かつて慣れ親しんだ場所への回帰が見られる。『ヘレディタリー／継承』（18／アリ・アスター監督）や『ウィッチ』（15／ロバート・エガース監督）などのファミリーホラーは、一九八〇年代のファミリーホラーと同様に、世代間の憎悪や親が子に負わせる罪を掘り下げる。たとえば『エルム街の悪夢』（84）はそれを明るく、ダークコメディタッチで描いたが、新しいファミリーホラーは色彩も結末もより暗澹としている。

ブラック・ライブズ・マター運動など不平等な制度と闘うための継続的な社会運動と、映画産業におけるより良い表現を求める声とが相まって、歴史的に軽んじられてきた人々の視点から描いたアメリカのホラー映画が、徐々にではあるが存在感を増しつづけている。『ゲット・アウト』（17／ジョーダン・ピール監督）は、「ポスト人種差別」社会という虚像の静かな恐怖に目を向け、多くの注目を集めた。『キャンディマン』（21／ニア・ダコスタ監督）は、一九九〇年代のホラー・フランチャイズを現代のレンズを通して見直している。ほかにも、スペイン映画『プラットフォーム』（20／ガルデル・ガステル＝ウルティア監督）や韓国映画『パラサイト 半地下の家族』（19／ポン・ジュノ監督）のように、身分の格差や貧困をダイレクトに捉えた作品もある。

この本を執筆していた二〇二〇年、新型コロナウイルスSARS-CoV-2、いわゆるCOVID-19が世界規模で蔓延し、いたるところでロックダウンが続いていた。急速に全世界を支配していくウイルスの解明を人々が待ちわびるなか、思いもよらない面白い展開があった。ほぼ一〇年前の映画『コンテイジョン』（11／スティーヴン・ソダーバーグ監督）が、アップル社〈iTunes〉のレンタルリストでトップに躍り出たのだ。人気のストリーミングサービスでトップ10入りしたのは言うまでもない。恐ろしく有害な感染症が地球を麻痺させ、映画の中の架空の場所で首尾よくワクチンが作られるのを見ると、ほっとするとともに気持ちがすっきりした（そう、私もロックダウン中に『コンテイジョン』を見たひとりだ）。この映画には、不確実性しかない現実世界でも多かれ少なかれ起きると予想される一連の出来事が描かれていた。

COVID-19のパンデミックはまた、『ズーム／見えない参加者』（20／ロブ・サヴェッジ監督）をもたらした。四〇分間にわたるＺｏｏｍ通話で展開する物語だ。この作品には、隔離期間中に不確かなテクノロジーで愛する人たちとつながろうと

『ズーム／見えない参加者』（20／ロブ・サヴェッジ監督）

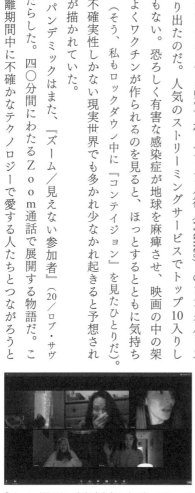

する際のストレスが反映され、超自然的なひねりも加えられている。

ホラー映画はごく身近なところで、私たちが経験する文化的な変化を掘り下げてきた。私は古いホラー映画、とくに自分が生まれる前の作品を見るのが好きだが、それはその映画が公開された当時の人々が何に不安を感じていたかを垣間見られるからというよりもむしろ、時代背景の断片を知ることで、彼らがなぜ恐れを抱き、それにどう向き合ったのかがわかるからだ。この章では約一〇〇年の流れをざっと振り返り、繰り返しあらわれる社会的恐怖を数多く見てきた。けれども、たとえ同じような恐怖でも、ホラー映画が再びそれを取り上げるときには、つねにとは言わないまでも多くの場合、視覚的表現や映画的なアプローチは変化していた。

表現という言葉が出てきたところで、そろそろこのジャンルのもっとも重要な柱のひとつに移りたい。ごく漠然とした恐怖にも目に見える物理的な形を与えるもの――モンスターだ。

インタビュー

アレクサンドラ・ウェスト

アレクサンドラ・ウェストは、『Films of the New French Extremity: Visceral Horror and National Identity（フランス新過激主義の映画――内臓系《ヴィセラル》ホラーと国民性）』および『一九九〇年代のティーン・ホラー・サイクル――ファイナル・ガールと新たなハリウッド方式』の著者。〝あらゆる恐怖に分析と調査で深く切り込む〟ポッドキャスト〈Faculty of Horror（ホラー学部）〉の共同ホストも務める。

――ホラーファンも含めて、一九九〇年代から二〇〇〇年代初頭はホラー映画が比較的乏しい時代だったと言う人は多いですが、そういう認識に対して、実際のところその時代のホラーはどうだったとお考えですか？

スラッシャー映画が台頭し、その続編が数多く生まれた一九八〇年代という体系化の進んだ時代から抜け出そうとしていたのが、九〇年代初頭のホラー映画です。それ以前の『ローズマリーの赤ちゃん』、『オーメン』、『ステップフォード・ワイフ』、『エクソシスト』といった一九六〇年代の終わりから七〇年代にかけての名作ホラーは、『悪魔のいけにえ』や『悪魔のえじき』など当時のインディーズ映画と並んで、ホラー映画が非常に高い文化的価値を持ちうることを証明しました。『キャンディマン』や『羊たちの沈黙』、『キャプテン・スーパーマーケット』、『ジェイコブス・ラダー』、『エルム街の悪夢 ザ・リアルナイトメア』、『ミザリー』など、一九九〇年代の初めにもすばらしいホラー映画が生まれましたが、どれもばらばらでした。それらを一括りにしてラベル付けするのは難しく、評価するのはもっと困難です――ファンとしてもカルチャー・ライターとしても、そうしたいところなのですが。一九九〇年代半ばになると、『ザ・クラフト』や『スクリーム』などが登場し、興行成績を通じて明確なトレンドが浮かび上がりました。一九七〇年代、八〇年代のティーン向け映画のコンセプトを大いに取り入れた、ティーン・ホラーです。

――一九九〇年代のホラー映画には、どのように時代が反映されていますか？

一九九〇年代のホラー映画（とくにティーン向けのもの）は、フェミニズムの第三波の到来、それにメディアへのアクセスの広がりと二四時間絶えることのないニュースの波の影響を大きく受けているように感じます。一九九〇年代のティーン・ホラーは一〇代の女の子という存在の闇をかなり強調していて、いじめや性的暴力を軸にした話がたくさんあります（『ザ・クラフト』や『キャリー2』［99／カット・シア・ルーベン監督］が良い例だと思います）。けれどもその一方で『スクリーム』のような作品には、そういう要素のほかにも、個人の悲劇を国家的な悲劇に仕立て上げようとする根拠のないニュースの影響も組み込まれています。

――一九九〇年代のティーン・ホラーは七〇年代、八〇年代の要素を取り入れているとおっしゃいました。一九九〇年代のティーン・ホラーはどのような形で過去を反映し、いまのティーン・ホラーを形作っているのでしょうか？

一九九〇年代のティーン・ホラーは、深い心の傷を負いトラウマと闘っていく女性の姿を中心に描き、登場人物があっさり殺されるようなことはあまりなく、主人公の背景にはもっと暗さがあります。そこで重要なターニングポイントとなるのが『ファイナル・デスティネーション』です。この作品はコロンバイン高校銃乱射事件とは十分な距離をとったため（ちなみにこの事件は、デヴォン・サワ主演のホラー映画『アイドル・ハンズ』の公開に影響を及ぼしました）、観客は一〇代の若者が〝死の運命〟や巧妙な罠によってたやすく命を奪われるのを受け入れることができたのです。数々の罠、そして思わずたじろいでしまうような残酷な死は、『ソウ』や『ホステル』のような映画に観客がポジティブな反応を示す最初の指標となって、そこからトーチャー・ポルノ・サイクルへとつながっていったのです。

——個人的に気に入っている作品はありますか？

私は『ザ・クラフト』と『スクリーム』を見て育ったので、この二本は不動のお気に入りですね。また『キャリー2』は一般の認識よりもずっとパワフルで感動的な映画ですし、『ラストサマー』も非常に印象的で楽しいスラッシャー映画です。

——フランス新過激主義のホラー映画やフランス社会を扱ったバイオレンス映画についても深く掘り下げていらっしゃいますが、これらが「トーチャー・ポルノ」と混同されがちであるという問題はさておいて、そうした映画が生まれた社会的あるいは歴史的な要因はなんだと思いますか？

フランス新過激主義の台頭は、ヨーロッパにおける権威主義的な右翼政治の台頭とリンクしていると思います。第二次世界大戦中にヨーロッパ全土で起きた殺戮の後、ヨーロッパでは当然ながら、右派の台頭を恐れる傾向が強まりました。フランスではとくに、反移民を掲げる極右政党「国民戦線」を率いたルペン一族（とりわけジャン＝マリーとマリーヌ）だけでなく、ニコラ・サルコジのような主流派の政治家たちに対する恐怖と反感も拡大しました。フランスでは、映画はつねに重要な芸術のひとつとして捉えられてきたので、映画が社会に浸透しはじめた恐怖を示し、それに反応する場となったのは自然な流れでした。

──「バイオレンス映画」と「暴力を扱った映画」の違いはなんでしょう。両者が観客に伝えようとするものは別なのでしょうか?

暴力を扱った映画は、登場人物の生活に暴力が入り込む以前と、その最中、その後の姿を描きます。登場人物を知り、暴力が人生にどんな影響を及ぼし、その人をどう変えたのかを理解することが観客にとって重要になります。一方のバイオレンス映画が焦点を当てるのは登場人物よりもむしろ彼らの死で、それが快い刺激となり、観客は二次元の空間上のキャラクターが迎える死に歓喜したり、映し出される血みどろの殺戮にたじろぎ、目をそらしたりするのです。

──ホラーと国民性という観点から、(フランス新過激主義とアメリカン・ホラー以外にも)同じように一国の社会的恐怖を声高に表現したナショナル・ホラー・サイクルはありますか? 見過ごされている、あるいは取り上げておきたいと思うものがあればお聞かせください。

カナダのホラー映画は、ここ一〇年で興味深い紆余曲折を経験したと思います。『ブラック・ウィッチ』『ポゼッサー』『Violation(冒涜)』『ザ・ヴォイド 変異世界』『COME TRUE/カム・トゥルー 戦慄の催眠実験』など、多くの作品が世に出ました。

イギリスのホラー映画も、いままさに起きている不安を描いた『ズーム／見えない参加者』、『Censor（検閲官）』『Caveat（警告）』『獣の棲む家』『DASHCAM ダッシュカム』『ユー・アー・ノット・マイ・マザー』などの作品で面白い時期を迎えています。

ラティンクス〔ラテンアメリカ系〕ホラーは、『ラ・ヨローナ～彷徨う女～』『ザ・マミー』『テリファイド』など、とてつもなくすばらしい映画を生み出しました。

私はカナダ人のひとりとして、カナディアン・ホラーに特有なボディホラーについてよく考えます。個人的には、カナディアン・ホラーはむしろアイデンティティとの関係が深く、ボディホラーはそれを伝えるための道具なのだと思います。また、登場人物がいる空間や土地がカナディアン・ホラーにとって非常に重要だと考えています。あまり触れられることはありませんが、それは多くの面でかなり重要な問題なのです（たとえば、『ON AIR オンエア 脳・内・感・染』に出てくるフランス語圏とイギリス語圏の境界線、『ブラックフット』のキャンプ旅行、『ブラック・ウィッチ』の人里離れた場所、それに『ブラッド・ブレイド』と『ディストピア2043 未知なる能力』のすべて）。

――いまはまた別の時代のホラーを研究中ですか？

最近は、一九八〇年代後半から九〇年代にかけてのアダルト／エロティック・スリラーに没頭していました。『危険な情事』『ルームメイト』『氷の微笑』『愛がこわれるとき』『デッド・カーム／戦慄の航海』『ゆりかごを揺らす手』『ダイヤルM』『不法侵入』『ジェニファー8』など……ほかにも山ほどあります。全体的に見て、程度の差はあっても、どの作品も第三波フェミニズムに対してかなり反動的で、結果的にはある種の女性嫌悪に終始しています。また、メンタルヘルスに関してかなり問題含みの描写があり、周縁地域出身の人物の扱いは本当にひどいもので、多くの映画から同性愛を嫌悪する雰囲気が感じられました。さほど古くない（明らかに私が生まれてから世に出た）メジャーな映画でも、政治的にいまの状況とあまりにもかけ離れている面が多く、時代が変わったなと思う一方で、以前はそんなことがまかり通っていたのかと驚かされます。

第三章

モンスターの作り方

モンスターのいないホラー映画は、真のホラー映画ではない。

それが襲いかかるエイリアンであれ、ブギーマンであれ、仮面をつけた殺人鬼であれ、隣接するほかのジャンル、たとえば戦争映画や探偵スリラー（現にこれらのジャンルはときどきオーバーラップするが）などからホラーを隔てるものがモンスターだ。姿をあらわした時点で、モンスターは見るからにモンスターらしくなければならない。ヴァンパイアや巨大クモ、ナイフを持った男といった歴史的または文化的に馴染みのある脅威でも、『トレマーズ』（90／ロン・アンダーウッド監督）のグラボイズや『遊星からの物体X』（82／ジョン・カーペンター監督）の外来生命体、『ミスト』（07／フランク・ダラボン監督）の巨大怪物など、観客がそれまで見たこともないようなものでも、それは同じだ。

ホラー映画におけるモンスターは複雑な表象であり、前章では、その時々の社会が抱える恐怖に応じて形やアプローチがどう変わってきたかを見た。とはいえ、個々の人体に害をもたらす文字通りの脅威でも、社会規範に対する比喩的な脅威でも、モンスターはつねになんらかの形で脅威を象徴している。

では、抽象的な脅威にはどのように物理的な形が与えられるのだろうか？　特殊効果アーティストはどんな特徴からインスピレーションを得て、発泡プラスチックやゴムを成形し、モンスターの大顎《おおあご》やかぎ爪を作るのだろうか。何がデジタルアーティストを衝き動かし、まるで私たちの悪夢からそのまま引っ張り出してきたような大迫力の怪物を描かせるのだろうか。モンスターの映像に関して言えば、たとえモンスターそのものは見たことがないほど斬新であっても、私たちが求めるのは馴染みのある特徴を備えた、認識可能で現実的な脅威だ。結局のところ、モンスターは不自然な存在でも、それを生み出す側はつねに人間なのだ。

見たこともない斬新なモンスターというのは、理論的にはいい響きだが、思い描くのは難しいだろう。たとえば『バード・ボックス』（18／スサンネ・ビア監督）に出てくるモンスターの正体はわからないとされ、それを見た者や姿を確かめようとする者は激しい狂気に陥る。このようなものをスクリーン上でどう見せるのだろう？　無理だ。そのクリーチャーのデザインに携わっているのは人間で、人間の知識しか持ち合わせていないのだから、彼らがデザインするクリーチャーは必然的に見覚えのある特徴を備えたものになるだろう。映画史上もっとも独創的なモンスターたちでさえ、別の何かを連想させてしまうのだ。

多くのモンスターに見られる特徴と見覚えのある何かを結びつけるのは、たとえ型破りなルックスのモンスターであっても簡単だ。なかには身近な脅威が露骨に描かれているものもある。『スパイダー パニック！』（02／エロリー・エルカイェム監督）には、とてつもなく大きなクモが登場する。また、『U.M.A レイク・プラシッド』（99／スティーヴ・マイナー監督）は血に飢えたワニを見せてくれた。『ブレイド2』（02

／ギレルモ・デル・トロ監督）に出てくるヴァンパイアの新種リーパーズは人型《ヒューマノイド》ロボットで、牙の生えた裂ける下顎と口吻《こうふん》を持つ。これらは昆虫や節足動物の大顎と関連付けられる特徴だ。『ザ・リチュアル いけにえの儀式』（17／デヴィッド・ブルックナー監督）に登場するモダーという名のグロテスクな古代モンスターは、ヘラジカとだらりとした人間の死骸という、いずれも認識可能な二つの要素の思いもよらない融合体に見える。このようにハイブリッドなクリーチャーに私たちが不快感を抱くのは、パーツごとに分解して類型化するのはいたって簡単なのに、全体としてはそれが難しいからだ。

潜在的な脅威をつねに把握しつづけるのは、それが明らかである場合もそうでない場合もストレスになる。過覚醒状態を保ちながら強いストレスを感じつづけると、ほかのタスクに集中する能力が奪われるのだ。そもそも人間は、逃げたり隠れたりするためだけにエネルギーを費やすようには生まれついていない。この貴重なエネルギーを温存する秘訣は、脅威が身に迫る前にそれを察知することにある。被食生物の多くは潜在的な捕食者を認識する先天的能力を持たないため、関係性のなかで（または社会的学習によって）習得しなければならない。ほとんどの被食生物は脅威を認識するために、「鍵刺激」と呼ばれる視覚的な手がかり情報を探す。このとき、脅威となりうる動きだけでなく、その形態や形状、スピード、方向にも気づかなければならない。

しかし、実際に捕食関係を経験していない人間は、どうすれば捕食者を認識できるようになるのだろうか？

ありがたいことに、私たちは潜在的な脅威に気づくのが非常に得意だ。第一章で、不吉な映像――たとえばヘビ、クモ、銃など——が脅威反応を引き起こす可能性に触れた。映像がほんの一瞬フラッシュしただけで、脅威を見たとまったく気づかなかったとしても反応は起きるのだ。

あなたがもし、ヘビやクモ、銃のような形をしたモンスターに追われているような気がするなら、この能力は非常に役に立つ。

視覚以外にも、さすが頭が大きいだけあって（おかしな誉め言葉なのはわかっている）、人間は聴力もかなり優れている。目を見張るような聴覚とまではいかないが、私たちは自分に関係のある音に神経を集中させ、関係のないノイズを雑音として遮断する確かな能力を持つ。よく言われる「カクテルパーティー効果」、すなわち選択的注意はこれで説明がつく。パーティーで部屋の向こう側にいる誰かが自分の名前を口に出すと（関係のある情報だ！　誰かがあなたのことを話している！）、ほかに同じような音量で多くの会話（関係なし！）が交わされていても、ほとんどの人は自分の名前を聴き取る。モンスターを回避しようとする際、この能力は明らかに役に立つ。迫り来る脅威であるモンスターの音に気づかせてくれるからだ。

人間はほかの人間やクモ、ヘビ以外の捕食者を見分ける訓練を積んでいないため、あなたがホラー映画の捕食者にうまく対処できるように、手軽で便利な手引きを作ってみた。

次の質問を、順番に自分自身に問いかけてみてほしい。

1．それはあなたを殺そうとしているか。

真面目な質問だ。これはあなたにとって最初の、そしてもっとも明白な手がかりになるはずだ。答えがイエスなら、二番目の問いに進む。

2．それはあなたを殺すための物理的な道具を持っているか。

その道具とは、鋭くとがった歯、切り裂くかぎ爪、大きく開いてガブリと噛みつく口（噛みつくのに適した口の開きを、専門用語では「開口量」という）など、生まれつき備わっているものかもしれない。こうした生来の特徴がないなら、それは武器を持っている（もしくは容易に入手できる）だろうか？

これまでの二つの問いで、見るからに捕食者らしいモンスターの大半がカバーされるだろう。だが、ホラー映画のモンスターは特殊な形態の捕食者なので、三番目の質問をする必要がある。

3．二番目の問いの答えがイエスかノーかにかかわらず、それはどうやってあなたを殺せるか。

ホラー映画のモンスターは私たちに危害を加える多様な手段を持ち、異なる方法で人間のさまざまな恐怖心を浮き彫りにするということを認識するのは重要だ。

もっともわかりやすいのはもちろん、噛む、殴る、切りつけるといった、モンスターの肉体が加える身体的危害だ。ホラー映画のモンスターによる危害の大半がこのタイプなのは、身体的攻撃は見ていて面白いからだ。身体的危害は、モンスターの巨体や怪力が持つ破壊力によってもたらされることがある。たとえば『クローバーフィールド／HAKAISHA』（08／マット・リーヴス監督）のクローバーのような巨大モンスターや、『HATCHET／ハチェット』（06／アダム・グリーン監督）に登場する沼地の住人ヴィクター・クロウリー（ケイン・ホッダー）。超自然的な筋肉を持つクロウリーは、人間の身体を素手で引き裂くことができる。危害はまた、天然の牙やかぎ爪のほか、フレディ・クルーガーとそのナイフ付き手袋のような人工の武器によってももたらされる。

モンスターによる危害のもうひとつのタイプは、それが感染や病気を媒介するというものだ。ゾンビの犠牲者が感染してゾンビになるようなケースがこれに該当する。人狼やヴァンパイアも同様に媒介者となり、犠牲者を生きたまま感染させて怪物に変身させることができる（ヴァンパイアの場合、儀式としてこれを行うことがある）。さらに、『クリープス』（86／フレッド・デッカー監督）や『スリザー』（06／ジェームズ・ガン監督）に出てくるような寄生性の感染もあり、そこでは恐ろしい微小生命体が身体に侵入する。この種のモンスターの見せ方は、通常は未知のものに対する恐怖のメタファー的な役目を果たすが、それ以上に、病気や感染に対する私たちの恐怖心を煽る。第一章で学んだように、血や膿、嘔吐物は手っ取り早く嫌悪感を抱かせ、感染力を持つかもしれない何かを避けるよう私たちに告げる。そういうわけで、感染力のあるモンスターにはたいていねばねば、ぬめぬめしたものが伴い、それによっていっそう脅威が強まるのだ。

最後に、モンスターには心理的または感情的な危害を加えるものもいる。幽霊やガスライター（相手を精神的に追い込み操ろうとする行為をガスライティングという。映画『ガス燈』が由来）がそうだ。『SF／ボディ・スナッチャー』（78／フィリップ・カウフマン監督）のエイリアンや『悪魔の棲む家』（79／スチュアート・ローゼンバーグ監督）の家に取り憑いた悪魔は、人を騙してパラノイアに追い込む。また、彼らは自分が友だちや遊び仲間だと子どもたちに信じ込ませる。たとえば『エクソシスト』で幼いリーガン・マクニール（リンダ・ブレア）にコンタクトする「キャプテン・ハウディ」（実際は悪魔のパズズ）や、『ウィジャ ビギニング～呪い襲い殺す～』（16／マイク・フラナガン監督）の邪悪な霊グール・マーカス（伝説のクリーチャー俳優ダグ・ジョーンズが演じた）のように。また、『ローズマリーの赤ちゃん』のガイ（ジョン・カサヴェテス）や『透明人間』（20／リー・ワネル監督）で主人公を支配しようとする有害な元恋人エイドリアン・グリフィンのように、彼らはいわゆる友だちや家族でありながら、あなたが現実を疑うように仕向ける。この種のモンスターは身体的攻撃をまったくしない場合もあり、それによって彼らとの闘いはより困難な、少なくともややこしいものになりかねない。

モンスターは、必ずしも前述のカテゴリーのどれかひとつに忠実である必要はない（実際、ほとんどのモンスターはそうではない）。幽霊があなたに憑依し、肉体的な危害を加えるかもしれないし、人狼があなたの腕をもぎ取り、同時にあなたに噛みついて、狼人間に変身させる菌を血流に送り込むかもしれない。また、三つのカテゴリーすべての危害を加えられる道具を持つモンスターもいるかもしれない。

注目作品

『遊星からの物体X』（82／ジョン・カーペンター監督）

三つのカテゴリーすべての危害を加えることのできるモンスターが存在するとしたら、それは『遊星からの物体X』（原題は『The Thing』）のタイトルにもなっている「Thing」だろう。その謎の生きものはあなたの身体に危害を加えるだけでなく、危険なレベルのパラノイアを引き起こすことも、寄生虫のように感染させることもできる。

「Thing」のクリーチャー・デザインについて、カーペンター監督は「この映画では、ラバースーツを着た男で終わらせたくなかった」とこだわりを示している。デザインを担当したのは『ハウリング』（81／ジョー・ダンテ監督）や『トータル・リコール』（90／ポール・バーホーベン監督）など多数の作品を手がけるロブ・ボッティン、（クレジットはされていないが）補佐を務めたのは、同じく『ターミネーター』（84／ジェームズ・キャメロン監督）、『エイリアン2』、『U.M.A レイク・プラシッド』など多くの特殊効果を手がけているスタン・ウィンストンだ。

映画では「Thing」の本当の姿を最後まで把握できないが、それはおそらく微生物ほどの大きさで、獲物の細胞をひとつずつ乗っ取って同化していく。私たちはこの動きを、一九八〇年代初頭の解像度の低いコンピュータ画面を通して見るが、モンスターに関するその臨床的解釈と、それが侵入した結果である、触手を持つ変幻自在な怪物とをつなぎ合わせても全貌はなかなか見えてこない。ちなみにその怪物とは、何かが無数に群れ集まって一体化したもので、ちょうどサンゴが実際は微小な動物が多数集まって形成されたひとつの大きな塊であるのに似ている。

　多細胞生物の姿をしているときの「Thing」は、獲物を待ち伏せする捕食者だ。それは新たな獲物がひとりになるのを待って攻撃する。誰かに発見されて自身に危害が及ぶのを避けるためだ。しかし脅威を感じるとすぐに姿を変え、それ以前に同化した生きものに由来すると思われる特徴を武器にする。「Thing」がとる行動の意味はよくわからない。いったん何かに同化して安全に身を隠したなら、さらに攻撃する理由はなさそうに思えるのだが、もしかすると、精力的に拡散してできるだけ多くの生命体と同化しつづけなければ生存できないのかもしれない。

　これは、宿主から別の宿主へ移動するある種の寄生虫が辿るプロセスに似ていなくもない。ロイコクロリディウム・パラドクサムは寄生性の蠕虫《ぜんちゅう》で、幼虫のときにカタツムリに感染し、成虫になると宿主であるカタツムリの眼柄《がんぺい》を乗っ取る。すると眼柄は膨張した脈打つ付属器官と化し、光が当たるとイモムシのようにくねくねと動く。しかも、これはたんなる物理的な乗っ取りではない。感染していないカタツムリは鳥などの捕食者に見つからないように暗い場所を好むが、感染したカタツムリは積極的に光を求め、自ら危険に身を晒すのだ。なんのために？　それは、鳥がやってきてカタツムリを素早く捕らえ、蠕虫が鳥の消化管のなかでライフサイクルを継続できるようにするためだ。これは攻撃的擬態として知られるものの一種だ

が、「Thing」の攻撃的擬態や同化とは規模が異なる。

もうひとつ触れておきたい寄生虫は、むしろ美学的な点で注目すべきハリガネムシだ。この虫はバッタ、コオロギ、ゴキブリなどの昆虫に好んで感染するが、その存在を明かすのは昆虫がようやく水に入ったとき（ハリガネムシはそこで逃げ出す）と、昆虫がつぶれたときだ。ハリガネムシに感染したコオロギを踏みつぶしてしまった経験がないなら教えてあげよう。つぶれた昆虫の死骸から蠕虫がいきなり飛び出してくる様は、まさに「Thing」そのものだ。


ホラー映画のモンスターをモンスターたらしめる共通した特徴は、それが脅威でなければならないという点を除けば何もない。モンスターの何かが、それを見た私たちの脳裏に警告を発しなければならない。鋭い歯やかぎ爪、凶器で視覚的に脅威を示すのは簡単だが、いかにも人間を追ってきそうなモンスターらしいモンスターを作るには、もう少し手間がかかる。

モンスターがいかにも脅威らしい姿をしていてくれれば助かるのだが、これは絶対厳守のルールではない。『マックイーンの絶対の危機《ピンチ》』と『ザ・スタッフ』（85／ラリー・コーエン監督）に登場するのは、いずれも形の定まらないべとべとしたものでできているモンスターだ。どちらも見た目はゼリーやマシュマロと同じくらいの恐ろしさだが、映画によって極悪非道ぶりが確立されると——彼らはあなたを食い尽くせる、そしてきっと食い尽くす——その奇怪な捕食行動ゆえに、私たちは彼らを脅威として受け止めることになる。

地球上にいる動物のほとんどは、なんらかの形で捕食者と被食者の関係にあり、食う者、食われる者、その両方のいずれかに当てはまる。人間は自分たちを究極の捕食者、つまり捕食者の頂点だと考えたがる。もうずっと前から、自然界には人間を捕食するものはいないからだ。だからこそ、いまの自然界の秩序を覆すようなモンスターがあらわれたら、それはそれは恐ろしいことになる。

一見すると、人類が生存競争を生き延びて今日《こんにち》の私たちのように進化したのは、ある意味驚きだ。最初のほ乳類は、齧歯類のような小型の被食動物として中生代に出現した。それから時を経て進化的に枝分かれし、差別化して生き残るために進化した特質に応じて、明確な目、科、属、種が形成された。現代の人間は、ほかの動物と比べて特別足が速いわけではない。私たちの身体はふにゃふにゃで切り裂きやすく、視力や聴力は良いが、けっして並外れてはいないし、日が落ちた後はとくにそうだ。また、環境に溶け込むのに役立つ凝った皮膚模様などの優れた防御機構が備わっているわけでもなく、ある種のツノトカゲのように眼窩《がんか》から血を噴射する能力も持たない。もっとも成功した生き残り戦略は、約五億二〇〇〇万年から五億四〇〇〇万年前のカンブリア爆発後、最初の多細胞生物が出現してから進化したと思われる。しかし、擬態する、食べられないものに擬装する、毒や嫌な味を持つ、厚い鎧をまとうといった戦略を、人間は何ひとつ獲得していない。

だからといって、私たちが生き残り戦略を進化させてこなかったのではない。しかし、ただじっと目を凝らして標準的な人間を見つめても、捕食者に対処するために獲得した適応性をはっきり見て取ることはできない。それはあるにはあるのだが、物理的なものというよりも行動的なものなのだ（それに物理的なものも、たとえば信号を速く送るための有髄神経細胞のように、肉眼で見えるとは限らない)。

人類が生き残るために進化させてきた適応行動は、おもに二つある。コミュニティの形成と道具の発明だ。群れで生活したり移動したりすることは、多くの生物に共通する対捕食者戦略であり、群れに属していれば、それぞれが少しずつ仕事を分担することで全体を守ることができる。人類が狩りに使った最初の道具にはおそらく鋭い武器が含まれ、それで潮だまりに生息する生きものを獲って食べていたと考えられる。だが、初期の人類がゾウやバイソンなど、もっと大きな獲物に狙いを定めるのにそう時間はかからなかった。人間には特有の自信や信念のようなものがあるため、獲物の大きさも、彼らが牙や角など身を守るために獲得した形態も、初期の人類に狩りを思い留まらせることはなく、むしろ助長さえした。しかし狩りの道具だけでほかの捕食者と戦うのは難しいため、人間は自分たちを追ってきそうな動物から逃げるための適応性も獲得した。私たちは非常に持久力のあるランナーだ。それは走るのに適した形に進化した骨格と、汗をかきやすく体毛が比較的少ない、熱を効率よく発散できる身体のおかげだ。そのため、疾走力で勝る相手に追いかけられてあっという間に仕留められない限り(もしくは、相手が走っているあいだに逃げ切れれば)、人間ほど長距離走が得意でないモンスターならば、私たちにはそれに勝って生き延びるチャンスが十分にある。

コミュニティの形成と道具の発明——これら二つの適応行動は、ホラー映画の基本的なサバイバル・ルールに直結する。仲間から離れないこと、ひとりでどこかに行かないこと、手当たり次第に何かを摑んで反撃すること。牙やかぎ爪、天然の鎧を持たない私たちは、それらと同じ役目を果たす道具を見つけて補う。また、ホラー映画の典型的な登場人物からはとてもそうは思えないかもしれないが、じつは人間はコミュニケーションと協力がとても得意なのだ。

獲物を狩るときも、捕食者から身を守るときも、人間の戦略には道具を見つけて使う努力が必要とされ、脅威を回避するために多くの時間とエネルギーを要する。しかし自己防衛のためのコストは、万が一捕まった場合のコストによって相殺される。これは「命と食事の原則」とでも呼べるだろうか。追跡における労力は、捕食者のほうが少ない。もし獲物に逃げられたとしても、捕食者は食事のチャンスを失うだけで、おそらく次の日も生きていて、どこか別の場所で別の獲物を捕まえるだろう。だが被食者のほうは、もし捕食者による追跡に敗れれば命を失ってしまうのだ。概して、人間は食事のために走るのに慣れている（と言っては大げさだろう。多くの人間にとっての食料調達戦略とは、せいぜい食料品店に行くかレストランに行くことくらいだ）。だが私たちはけっして、誰かの食事になるのを回避するために走るのには慣れていない。

捕食者としてのモンスター

ホラー映画といえばあらゆる種類のモンスターが登場する。もっともベーシックな分類としては、おもに二つのタイプに分けられるだろう。人間と人間以外だ。前者がどんなことをしかねないかを私たちは知っているし、後者については捕食者としての特徴からうかがい知ることができる。

かわいいウサギもピューマも、どちらも毛皮をまとった動物だが、ウサギが被食者で脅威がなさそうなのも、ピューマが捕食者で近づくと危険なのもひと目でわかる。

捕食者には、狙った獲物を征服して食べるのに役立つ特有の身体的特徴や行動がある。その特徴を見つけるのはじつに簡単だ。捕食者、とくにほ乳類の捕食者の目は、たいてい正面を向いている。狩りに便利な両眼視がしやすい目だ（「目が顔の正面にある動物は狩りをする。目が顔の横にある動物は隠れる」）。顎や歯、かぎ爪も、肉を処理するのに向いている。これらは確固たるルールで、ホラー映画のモンスターを新たに生み出す際、必ずとは言わないが多くの場合にこのルールが適用されるようだ。

では、捕食者はどのような行動をとるのだろうか。自分がどんな種類の捕食者を相手にしているのかを理解することは、どのような恐怖のシナリオに立ち向かわなければならないのか、そして生き延びるためにはどうするのが最善なのかを知るうえで大きな手がかりを与えてくれる。

追跡捕食者（獲物を追いかける捕食者）は、急に全力疾走できる能力が頼りだ。そのスピードは通常、獲物がいつ逃げ出すかを予測し、すぐにコース変更して追いつく能力と連動している。現実の世界なら、チーターやトンボなどがこのタイプの追跡捕食者に該当する。ホラー映画の世界では、追跡捕食とりわけモンスターによる追跡がよく見られるが、それはおそらく追跡という行動が、見ているとアドレナリンが大量分泌されるような緊張感あふれるシークエンスを提供するからだろう。たとえば『28週後…』（07／フアン・カルロス・フレスナディージョ監督）の全力疾走するゾンビ、『アタック・ザ・ブロック』（11／ジョー・コーニッシュ監督）のエイリアン、『グエムル 漢江の怪物』（06／ポン・ジュノ監督）のグエムルなどがそうだ。

もしこの手の捕食者に追いかけられたなら、走って逃げ切ることはできないだろう（その捕食者は、生まれつきあなたよりも足が速いからだ）。運が良ければ、相手がスタミナ切れになるまで追いつかれずにいられるかもしれないが、こうした捕食者たちは、チーターなどと同じ生物学的法則に沿って行動するわけではない。チーターが最高速度を維持できるのはせいぜい二〇秒から三〇秒で、それ以上になると乳酸が蓄積して筋肉が痙攣を起こすため、スピードを落とさざるをえないのだ。しかし、ホラー映画に出てくるこの手のモンスターはたいてい「容赦ない」と描写されるため、追ってくるモンスターとのあいだに障壁を築く方法を見つけるか——決まってドアを閉めることになる！——もしくは群衆の中に身を置く（そしてあなたの代わりに誰かが餌食になるのを期待する）のがいい。

追跡捕食の戦略のひとつが、持久狩猟とも呼ばれる粘り強い狩りだ。それを行うのは追尾捕食者で、必ずしも獲物より速く走れる必要はない。その代わり、彼らは獲物が疲れ果ててあきらめるまで執拗に追いつづける。ホラー映画で、追跡される人間がつまずき、息を切らせながら、追いつかれまいと必死になって逃げるがすぐに失速してしまうシーンで、背後に必ずいるのがこの手のモンスターだ。ほとんどの人間やスラッシャー映画の悪役《ヴィラン》はこのカテゴリーに入る。『ターミネーター2』（91／ジェームズ・キャメロン監督）のT-1000、『アス』のテザード、『イット・フォローズ』のクリーチャーはみな、粘り強い持久型ハンターと言えるだろう。なかにはT-1000のように変身して追跡モードに移行できるものもいるが、彼らの戦略は突発的な攻撃ではなく果てしない追跡だ。スピード感のあるモンスターとは異なり、持久型ハンターから逃れる秘訣は、彼らを出し抜き、自分のエネルギーが枯渇しないようにしながら、できるだけ長いあいだ追いつかれずにいることだ。足を止めてひと息ついたら最後、不屈の捕食者たちに追いつかれ、あなたを捕まえるチャンスを与えてしまうからだ。ホラー映画のモンスターのほとんどはなんらかの形の追跡捕食者で、私たちにとって幸運なことに、彼らはたいてい単独だ。

それと対照的なのが、待ち伏せ捕食者だ。彼らは活発に動き回る獲物がやってくるのをじっと待っている。これにはステルス性が必要で、擬態などの特殊な適応や、物の後ろか下に隠れる、または穴に潜伏する方法で周囲の環境に溶け込む能力が役に立つ。待ち伏せが効果を発揮するのは、不意打ちにびっくりして獲物が反応できなくなった場合に限られる。トラップドア・スパイダー（トタテグモ）とカメレオンは待ち伏せ捕食の名人だ。前者は土に細い巣穴を掘ってその中に潜み、クモの糸に擬態用の小枝や土、小石などを混ぜて作った〝トラップドア〟で穴の入り口をふさぐ。細いシルクの仕掛け線が穴から放射状に張られ、何も知らない獲物が近くを通りかかって糸を振動させると、隠れ家からパッと飛び出し獲物を捕まえる。一方のカメレオンは体色を変える擬態でまわりの風景に溶け込み、ゆっくりと獲物のほうに近づいていき、至近距離から粘着性の舌を勢いよく伸ばして獲物を捕らえる。待ち伏せ捕食者のような行動をとるホラー映画のモンスターといえば、『クロール 凶暴領域』（19／アレクサンドル・アジャ監督）のワニ、『エイリアン』（79／リドリー・スコット監督）の成体のゼノモーフ、『ミミック』（97／ギレルモ・デル・トロ監督）に登場する昆虫「ユダの血統」などがいる。待ち伏せ捕食者の得意技は奇襲であるため、攻撃を回避する最善の方法は、つねに脅威を警戒し、敵が潜伏していそうな場所を予測して、飛びかかる隙を与えないことだ。

注目作品
『エイリアン』（79／リドリー・スコット監督）

『エイリアン』は、これまでさんざん語り尽くされてきたSF映画またはホラー映画のひとつだろう。このシリーズにスポットライトを当てたのは私が最初ではないし、けっして最後でもないはずだ。『エイリアン』が文化的にこれほど深い印象を残したのは、登場するモンスターが、ホラー映画にとってまさに革新的だったからだろう。

『エイリアン』の脚本家でビジュアルデザイン・コンサルタントのダン・オバノンは、印象的なクリーチャーを考案しなければならなかった。オバノンは『ダーク・スター』（74／ジョン・カーペンター監督）でエイリアンの脅威に初挑戦したが、それは成功とはほど遠かった。こちらのエイリアンは、ビーチボールに足が生えたような姿だったのだ。オバノンは『The Beast Within: The Making of Alien（内なる獣——エイリアンができるまで）』（03／チャールズ・デ・ロージリカ監督）のインタビューで、艶のないゴムでエイリアンを作ることに意欲を掻き立てられた理由をこう語っている。「我々にとって、そのエイリアンは二度目の挑戦でした。私は『ダーク・スター』から離れて、リアルなエイリアンにしたいという思いが強かった」

『エイリアン』に登場する成長したゼノモーフは、いくつかの理由で画期的だった。ひとつは、たんなるラバースーツを着た人間のようには見えないエイリアンの表現方法を示してくれたことだ——実際は成体のゼノモーフもやはりラバースーツを着た人間だったのだが、じつに精緻にできていた。もうひとつは、ホラー映画のモンスターをスクリーンいっぱいに映し出しても怖さが損なわれないことが、ほぼ実証できたことだ。たしかにこのエイリアンを見ると、リアルなだけでなく、本当にいそうな気さえする。

さまざまなライフステージのゼノモーフに息吹を与える数々の要素は、H・R・ギーガーによるあの奇怪で美しいデザインに留まらない。

たとえば、エイリアンは見るからにモンスターらしい姿をしている。成体はかぎ爪と（唸りを上げる二重の口に生えた）歯を持つ恐ろしげなモンスターで、強い腐食性のある血液は宇宙船の金属部品をもの数秒で溶かしてしまう。一方で脅威としてのエイリアンは完全に未知の存在だ。さまざまな神話の生きものや想像上の宇宙生物を合成したような前代未聞の脅威に、ノストロモ号の乗組員も映画の観客もどう身を守ればいいのか、さらにはどう退治すればいいのか皆目見当がつかない。映画の中で、アンドロイドのアッシュ（イアン・ホルム）はこのクリーチャーを「完全生物だ。完璧な構造、それに劣らぬ攻撃本能……。善悪や良心の呵責、モラルに惑わされることのない生存者《サバイバー》だ」と描写している。

成長したエイリアンの手口は、現代の多くの捕食者のそれに似ている。ゼノモーフは待ち伏せ捕食者であり、ほとんどの場合、宇宙船内の薄暗い窪みや隠れた空間から攻撃する。力もあり、獲物に忍び寄って追跡するのに十分なスピードも備えているが（ゼノモーフのスタミナに関してはデータがないが、疲れたところを見たことがあるだろうか？）、ステルス性のほうを選び、何も知らずに通路を歩いてくる乗組員を待ち伏せて襲いかかる。

ゼノモーフが待ち伏せ捕食者であることのすごさは、すでに閉所恐怖症を起こしそうな船内の緊張感を、この行動がさらに高める点にある。その効果によって、『エイリアン』は印象的なジャンプスケアがいくつも生み出される格好の場となった。ある重要なジャンプスケアのシーンで、ダラス船長（トム・スケリット）は懐中電灯の不安定な明かりを頼りに、火炎放射器を断続的に噴射しながら身をかがめて通気孔を進んでいく。ランバート（ヴェロニカ・カートライト）がヘッドホンを通してエイリアンがそっちに向かっていると警告するが、ダラスには暗闇以外は何も見えない。はしごを下って別の通気孔に入った彼は、懐中電灯をカメラのほうに向け、遠ざける。ここでほとんど目に留まらないくらいの短いカットが入り、歯を剥き出し、腕を広げて叫ぶエイリアンの姿が大写しになる。このジャンプスケアは効果的だ。攻撃が暗示されるが、実際にエイリアンがダラスに接触するところは見えない。シーンの背景を把握していなければ、ただエイリアンが唐突にあらわれて叫び声を発するだけで、スクリーンには映し出されないどこかで船長を殺そうとしているようには見えないのだ。

フェイスハガー形態のゼノモーフは、侵入、感染、寄生と結びついた恐怖と嫌悪感を誘発する。オバノンはゼノモーフのこのライフステージについて、実在する寄生バチからインスピレーションを得たと語っている。寄生バチはほかの昆虫の幼虫などに卵を産みつけ、やがて孵化して宿主を体内から蝕む。このような寄生バチの一種エピリッサ・ジョアンナは湾曲したひょろ長い体を持ち、これが成体のゼノモーフの筋張った骸骨のような姿にいくらか反映されているようにも見える。

　チェストバスターはスクリーンでの出番が一番短いライフステージだが、その代わり、映画全体でもっとも象徴的なシーンがある。歯が生えた男根のようなミミズ型のクリーチャーは、画家フランシス・ベーコンの不穏な絵をヒントにギーガーがデザインしたもので、特殊効果アーティストのロジャー・ディッケンによって命を吹き込まれた。チェストバスターの登場シーンでもっとも印象深いのは、それが明るい空間で展開するという点だ。モンスターが姿をあらわすと、カメラがじっとそれを捉えて観客に十分に見せたところで、チェストバスターはひと声鳴いて逃げ去り、その後成体の姿に変わる。

　ゼノモーフの各形態は人体に侵入し破壊する力を示すが、明らかな弱点を露呈させることはない。これがいかにも恐ろしげなデザインと相まって、ゼノモーフを非常に怖い存在にしていると私は思う。

『ハロウィン２０１６』(15)や『ザ・ホーンティング・オブ・ブライマナー』(20)を手がけた映画監督アクセル・キャロリンは、「『エイリアン』シリーズのどの映画でも、そして第一作では間違いなく、私たち人間が持って生まれた何かでこのクリーチャーを倒せるとは到底思えない」と語っている。

捕食戦略においてもうひとつ重要なのは、社会的な要素だ。あなたが対峙するモンスターは単独で行

動するタイプだろうか、それとも他者とうまくやっていけるタイプだろうか？　前にも触れたようにホラー映画のモンスターのほとんどは単独型だが、グループ戦略を好むモンスターもいないわけではない。言うまでもなく、あなたにとっては戦う相手が群れを成しているよりも単独のほうが有利だ。たとえば『ジュラシック・パーク』のラプトルや『ドッグ・ソルジャー』（02／ニール・マーシャル監督）の人狼のように、群れの場合は側面攻撃や連携した動きであなたを窮地に追い込むことができる。群れによる狩猟はまた、『グレムリン』のグレムリンや『ザ・サイレンス 闇のハンター』（19／ジョン・R・レオネッティ監督）のベスプ、『ザ・ブルード／怒りのメタファー』の子どもたちのように、小さく、一見脅威には見えないものが自分よりも大きな獲物を狙う際、思いがけない強みとなりうる。

人間（または人間のような）モンスター

ここまで捕食動物を連想させるモンスターについて見てきた。次は私たち人間にそっくりなモンスターに目を向けてみよう。

一九七〇年、『Energy（エナジー）』という名もない日本の企業広報誌に、東京工業大学でロボット工学を教える森政弘教授による「不気味の谷」と題する論文が掲載された。だが、当時はほとんど波紋を呼ばず、ましてや数十年後にポップカルチャー界をあっと言わせるような大反響を引き起こすなど予想だにできなかった。この論文では、人は人間のようなロボットに好意的に反応し、共感さえ覚えるが、それはあるポイントまでだということが示唆されている。森は自身の概念を図示し、人間に近いが人間らしい特徴を完全には獲得していない人型ロボットに対して、人が恐怖や嫌悪感を抱く理論上のポイントを示した。

心地良さがぐんと落ち込む部分は、いまでは「不気味の谷」として広く知られている。この「不気味」という感覚を、フロイトはかつて新奇さや馴染みのなさと関連する恐怖感として定義し、一方ドイツの心理学者エルンスト・イェンチは、不気味さを不確実性という観点から表現した。何が不気味という感覚を生み出すのかを掘り下げた研究はあまりなされていないが、二〇〇八年、チン＝チャン・ホー、カール・マクドーマン、ザカリアス・プラモノの三人の研究者は、ロボットをほとんど見たことのないインドネシア人の成人一四三名を対象に小規模な実験を行った。彼らは被験者に人間またはロボットをランダムに映したビデオを見せ、そこで生まれた感情を評価してもらったのだ。ホーのチームは、厳密に言うと不気味さとは、「奇異な」感覚よりもむしろ、薄気味の悪さや恐ろしさ、嫌悪感、不安、反感、衝撃などが入り交じった感覚ではないかと示唆している。これが定義付けに大いに役立つわけではないが、「不気味」という感覚を言葉だけで明確に表現するのが難しいのは明らかだ。理解するには、自分で体験してみるしかなさそうだ。

不気味の谷の典型的なグラフにおける最初の山は、ぬいぐるみやおもちゃのロボットなど、人間とはあまり似ていないが好感度の高い対象への反応を示す。対象がより人間に近づいていくにつれて好感度は高まるが、その後急激に落ち込む（谷底にあるのは人間の死体だ）。そして対象が理想像——すなわち生きている健康な人間——に近づいていくと、好感度は再び上昇しはじめる。

山の頂上や谷底に何が来るかは、間違いなく文化的要素に左右される。森が描いたオリジナルのグラフでは、翁《おきな》の面（日本の能楽で使われる良い老人をあらわす面）と文楽人形が、人間との類似性が高く好感度も高いものとして位置付けられていた。だが、たとえば伝統芸能である文楽に馴染みがなければ、人形やその複雑な動き、メカニカルな表情を気味の悪い奇妙なものと感じ、心がざわつくかもしれない。

ロボットのデザインに関して言うと、エンジニアは人にアピールするモデル作りを目指しているので、それが不気味の谷に落ちることはない。かたやホラー映画制作者は間違いなく、人を不快ゾーンに突き落とすようなモンスターのデザインを開拓している。

森が描いた不気味の谷のグラフ（図1）にホラー映画のモンスターを含めて微調整すると、図2のようになるかもしれない。

不気味の谷はそれらしい現象として広く認められているが、気味の悪い人形や仮面をつけた殺人鬼、あるいは奇妙に人間っぽいモンスターなどに遭遇したとき、私たちはなぜその谷に真っ逆さまに落ちてしまうのかははっきり特定できていない。とはいえ、いくつか仮説は存在し、それらは大きく分けて二つのカテゴリーに分類される。ひとつは、不気味さの感覚は無意識に起きるもので、おそらく人間を脅威から守るために進化した知覚の反射だろうという説、もうひとつは、その嫌な感じは認知処理の結果であり、見えると期待したものと見ているものが一致していないことを示すという説だ。

一九七〇年に森が初めてこの現象について記述したとき、彼は不気味な感覚を第一のカテゴリーと関

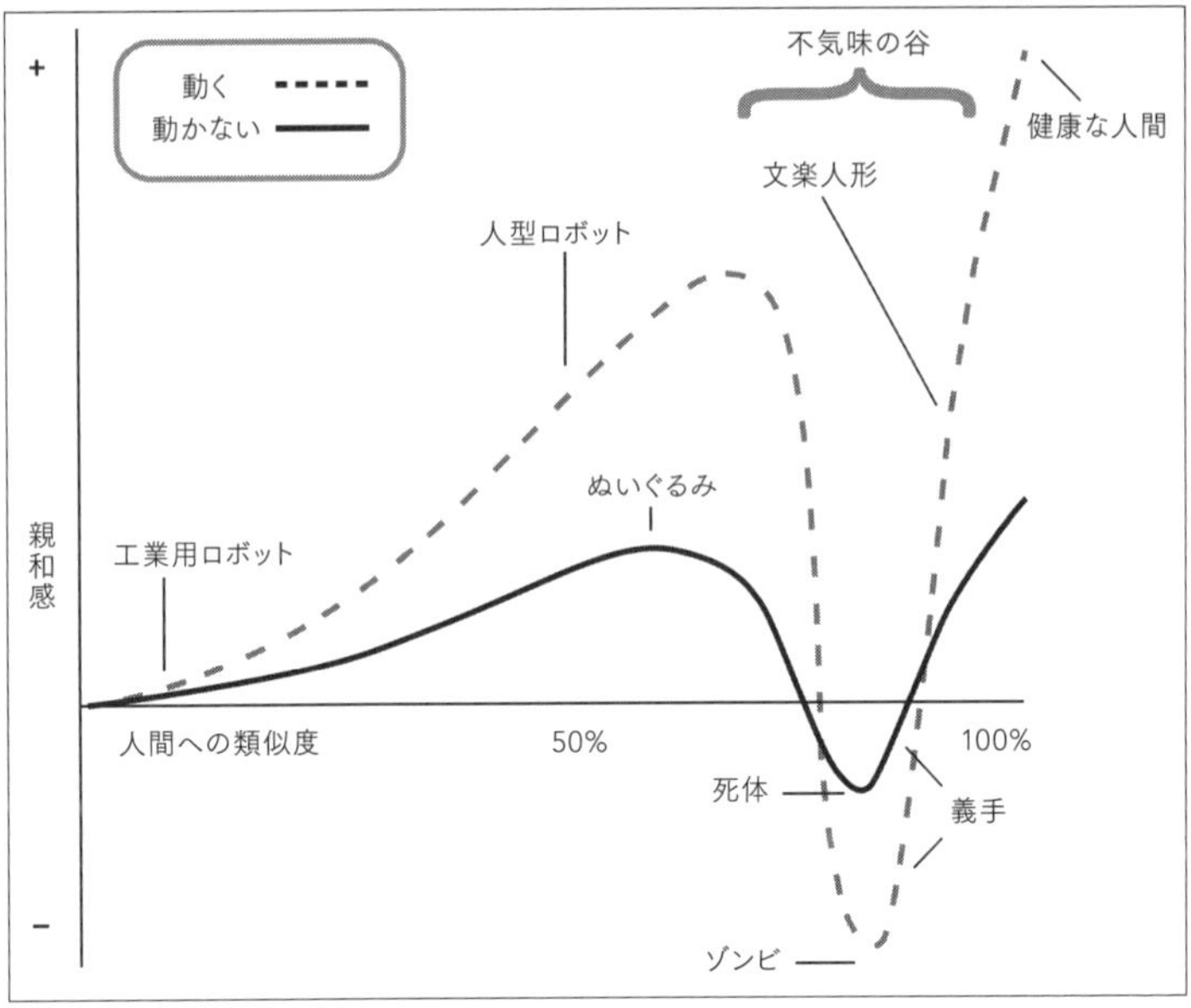
不気味の谷
動く
動かない
健康な人間
文楽人形
人型ロボット
ぬいぐるみ
親和感
工業用ロボット
人間への類似度
50%
100%
死体
義手
ゾンビ
+
−

図1

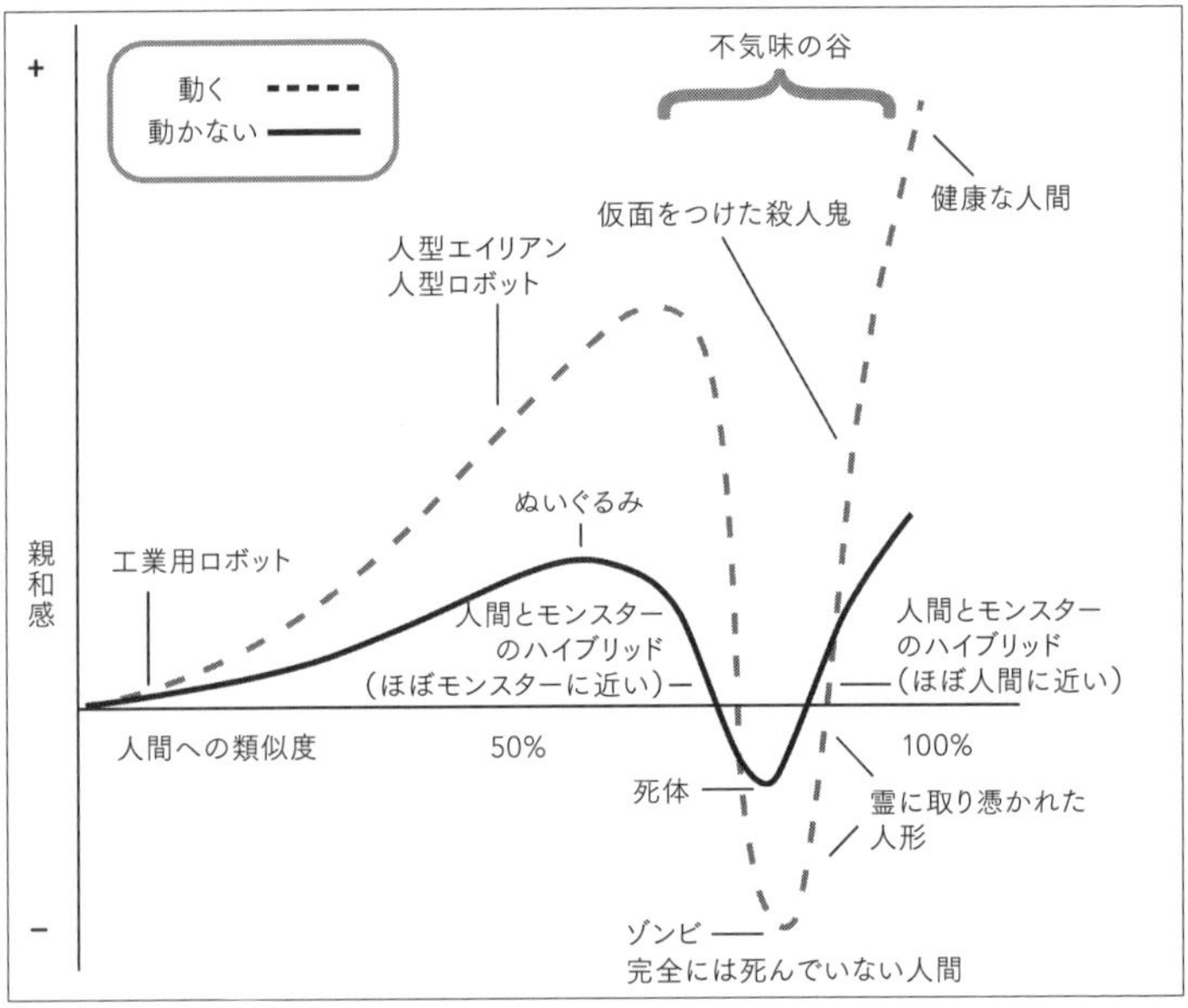
不気味の谷
動く
動かない
健康な人間
仮面をつけた殺人鬼
人型エイリアン
人型ロボット
ぬいぐるみ
親和感
工業用ロボット
人間とモンスター
のハイブリッド
（ほぼモンスターに近い）
人間とモンスター
のハイブリッド
（ほぼ人間に近い）
人間への類似度
50%
100%
死体
霊に取り憑かれた
人形
ゾンビ
完全には死んでいない人間
+
−

図2

係のあるもの、すなわち人間が持つ自衛本能のメカニズムと仮定した。研究者たちはこの考えを受け継ぎ、嫌悪感や病原体を避けようとする感覚と不気味の谷を結びつけて、不完全な人間のレプリカの「異様さ」が、感染したくない病気のサインとして解釈されている可能性があると主張した。また、不気味な人間のレプリカを見て不安を感じるのは、私たちが人間に求めがちな魅力のある身体的特徴をそれに求めても〝空振り〟に終わるからなのかもしれない。私たちは必ずしも、アンドロイドや人型モンスターと一緒に子どもを作りたいと思っているわけではないが――ここで『シェイプ・オブ・ウォーター』（17／ギレルモ・デル・トロ監督）を見た後に半魚人と肉体関係を結びたいとネット上で声高に主張した人たちを引き合いに出すべきではない――デヴィッド・ハンソン（二〇〇五年）ら研究者は、気味の悪いレプリカを見てぞっとするのはリアルでない見た目のせいではなく、そこには私たちが無意識のうちにほかの人間に求める魅力的な特徴がないからだろうと述べている。一方で、気味の悪いものを避けたいと思うのは単純に、足を引きずるゾンビや青白い顔のパペットが私たち自身の死すべき運命や、自分の身体をコントロールできなくなる恐怖を思い出させるからだとする説もある。不気味なクリーチャーは、本当の意味でリアルにも生きているようにも見えないからだ。彼らはたんなる生命の複写物にすぎない。

数ある仮説のなかでもっとも認知寄りのものとして、不気味の谷は、知識や過去の経験から期待されるもの（たとえば、生きて呼吸をしている人間）と何かが一致しないことを、私たちの感覚が告げているために起きるのだとする説がある。このミスマッチには、『エクソシスト』で完全に憑依されたリーガンのように悪魔の声で話す子どもや、当時のホラー映画では邪悪もしくは悪魔的なキャラクターの特徴であった白目のない真っ黒な目など、いたって単純なものもある。『ハロウィン』では、青白い仮面に隠れて目などほとんど見えないマイケル・マイヤーズ（ニック・キャッスル）でさえ気味が悪いと描写され、ルーミス医師は「あの真っ黒な目、悪魔のような目」と語っている。

最後に、不気味さはいわゆる「カテゴリーの不確かさ」から生まれるという説もある。人間には、動物や物など人間でないものにも人間の特徴を投影する傾向がある。ペットから鉢植え植物まで、私たちは人間でないものを人間目線で理解したがるのだ。

人間の視点からクリーチャーの行動が理解できないと落ち着かない。ホラー映画なら、それは非人間であるモンスターの行動に人間の感情を投影して正当化しようとすることを意味する。この手の捕食者のもっとも恐ろしいところは、その考え方が私たちにはわからないという点だ。彼らの行動には必ずしも人間のような根拠や動機があるわけではない。『ディセント』（05／ニール・マーシャル監督）に登場する洞窟の生きものであるクローラーはヒューマノイド（そしておそらく突然変異した人間）だが、彼らがアパラチア山脈で不運な洞窟探検をしていたサラ（ショーナ・マクドナルド）とその友人たちを追いかけたのは、人間に対する特別な意図があったからだろうか。いや、おそらくなかっただろう。餌食となった人間たちが、映画の冒頭で映し出された森の中のシカの死骸とは違うことすら、彼らはよく理解していないのかもしれない。クローラーたちは、たんにモンスターなだけなのだ。たとえ人間の価値を知っていたとしても、モンスターが人間の価値体系に沿って生きることはないだろう。

シェンシェン・ワン、スコット・リリエンフェルド、フィリップ・ロシャ（二〇一五年）は不気味の谷を説明する諸説を再検討し、もうひとつの説を提示した。それは、不気味の谷には非人間化が作用しているというものだ。カテゴリーの不確かさ説における現象と同様、人間はとりわけ顔を敏感に認識し、顔のあるものには人格があると考えやすい。顔に似た形を素早く視覚的に検知できるのは脳にある下後《かこう》頭回《とうかい》のおかげであり、それが扁桃体とダイレクトにつながっているおかげでもある。扁桃体はまた、私たちが気味の悪い顔をどれだけ信頼できるかということにも関わっている。研究によって、扁桃体が顔の処理だけでなく、信頼度の評価、擬人化、一般的な社会的印象の形成にも関与していることが示された。これらはすべて、脅威を評価し反応するという、第一章で触れた扁桃体の役割とも明らかに関係があり、当然ながら、脅威となりうる不気味な姿も評価対象となるだろう。

「顔」を持つ「物」が、私たちがそれに投影したなんらかの期待と合致しない場合、そのミスマッチが警鐘を鳴らす、というのが非人間化説の根拠だ。最初の視覚的検知で対象に顔を認識する能力によって、脅威がいきなり視界に飛び込んできたような場合、死を免れることができるかもしれない。もちろん、警鐘は誤報で、モンスターだと思ったものがじつは寝室のドアの裏側のフックにかけた顔のないコートだったりするかもしれないが、忘れないでほしい。誤認によってこういうばつの悪い思い違いが起きたとしても、一度でも本物の脅威を正しく認識できたなら、そのメリットのほうがはるかに大きい。

ホラー映画では通常、観客がモンスターと善人を見分けられることが重要だ。だから、ともするとたんなる普通の人に見えてしまいそうな場合、私たちを手助けするために、モンスターはよく仮面をつけて登場する。

仮面と顔

仮面は人間のモンスターとその人間性を視覚的に隔てるもっとも簡単な方法だ。そのためホラー映画では、手っ取り早く奇怪さを示す便利な方法として役立てられている。とくにスラッシャーというサブジャンルにおいてはそうだ。『Horror Film Aesthetics: Creating the Visual Language of Fear（ホラー映画の美学——恐怖の視覚的言語を創造する）』（二〇一〇年）の著者トーマス・M・シポスによれば、仮面はスラッシャー映画の殺人鬼たちにパワーを与え、彼らの恐ろしさを高める役目を果たすが、それは人間の顔を不穏な様相に変えるだけでなく、武器を振るう殺人者を正体不明の非人間的な存在に変えるからだ。仮面をつけた殺人鬼は、不気味の谷の議論にぴったり当てはまる。邪悪であろうと、完全には死んでいない（アンデッド）状態であろうと、神業的なパワーを与えられていようと、仮面をつけた殺人鬼は、仮面の下では間違いなく人間なのだ。

仮面はその下の顔だけでなく感情も隠す。これで私たちは一気に不利になる。顔の表情から社会的手がかりを読み取るという生来の方法が使えないからだ。仮面をつけた相手が何を考え、感じ、意図しているかを読み取る術はない。そこに影になった目と特徴のない姿勢が加わると（生け垣のそばに立つマイケル・マイヤーズを思い浮かべてほしい）、襲われる側から見て、仮面をつけた殺人鬼はよりいっそう謎めいた予測不能な存在となる。

けれども、仮面なしの人間の顔を親しみの感じられないものにすることも十分に可能だ。『エスター』

（09／ジャウム・コレット＝セラ監督）のオリジナルポスターは、黒く塗りつぶした悪魔的な目や血、不吉な笑みといった、ホラーにありがちな小細工をせずに子どもの顔を不気味なものにするみごとな試みとなった。ポスターのキャッチフレーズは、「この娘、どこかが変だ」。あたかも、それがエスターの姿からはすぐにわからないことだと言わんばかりにそう書かれている。女優イザベル・ファーマンの顔だけのシンプルな画像。視線はまっすぐカメラに向けられている。実際、目のまわりがわずかに影になっている以外、彼女の表情はニュートラルだ。最初はわかりにくいが、血や明らかなホラーの要素のないこの画像が不安を感じさせるのは、それがあまりに左右対称だからだろう。エスターの顔は、じつは顔の半分を鏡に映したものなのだ。

皮肉なことに、人間は昔から左右対称なものを健康や魅力の証として高く評価してきた。生物学的に言うと、人間は「左右相称《そうしょう》」な生きものであり、人体を正中矢状面で、つまり額の真ん中から胸骨の中心、ヘソを通ってさらに下へまっすぐ引いた線に沿って真っ二つに切断すると、左右はほぼ同じになるはずだ。それが意図された人体の基本設計だが、実際に一〇〇％そうなっていないことは明らかだ。胚の発生に影響を与える要因や、成長、発達、加齢を通じて身体に及ぶ内外からの影響によって、私たちの見た目は左右対称ではなくなっていく。進化的優位性説では、左右対称であるほど病気や健康状態の悪化の経験が少なく、健康的だとされている。この説はさらに、左右対称の顔立ちは良好な健康状態、すなわち生殖の成功率の高さを意味するため、人はそれをより魅力的だと感じるのだと続く。

やや当惑を覚えるが、進化的優位性説には圧倒的な人気があった。二〇世紀初頭にアメリカやカナダで開かれた農産物品評会《ステート・フェア》では、よく「優良な赤ちゃん」や「科学的にもっとも優れた赤ちゃん」、「健康優良ファミリー」などのコンテストが行われていた。これらはその名の通り、リボンやメダルの獲得を目指してご自慢のカボチャやブタを出品する品評会の人間バージョンだ。エントリーした子どもや家族は計測され、テストされ、一般的には研究者の審判によって、どの参加者がもっとも理想的な特徴を備えているかが判定される。この手のコンテストの目的はもちろん、秘かに優生学的イデオロギーを広めることにあった。

こうした歴史の残響はいまだに見られ、雑誌ではたまに「科学的に見て」もっとも魅力的なセレブは誰かといった見出しが躍る。ほとんどの場合、こうした記事で魅力を評価するのに使われる基準は顔の左右対称性、つまり顔の中央に線を引いて左右を比べた際、いかに均等に見えるかということだ。どうやら「科学者たち」も、左右対称であるほど魅力的だと考えているようだ。けれども『エスター』の映画ポスターに見られるように、あまりにも左右対称すぎるのは気味が悪く、人を不穏な気持ちにさせる。

左右対称を魅力と同一視することで起きるもうひとつの不快な副作用は、左右対称性の欠如が魅力のなさや不健康と同一視されること、そして人と違った顔や身体的障害を持つ人々を嫌悪する文化だ。

じつはホラーの歴史のなかでひとつの足掛かりを得たのがこの文化であり、とくに人と違った顔はモンスターの手っ取り早い視覚的表現として用いられている。これは無声映画の『オペラの怪人』ですでに見られ、義歯と見えないワイヤーで怪人（ロン・チェイニー）の鼻はぐいと引き上げられている。また、この伝統は『フェノミナ』（85／ダリオ・アルジェント監督）に登場するフラウ・ブルックナーの残忍な息子（ダヴィデ・マロッタ）や、『レッド・ドラゴン』（02／ブレット・ラトナー監督）のフランシス・ダラハイド（レイフ・ファインズ）などの殺人鬼にも受け継がれている。ちなみにレイフ・ファインズは、人と違った顔を持つさらに有名なヴィラン——「ハリー・ポッター」シリーズのヴォルデモート卿も演じている。

不気味の谷について語るとき、話題の中心となるのはたいてい、いわゆる標準的な人間の姿形から逸脱した顔や体付きの静止画像だ。けれどもそこに動きが加わると、不気味さはいっそう深まるのかもしれない……。

動きでもっと不気味になる

不気味の谷に関するオリジナル論文で、動きによって人が感じる不気味さは増大し、谷はいっそう深くなると森は指摘している。

これは、私たちがいつもホラー映画で目にする効果だ。ぎこちない動きや不規則な動きをする人間がスクリーンに映し出されると、何かがおかしい、超自然的におかしいと感じ、明らかに恐ろしくなるのだ。憑依映画、そしてゾンビ映画のほぼすべてがこれに該当する。

憑依映画の一例として、『アナベル　死霊人形の誕生』（17／デヴィッド・F・サンドバーグ監督）がある。ビーと呼ばれる少女（サマラ・リー）が鼻歌を歌いながら人形たちのためにティーパーティーの準備をしている後ろ姿が映し出される。その人形のひとつが、タイトルになっているアナベルだ。すると突然、骨を噛み砕くような音がして、ビーの首と肘が不自然な角度に折れ曲がる。そして母エスター（ミランダ・オットー）のほうを振り向いて歩き出したビーの足はひどく内側に曲がり、足の外側と足首で歩いているも同然だ。その動きは見る者を不安にさせ、ぎくしゃくとして、明らかに人間らしくない。これらの動きは多くの場合、低速度撮影《アンダークランク》または役者の動きを不自然に見せるほかのテクニックを用いることで実現する。たとえば役者が後ろ向きに歩くところを撮影して映像を逆再生すれば、前に歩いているように見えるが歩き方は不自然になる。これは実写映画『サイレントトヒル』（06／クリストフ・ガンズ監督）の看護師の動きの一部に非常に効果的に使われているほか、言うまでもなく『ポルターガイスト』（82／トビー・フーパー監督）で階段にあらわれたこの世のものならぬ優美な幽霊も、階段をゆっくりと後ろ向きに上るところを撮影して逆再生し、フリーリング家のリビングにふんわりと浮かぶように降りてくるように見せたものだ。

不規則な動きが怖いのは予測不能だからだ。不規則に動くモンスターが次にどんな動きをするのかも、どの方向に動くのかも予想できないため、どう戦うか、どう逃げるかのプランが立てられない。意外ではないかもしれないが、不穏な動きの王者は足を引きずるゾンビでも、憑依された人間の曲芸師のような動きでもない。その栄冠に輝くのは、ほかならぬ慎ましいクモだ。

クモは特別だ。数十年にわたる膨大な研究によると、クモはいったい何様かというほど人を怯えさせる。しかもクモに対する人の恐怖反応はとりわけ根強い。クモがこれほど広く恐れられているのは、クモに噛まれて命を落とさないための防御策

『アナベル 死霊人形の誕生』（17／デヴィッド・F・サンドバーグ監督）

として、人間がクモを嫌悪するように進化したからだとされている。心理学者のマーティン・セリグマンは一九七一年に、これを「用意された恐怖学習」と表現している。すべてのクモがなんらかの形で捕食者なのは確かだが、じつは人間にとって危険な種類のクモはごくわずかしかいない。多くのクモの口は小さすぎて、毒で深刻なダメージを与えるどころか、皮膚に穴を開けることすらできないのだ。だから、人間はみなクモを恐れるように進化したという考えはやや突飛に思える。とくにクモに対する過大な恐怖心は、たとえば自分よりも大きい脅威を撃退するための防御機構を持つスズメバチなど、ほかの不気味な節足動物に対する恐怖心を上回る傾向があるからだ。

いったいクモの何が人をぞっとさせるのか。その原因を探り、クモを恐れる人々に共通する特徴を知るため、一九九一年に心理学者グラハム・デイヴィが一一八人を対象に小規模な調査を行ったところ、クモがそこまで気味悪がられる理由については明らかなコンセンサスが得られなかったが、クモのもっとも恐ろしい特徴は「脚の長さ」と「突然の動き」にあることがわかった。面白いことに、リストの一番下に来るのはクモの有害性なのだ。この調査のサンプル数は、真に意味のある結果を導き出すにはあまりに少なすぎたが、人は危害を加えられる可能性があるからクモを恐れるのではなく、その外見や動きに怯えているのだという推論はやはり興味深い。クモはそれほど怖いものではないとわかっていいながら、それでも私たちは怯えずにいられないようなのだ。

人間のクモに対する嫌悪感は広く浸透しているため、ビデオゲームでも恐怖の戦術として採用されている。私がクモに対して抱く嫌悪感はごく平均的なものだと思うが、ビデオゲームのクモにはつねにびくびくさせられる。「ドラゴンエイジ」（09）シリーズに出てくる、人を丸呑みできる巨大な毒グモであろうと、『クラッシュ・バンディクー レーシング』（99）で天井から落ちてくる、見るからにマンガチックなクモであろうと、それがあらわれると私は縮み上がってしまう。最近では、サバイバル・ビデオゲーム『Grounded（グラウンデッド）』（20）の開発者たちがアクセシビリティ・オプションに「クモ恐怖症《アラクノフォビア》セーフモード」を導入し、クモ形の敵があまりクモらしく見えないようにする調整を可能にした。「マキシマム・スパイダー」つまりクモ度が最大の状態では、本来のクモらしく分節化した体に八本の脚、大顎、そして多数の目があるが、これを調整してクモ度をゼロに近づけていくと、まず脚がなくなり、次に大顎が消え、最終的には二つの赤い目がついた質感のない浮遊する球体という、クモとはかけ離れた姿になる。

この恐怖心を利用するかのように、クモに似た動きを人間に与えた非常に象徴的な恐怖の場面もいくつか登場した。カルト系ファウンド・フッテージ・ホラー『ポキプシーのテープ』には、次のような映像（Poughkeepsie Tape #1826 Seg. 13j）がある。口を梱包用テープでふさがれ監禁された女性が手前にいて、後方から男——黒い服をまとい後頭部に無表情な仮面をつけたウォーター・ストリート・ブッチャー（ベン・メスマー）——が、四つん這いになって近づいてくる。この仮面とざらざらした画質とが、非人間的な身体構造と動きのイリュージョンを見せる。

ジョン・カーペンター監督の『マウス・オブ・マッドネス』（94）には、地を這うモンスターが登場する。それはほぼ女性に見えるが、ジョン・トレント（サム・ニール）に「あなたにはケインのための仕事がある」と告げる声は悪魔的な響きを帯び、さらに恐ろしいのは、彼女の頭がおかしな方向にねじれていることだろう。首がグロテスクにねじれているのは明らかで、腹を天に向けて四つん這いになった状態で顎は下を向いている（関節をポキポキと鳴らしながら、いとも簡単に胴体をくるりと逆転させると、今度は顎が天を向く）。

そしてもちろん、リーガン・マクニールがクモ歩きで頭から階段を下りてくるシーン（スタントウーマンで曲芸師のアン・マイルズが演じた）は『エクソシスト』のもっとも象徴的な映像のひとつだが、公開時のオリジナル版ではカットされていた（二〇〇〇年に公開されたディレクターズ・カット版では、見えていたワイヤーをきれいに消し去り、シーンが復活した）。だが、このシーンを入れたことでストーリーに影響が出るとけちをつけるファンもいる（リーガンが悪魔パズズに完全に憑依された後でも自分の部屋から出られるのなら、ほかの場面ではなぜ出られないのか、というのが言い分だ）。整然とした家の階段を、顔を血だらけにした少女のねじ曲がった身体が事もなげに下りてくる。プロットから少しくらい逸脱したとしても、この恐ろしい光景にはそれだけの価値があると私は思う。クモ歩きをするリーガンは、その印象的な動きからちょっとしたホラーアイコンとなったが、当分のあいだ忘れ去られることはないだろう。

『エクソシスト ディレクターズ・カット版』（00／ウィリアム・フリードキン監督）

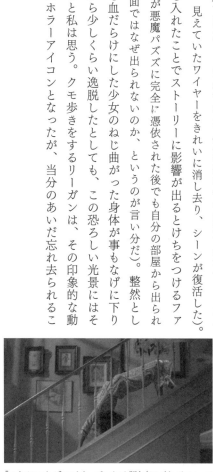

永遠のモンスター

ホラーファンとして、私たちは「クラシック」なモンスターや「象徴的」なモンスターについて語るのが好きだ。それらは、ホラーというジャンルの記憶のなかで永遠に消えないイメージを得た栄えあるクリーチャーや生きものだ。ホラーの正典《カノン》には新手のグールやゴースト、エイリアン、架空の生きもの《クリプティッド》が日々加わっていくが、上位ランキングを検索すると、そこに入ってくるものは過去数十年間ほぼ変わらず、新奇なモンスターがたまに割り込んでくる程度だ。

ファンに愛されるモンスターには共通する特徴があるのだろうか？　そうでもない。私たちに、ある種のモンスターをほかよりも好む心理的傾向があるようにも思えない。前章では、モンスターは時の流れとともに変化し、多くの人がスクリーン上で見たいと思うような形に適合していくことを確認した。ジョージ・A・ロメロ監督の『ゾンビ』(78)に登場する足を引きずるアンデッドは、ザック・スナイダー監督による二〇〇四年のリメイク版『ドーン・オブ・ザ・デッド』に出てくる足の速いゾンビと同じ遺伝物質を持つ。どちらのタイプが好きかは個人的な好みによるだろうが、ホラーファンには一般的に、両方を受け入れるだけの心の余地がある。

二〇〇〇年代の初め、メディア心理学者のスチュアート・フィショフは映画に出てくる人気のモンスターの心理学的魅力に興味を抱いた。彼とそのチームは一〇〇〇人以上を対象に調査を行い、どのモンスターが突出して映画ファンに人気があり、それはなぜなのかを解明した。

この調査の参加者によると、あるモンスターを気に入るおもな理由は殺傷能力とはほとんど関係なく、超人的な力が一番、知性が二番、次いで、「純然たる悪」であることや倫理観の欠如にそのモンスター自身がどう向き合っているかが三番目となった。参加者にとって、卑劣きわまりない殺人マシンとしてのモンスターよりも、邪悪な存在でありながらモラルを追い求める姿のほうが重要らしい。この調査にはまた、総合的な性的魅力を尺度にしたモンスターの人気度評価も含まれていた。興味がある方のためにお伝えすると、もっともセクシーな映画のモンスターに認定されたのはヴァンパイア。そして興味深いことに、大差で第二位につけたのは（アンソニー・ホプキンスが演じた）ハンニバル・レクターだった。

この調査が行われたのは二〇〇三年で、その後も新たな世代のホラーファンが成人に達し、象徴的なモンスターも登場した。たとえば『ブライアン・シンガーのトリック・オア・トリート』（07／マイケル・ドハティ監督）のサム、『パンズ・ラビリンス』（06／ギレルモ・デル・トロ監督）のペイルマン、『ババドック 暗闇の魔物』（14／ジェニファー・ケント監督）のババドック、『IT／イット〝それ〟が見えたら、終わり。』（17／アンディ・ムスキエティ監督）と『IT／イット THE END〝それ〟が見えたら、終わり。』（19／アンディ・ムスキエティ監督）に登場する、アップデートされたピエロのペニーワイズ。これらはほんの一部にすぎない。人々の好みは変わったのか、どのように変わったのかに私は興味がある。〈Ranker.com〉などのサイトにあるユーザー作成リストが指標として信頼できるなら、ヴァンパイアはトップの地位を失ったかもしれない（その原因は、二〇〇〇年代初頭から半ばにかけてヴァンパイア人気を急上昇させ下落させもした「トワイライト」シリーズにあるかもしれない）。一方、「エイリアン」シリーズのゼノモーフや『遊星からの物体X』のエイリアン「Thing」は、ホラーシーンに登場して数十年経ってもなお、多くのリストでトップの座を守りつづけている。けれども、ホラーアイコンであるヴァンパイアはホラー映画よりも前から存在していることを思えば、彼らが姿を消している時間はそう長くはなさそうだ。

ここまで、ホラー体験の準備をしてきた。私たちは観客の恐怖心を煽る方法について論じ、ホラー史の背景にその根拠を見出し、脅威を体現するモンスターを登場させた。足りないのは、ほんの少しの雰囲気だけ。さあここで音を使って、不安感をさらに高めてみよう。

第四章

耳からの恐怖

ホラー映画では、伝統的に音と音楽が重要な役割を果たす。音響はあらゆるジャンルの映画でシーンの情感を盛り上げ、ストーリーテリングを支える。たとえば、ジョン・ウィリアムズの有名な背景音楽のない『ジョーズ』を想像するのは難しい。カーペンター自身による四分の五拍子のテーマがない『ハロウィン』も、また、子守歌を歌う子どもたちが出てくる多くの映画もそうだ。子守歌はもともと怖いものではないし、歌う子どもたちも、本来なら人を不安にさせるような存在ではないのだから不思議だ。ぞくっとするような子どもの歌が出てくるホラー映画といえば、まず挙げられるのが『回転』（61／ジャック・クレイトン監督）だ。以来、この型が定着し、子どもたちの歌声が聞こえたら何か不吉なことが起きることになっている。

私たちはホラー映画の音や背景音楽からヒントを得る。突然の大きな音は、私たちを飛び上がらせ、驚きを増幅させるためのものだと知っている。背景音楽の音量が増して盛り上がってきたら、なんらかの緊迫した瞬間や重要な瞬間が訪れる心の準備をしておいたほうがいい。静かになりすぎたときも、衝撃的な何かが不意に起きようとしているのだとわかる。また、ヒーローやヴィランを識別するのに役立つ音楽のモチーフが提示されることもよくある。たとえばバーナード・ハーマンが作曲した『サイコ』のテーマを思い浮かべてほしい。マリオン・クレーン（ジャネット・リー）が車を走らせているシーンでメインメロディーが流れるが、観客が再びそれを聞くのは彼女が殺された後だ。この高揚感のあるメロディーは、ノーマン・ベイツにはまったくそぐわない。彼と結びつけることができるのは、あの「キー！　キー！　キー！」というけたたましいヴァイオリンの音だけだ。ホラー映画で期待通りの音や背景音楽が聞こえてくると、私たちは観客として調子を合わせることができる。

　このようなホラー音楽のルールの重要性をさらに強化しているのが『ハロウィン』だ。ジョン・カーペンター監督はかつて、『ハロウィン』を効果音や音楽なしで粗く編集したものを20世紀フォックスの重役に見せたことがある。するとその女性重役がまったく怖がらなかったことから、彼は「音楽で救済しよう」と決意し、デヴィッド・ワイマンと協力して、いまではすっかりお馴染みのシンセサイザーをベースとした背景音楽を作り、シェイプ（シリーズ第一作のクレジットに記載されたマイケル・マイヤーズのキャラクター名）の攻撃に合わせて、あらゆる種類の鋭い効果音を割り込ませた。すると数ヶ月後にばったり重役と再会したとき、今度のはとても気に入ったと彼女は言った。カーペンターによると、彼が変えたのはただ一点

『ハロウィン』（78／ジョン・カーペンター監督）

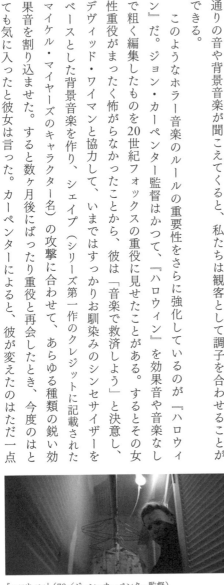

で、唯一、音を加えたことがこの違いを生んだという。

もちろん、映画が独自のルールを破れないわけではない。『28日後…』(02／ダニー・ボイル監督)では、音と静寂が持つパワーが等しく表現されている。混沌としたプロローグで動物愛護活動家たちがRAGEウイルスに感染した狂暴なチンパンジーをラボから放ち、攻撃されて彼ら自身が感染した後、音もなくタイトルカードが表示される。ジム(キリアン・マーフィー)は、ロンドンの病院の集中治療室で昏睡状態から目覚める。そこは明らかに廃墟だった。ホラー映画のルールに従えば、これだけ静かならばすぐ先に脅威が潜んでいるはずだ。地面に死体が転がっていなければならない。ところが、ジムはゴミの散乱する廃墟を歩き回り、すでに恐ろしい何かが起きた後に彼が目覚めたということが示される。聞こえるのは、彼自身の足音と「ハロー」と呼びかける声だけ。

彼がピカデリー広場にさまよい入ると、ゴッドスピード・ユー！・ブラック・エンペラーの曲『イースト・ヘイスティングス』がゆっくりと音量を増していく(ここで豆知識をひとつ。これはダニー・ボイル監督がこのシーンに挿入できると考えた唯一の曲だが、入手が容易でなかった。ゴッドスピード・ユー！・ブラック・エンペラーはカナダの実験的なバンドで、非常に反企業的なポリシーを持つことで知られ、音楽の使用許諾を与えない傾向があった。ボイルはどうにか曲の編集版を入手して映画に挿入したが、サウンドトラックにその曲を加える許可は得られなかった)。音楽の盛り上がりとは裏腹に、ジムは人のいない奇妙なロンドンの光景の中に、ただひとりぽつんといる。彼が車のドアを開けるとアラームが鳴り響き、音楽を切り裂く。その音は彼を驚かせ、幻想的なシークエンスを破る。彼が目覚めてから初めて聞く、意味のある音だ。

ボイルは当初、閑散としたロンドンのシーンを音楽なしで流すことを試みたが、それは予想外の結果をもたらした。音楽がないと、このシーンの静寂が余計に怖く、完全なる静寂と車のアラームとのコントラストが余計に不調和なものになったのだ。「映画館では無理だった」と彼は『Danny Boyle: Authorised Edition（認定版ダニー・ボイル伝）』の著者エイミー・ラファエルに語った。「突然アラームの音を聞いたら観客は心臓発作を起こし、ペースメーカーはショートしてしまったことだろう」

このように、映像から音を取り去れば明らかに効果があるが、逆はどうだろうか。映像をなくしたらどうなるのだろう？　スクリーン上で怖さの許容範囲を超える何かが起きそうなとき、私たちはそれをやっている。目を閉じたり、手で顔を覆ったり、ブランケットやポップコーンの袋の陰に隠れたりして最悪のシーンを見ずにすむようにする。はたして、その効果はあるのか？

うーん……ない。研究では、怖いシーンで目をつぶっても効果はないという結論が出ている。なぜなら、何が起きているかは音でわかるからだ。それに、脳が呼び起こす映像はおそらく、あなたが避けようとしている実際の映像よりもさらに怖い。最高のホラー映像かもしれないものを見逃してしまうことはさておき、目を閉じると、音によるホラー体験はむしろ強化される可能性がある

『28日後…』（02／ダニー・ボイル監督）

のだ。

このような研究のひとつを行ったのが、精神科医であり、イスラエルのテルアビブ大学で神経科学を研究するテルマ・ヘンドラーだ。彼女はボランティアの被験者に、目を開いた状態と閉じた状態でヒッチコック風の気味の悪い音楽を聞かせ、比較的ニュートラルな曲についても同じことを行った。すると脳のスキャンから、被験者が目を閉じた状態で怖い音楽や不快な不協和音を聞いているときには扁桃体が興奮することが明らかになった。さらに、脳のほかの領域も扁桃体に連動して活性化した。それが青斑核《せいはんかく》と前頭前皮質、情動的情報の直感的処理と認知処理の両方に関係する領域だ。興味深いことに、暗い部屋で被験者が目を開いた状態でこの実験を行ったところ、結果は再現されなかった。どうやら、目を閉じていることが重要なファクターらしい。

好きな音楽にじっと聴き入るときのように、目をつぶると音に集中しやすくなる。ヘンドラーとその研究チームは、次のように示唆している。目を閉じると、それがトリガーとなってあるメカニズムが働き、脳が特定の情報を増幅させて処理するのを助けるため、情動的経験と耳から伝わる音が結びつきやすくなる。つまり目を閉じて音を聞くことで、サウンドスケープ（音風景）にどっぷり浸れるというわけだ。

この没入感こそが、ホラー映画は良い音響システムがある劇場で見たほうが（または自宅にすてきなサラウンドシステムがあるほうが）より怖い理由のひとつなのだ。人は一般的に音の位置を特定する能力がきわめて高く、そこには音が聞こえてくる方向を感じ取る能力と、どの音がより重要かを特定する能力が含まれる。スピーカーに囲まれた空間でホラー映画を見ていると没入感が高まるのは、聴覚情報に浸ることで、(映画の中の)環境についてスクリーン上で見ている以上のことが伝わってくるからだ。見えているのは大写しになった登場人物かもしれないが、小枝が折れる音が背後から聞こえてくると、背後に殺人者がいて、スクリーン上の人物ではなく自分自身に身の危険が迫っているように感じられるはずだ。

音楽をどう組み入れるかは、物語全体の雰囲気を決定付けるのに大きな役割を果たす。たとえば『ショーン・オブ・ザ・デッド』(04/エドガー・ライト監督)の、あの象徴的なパブでの格闘シーンを思い浮かべてほしい。ショーン(サイモン・ペッグ)と仲間たちは〈ウィンチェスター〉というパブに立てこもり、窓の外にはゾンビが押し寄せている。パブの店主は年輩の男だが明らかにゾンビで、彼らと一緒にパブの中にいる。ショーンたちがこのゾンビをビリヤードのキューでかわるがわる殴りつけるあいだ、ジュークボックスからはクイーンの『ドント・ストップ・ミー・ナウ』が流れ、殴るタイミングが曲のビートと完全に一致する。別の部屋ではデヴィッド(ディラン・モーラン)がジュークボックスの電源を落とすブレーカーはどれかを必死に探しているが、結局はパブの外のライトがついたり消えたりするだけで、その点滅がまた歌と完璧にシンクロしている。このシーンから『ドント・ストップ・ミー・ナウ』が消し去られ、普通のホラー音楽に置き換わったらどうなるか想像してみてほしい。明らかなコメディシーンはおのずとダークな様相を帯び、閉じ込められた人々がビリヤードのキューで叩いたりダーツの矢を放ったり、役に立たない道具でゾンビを撃退しようとする一方で、仲間のひとりの不手際で、自分たちがいる場所にゾンビをどんどん引き寄せていく、そんなシーンになってしまうだろう。

注目作品
『クワイエット・プレイス』（18／ジョン・クラシンスキー監督）

アボット一家は自分たちの住む場所を必死に築いた。可能な限りの自給自足で作物を育て、衣服も自分たちで繕う。特殊なニーズに合わせて、すべてが手作業で改造されている。皿の代わりに大きな葉を使い、通り道には厚く白砂を撒き、ほぼアメリカ手話だけでコミュニケーションをとる。一家のこの静かな田舎生活は理想的な暮らしに思えるだろう――音を聞いたらなんでも殺すモンスターの襲来さえなければ。

『クワイエット・プレイス』の世界では、その名が暗示する通り、沈黙こそが生存の要《かなめ》となる。物語の鍵となるこの要素は、エリック・アーダールとイーサン・ヴァン・ダー・リンを中心とする音響デザインチームに大きな難題を突きつけた。この映画では通常の音響デザインのプロセスとは逆に、まずあらゆる音を取り除き、そこに少しずつ音を戻していく必要があったからだ。彼らはサウンドスケープを再構築する過程の早い段階で、音をどのように効果的に配置するかというルールを確立しなければならなかった。映画の世界のロジックに合わない音を入れないようにするためだ。アーダールは『ヴォックス（Vox）』誌のインタビューで、音響デザインチームでは何かの音が大きすぎると感じたら、

「死《デッド》んだ!」と告げるのが習慣になっていたと語っている。スクリーンに映し出されるアクションの音がほんの少し大きすぎたとして、それがモンスターの注意を引かなければ、脅威そのものが破綻してしまうからだ。

そのため、いくつかの音は通常と異なる方法で作られた。サウンドスケープにコオロギや鳥の声など自然の音が含まれる場合、ほとんどの映画では重なり合う音の中に一匹のコオロギの声や一羽の鳥の声がくっきりと際立つ形で織り込まれる。一方、『クワイエット・プレイス』にもコオロギがいる場所が出てくるが、ここでは一匹のコオロギがほかより抜きんでて大きな声で鳴いたりはしない。たとえコオロギや鳥であっても基準レベルのノイズよりも大きな声で鳴けば、必然的に危険に晒されることになるからだ。

一家はたまに音を立ててしまうが、そのときアーダールとヴァン・ダー・リンは必ず問題の音のボリュームを上げ、音とその前後の重苦しい沈黙とのコントラストを際立たせた。また、映画の中で音楽が流れる数少ない瞬間のひとつが、リー(ジョン・クラシンスキー)とイヴリン(エミリー・ブラント)が二人きりになり、イヴリンのイヤホンから聞こえる音楽に合わせてダンスをするシーンだ。二人にしか聞こえていないのは明らかなのに、その音楽は不安になるほど大きく感じられる。

じつはこの映画には完全な無音、すなわちデジタルゼロの瞬間が三つあり、それらはリーガン(ミリセント・シモンズ)の補聴器がオフになったときと一致する(そこでの映像はリーガンの一人称視点で撮られ、補聴器のスイッチが入ると、にぎやかな映画ならば気づかないくらいの低いノイズが聞こえる)。

『クワイエット・プレイス』の観客は、あまりの静寂に緊張を感じるとともに、（映画の内外を問わず）誰かが音を立てて死を招くのではないかと、絶えず危機感を覚えた。劇場でこの映画を見ているとき、観客は自分やまわりの人たちが発する音に過敏になっていたという逸話もある。ポップコーンを噛み砕いたり、座席で音を立てて身体を動かしたりすると、不意にとんでもない裏切りを働いたような、自分たちが立てる音がアボット一家の運命を左右するかのような気分になったのだ。個人的には、これは劇場でのお気に入りのホラー体験のひとつだった。静寂の力、そして観客が一緒になってその静寂に加わろうとするモチベーションがひしひしと感じられたからだ。

不協和音

映画の映像に音楽をつけていくフィルムスコアリングに関して言えば、その曲がどのキーで作曲されるかで、ほぼムードが決まる。従来、私たちはキーごとに特定のムードを割り当ててきたが、一般的に長調は楽しく、短調は悲しいものとして認識されがちだ。しかし研究結果が示す限り、こうした認識は文化的背景に基づくもので、科学的な根拠はない。それでも音や音楽には巧妙なトリックがあり、たんなる効果音や背景音楽であることを超えて私たちの心を摑む。それは、どのコードが演奏されるかという単純な要因によるのかもしれない。

不協和音には〝解決〟すなわち、より調和のとれた音への移行を求める不安定なコードが含まれる。

不協和音は〝間違って〟聞こえ、実際に不快に感じられることから、恐怖の場面において緊張感を高めるための非常に便利なツールとなりうる。信じられないかもしれないが、じつはこれには数学的な根拠がある(そもそも、音楽とは基本的に数学なのだが)。ごく簡単に説明するなら、三つの音を含むコードを演奏するとして、各音はそれぞれ独自の周波数を持っている。それを線であらわすと、周波数は山と谷のある波形のようになる。三つの波形を重ねると、うまく調和するところとそうでないところがあり、音同士の関係がよくわかる。整数比の関係にある音は協和音すなわち調和する音同士となる傾向があり、うまく響き合う。それらの音が作るパターンはある種の対称性を持つ。実際、リサジュー図形として知られるこの対称な形を再現することは可能だ。たとえば、二つの楽器で完全に同じ音(同じ高さ、つまり比率が一対一の音)を演奏する場合、リサジュー図形は真円を描く。二つの楽器で同じ音を演奏するが、一方が一オクターブ高い(つまり比率が二対一である)場合は、リサジュー図形は完璧な「8」の字を描く。互いに整数比の関係を持たない音は不協和音すなわち調和しない音となり、〝外れて〟聞こえる。だが、緊張を高めて解き放つ不協和音には、じつは音楽の世界、とりわけロックの世界にふさわしい居場所がある。ハーモニーが欠如しているにもかかわらず、人々は不協和音を楽しめる——そう、ヘビーメタルファンはたしかに存在するのだ。

ヘビメタの世界でもてはやされるある不協和音程は「音楽の悪魔」の異名を持つ。これは音楽理論では三全音として知られ、隣り合う三つの全音から成る。このような異名を持つ三全音の使用を教会は断固として禁じていると言われるが、それが本当である証拠は何もない。三全音の不協和音は教会に馴染む音の有力候補ではないため、作曲家はそれを使おうとしなかったのだろう（だから、「音楽の悪魔」のような呼び名で三全音を悪魔と結びつける意味はおそらくなかったはずだ）。

音程は、真に悪魔的と言えるほど不快なものになりうるのだろうか？　自分の耳で判断してみてほしい。たとえば『ザ・シンプソンズ』のテーマソングの冒頭の三つの音は「音楽の悪魔」の条件を満たしている。同様に多くの消防車や救急車のサイレンの音もそうだ。

また、不協和音を識別するのに絶対音感は必要ないが、音色の違いを聞き分ける力は必要だ。音をまったく聞き分けられない失音楽症の人を対象に行った実験の結果、彼らは不協和音の効果を感じないことがわかった。

人を不安にさせる音は、けっして不協和音だけではない。黒板を釘で引っかく音など、ほぼ世界共通で不快とされている音はほかにもいろいろ存在する。あなたはまた、聞いている自覚のない音で落ち着かない気分にさせられている可能性もある。

人の可聴域ぎりぎりの音

人間の可聴域はおよそ二〇から二万ヘルツだ。あなたの耳が若く、音の振動センサーである有毛細胞が損傷していなければ、完全な実験室環境ではこの範囲よりも周波数の高い音や低い音も聞こえるかもしれない。一般的に、高周波（超高周波である必要はない）は人の注意を引く。私たちは悲鳴が聞こえれば潜在的な危険に対応し、赤ちゃんの泣き声が聞こえれば世話をする。枝の折れる音や芝を踏みしめる音がすれば、それは迫り来る脅威のサインかもしれない。

若い耳のほうが大人の耳よりも高い周波数の音を聞き取れる傾向があるのは、多くの人は年齢とともに可聴域の上限が下がりはじめるからだ。二〇〇八年頃に一時的に流行ったモスキート音の着信音は、これをヒントにしたものだ。この着信音は、一〇代の若者たちが店にたむろするのに手を焼いたオーナーたちが、若い耳にしか聞こえない不快な高周波音を流したのを逆手にとったものだ。このような音は一万七〇〇〇ヘルツ前後の着信音として、ティーンエイジャーが授業中に先生に気づかれずにこっそり電話の音を聞くための手段として売り出された。この製品の欠点は、ティーンには聞こえる音が、彼ら自身にとって不快な音でもあるという点だ。先生には聞こえないかもしれないが、クラスの仲間たちに文句を言われる可能性があったのだ。これが流行る直前に高校を卒業していて、私は本当にラッキーだったと思う。とはいえ、遊び半分でオンラインのモスキート音発生装置を使い、その音が聞こえる程度に自分の聴力がまだ〝若い〟かどうか試さなかったわけではない。当時のわが有毛細胞はまだ健在だったが、最近またモスキート音を聞いてみたときには、老化によって自分の可聴域が狭まってきているという事実に直面せざるをえなかった。

周波数スペクトルのもう一方の端、つまり人間の可聴域の下限を下回る音は超低周波音（インフラサウンド）と呼ばれる。ほかのすべての音と同じく超低周波音も波で伝わるが、それは可聴音の波よりも長く、ピークの間隔が広い。私たちの耳に超低周波音は聞こえないが、それによって起きる振動のほうは、とくに音圧が高ければ感じることができる。たとえ聞こえている自覚はなくとも、敏感な人なら超低周波音に晒されると不安感を訴えるかもしれない。

二〇〇三年、心理学者のリチャード・ワイズマンと音響学者のリチャード・ロードは作曲家でエンジニアのサラ・アングリスとチームを組み、超低周波音に付き物の不気味さを感じさせる情動的効果を探る大規模な実験を行った。彼らはロンドン南部にあるコンサートホール〈パーセル・ルーム〉で立て続けに二つのコンサートを開催した。いくつかの曲には超低周波音が織り込まれ、ほかの曲には入っていなかった。後で調査したところ、コンサートの客はどの曲に超低周波音が入っているかを知らなかったが、一七ヘルツの音を重ねた曲が流れているときに、いつもと違う感覚や威圧感、恐怖を感じたという報告が多かった。

サラ・アングリスのウェブサイトでは、このコンサートの超低周波音が入っていないバージョンを視聴できる。アングリスは、実際に曲の中に超低周波音を入れていたとしても、MP3圧縮のプロセスに耐えられなかっただろうと語る。実験の際に彼らが頼ったのは手製の超低周波音発生装置だった。硬い下水道管と超ロングストロークのサブウーファーで作った大砲のような音響装置を使い、必要な低周波音を発生させたのだ。

超低周波音に敏感な人は、それに晒されると奇妙な感覚を覚えるかもしれない。環境に存在する超低周波音が非難を浴びてきたのは、「ハム」という不吉な名を与えられたものが原因だった。トラックのアイドリング音に似た不可思議なぶんぶんという低い連続音として、イギリスのブリストルで一九六〇年代に初めて報告されて以来、同様の苦情が世界中で寄せられている。ハムにまつわる謎のひとつは、その音の発生源がなかなか推測できないことだ。カナダのオンタリオにあるウィンザー大学のコリン・ノヴァク博士は、「ウィンザー・ハム」として知られるようになった音について調査し、その性質を知り、発生源を突き止めようと試みた。調査中、彼がハムの存在を記録できた日は数えるほどしかなかったが、ハムは実在し、それが三五ヘルツ前後の音域（明らかに人間の可聴域内だが、それでも低周波だと言える）だと結論付けるのに十分な証拠は入手できた。そして彼は、ミシガン州デトロイトの南、川の下流に位置するザグ島にある溶鉱炉から音が発生していると推測した。昔からいくつもの製鋼工場があった島だ。追跡調査の結果、ザグ島はおそらく音の発生源ではないとわかったが、それでも陰謀論（謎の音の背後には、米空軍のとある計画が存在するというもの）が収まることはなかった。

ハムもそうだが、超低周波音によって人々が体験した現象の多くは、たんなる不快な感覚として片づけられてきた。けれども一部の人々にとって、低周波体験は超常現象に近いものだった。

超低周波音の不気味な効果に関するじつに魅力的な研究のひとつが、ヴィック・タンディとトニー・ローレンスによって一九九八年に『Journal of the Society for Psychical Research（心霊研究協会誌）』で発表された。タンディは自身の不可思議な体験から超低周波音の研究を始め、その体験を「機械の中の幽霊事件」と呼んでいる。それが起きた当時、彼はある医療機器メーカーでエンジニアリング・デザイナーとして働いていた。同僚たちはよく実験室に幽霊が出ると噂していたし、そういえば、清掃員が何かを見たと言って不安げに建物を出ていくことが少なくとも一度はあった。そのうちに、彼はさらに異様な出来事に気づきはじめる。誰かに見られているような気がすることがたびたびあり、またあるときは、すぐ隣にいるはずの同僚に話しかけようと横を向くと、そこには誰もいなかった。彼は不安を覚えるようになった。たしかに実験室はどこか薄気味悪い場所でもあるし、変な音がすることもあるが、それとこれとは別問題だ。そしてついにある晩、たったひとりで仕事をしていた彼は、視界の端に幽霊のような灰色の何かがぼんやりと見えているのに気づいた。ところが正面からしっかり見ようとそちらを向くと、それは消えてしまった。この不可思議な現象は説明のしようがなく、すっかり怖くなって……彼は帰宅した。

あくる日、びくびくしながらも、タンディはまた実験室にやってきた。彼はフェンシングの大会に出場する予定で、実験室にある道具を使ってフォイル（剣）を加工したかったからだ。彼はフォイルの刃を掴んで万力に挟み、そのままオイルを探しにいった。戻ってくると、挟まれたフォイルが激しく振動していた。この実験室は間違いなく何かに取り憑かれ、ポルターガイスト現象が起きている――タンディはそう判断するのではなく、その振動がなんらかの波動から来ているものだと気づいた。そこで彼は、振動の発生源を突き止めるため、フェンシングのフォイルをダウジングの棒に見立てた即席の実験装置を作った。

タンディと同僚たちが実験室をシェアしていた相手は幽霊ではなく――定常波だった。この波動は実験室内の換気扇によって引き起こされたもので、それがちょうど実験室の両側の壁で完全に反射して、部屋の中央に長い廊下のようなスイートスポットを作っていたのだ。さらに、この定常波は人間の眼球の共振周波数に近い周波数で振動していた。そのため、条件が整うと、その波はタンディが知らないうちに彼の眼球を振動させ、奇妙な視覚障害を引き起こしていたのだ。

タンディの眼球を振動させた定常波の効果は、歌手が声でワイングラスを粉砕して見せるときのそれと同じだ。すべての物質には固有の共振周波数がある。それは何かの衝撃が加わったときにその物質が振動する速度のことであり、その何かが音波であっても同じだ。ワイングラスを軽く叩くと、振動するときに発せられる音を聞くことができる。歌手が自分の声をその音の周波数に合わせれば、グラスの共振と同じ周波数でグラスのまわりの空気分子が振動する（そして今度はグラスが振動する）。この振動がグラスにストレスを与え、変形させる。音が大きければ大きいほど、そして長く続けば続くほどグラスは変形し、どんどん弱くなり砕けやすくなる。ワイングラスを粉砕するのはオペラ歌手にしかできない芸当というわけではないが、ただ、かなりの努力を要する。テレビシリーズ『怪しい伝説』が、歌手でボイストレーナーのジェイミー・ヴァンデラが声でワイングラスを粉々にする場面を捉えたとき（一二回目の試みだった）、彼の声は一〇〇デシベルを超えていた。ちなみに、普通の話し声はたいてい五〇デシベル程度だ。また、破壊しようとするグラスがなんらかの方法で事前に弱くなっていれば、たとえば小さな引っかき傷があったり、振動で悪化しそうな欠陥があったりすると割れやすい。

眼球はワイングラスとは違う。ぷよぷよしているし、（ありがたいことに）硬いガラスや水晶よりも一時的な変形に強い。タンディが体験した振動は眼球の共振周波数に近いものだったが、暴露は限定的で、換気扇がどれだけの音量で振動していたのかも不明だ。理論的には、特定の周波数と音量であれば、一時的に幽霊のようなものを出現させる以上に、超低周波音は身体に有害な影響を及ぼしかねない。

ここで思い出すのが、超低周波音にまつわる有名な伝説のひとつ――ブラウン・ノイズだ。これはテレビシリーズ『サウスパーク』のあるエピソードで広く知られるようになったもので、人体と共鳴して下剤の効果をもたらす超低周波音だとされている。ネット上にはブラウン・ノイズを記録したと称する動画が多数出回っているが、実際にはそうした低周波音の下剤効果を示す証拠はひとつもない（音の効果を主張するネット上のコメントを信じたいならば別だが）。また、ウェブ動画が音を適切に伝えるために必要な音質を備えているとも考えにくい。好奇心旺盛な方のために言っておくと、私は実際にブラウン・ノイズの三分動画を見つけて視聴してみた。腸が弱い人は見ないようにとご丁寧に警告まで入っていたが、慢性の腸疾患を持つにもかかわらず、私はそれを無視した。結果は残念なことに、わが腸にはかすかな蠕動《ぜんどう》すら感じられなかった。

タンディが二〇〇八年に行った実験からインスピレーションを得て、ある研究者グループが、電磁場と超低周波音を操作して「幽霊が出没する」部屋を作ろうと試みた。彼らが使ったのは特徴のない空っぽの部屋で、白く、薄暗く、寒かった。被験者は部屋の見取り図のコピーを渡され、ひとりでその中を五〇分間歩き回り、何か異常な体験をしたら、それが起きた場所も含めて見取り図に記録するよう求められた。自分がごく普通の部屋にいるのか、超低周波音、電磁場、またはその両方に晒されているのかを彼らは知らない。すると被験者の大半が、めまいやチクチクした感覚、何かがいるような気配、まぎれもない恐怖感など、部屋にいるあいだになんらかの不気味な体験をしたと報告した。しかしデータを分析した結果、それらの体験はおそらく超低周波音や電磁場が引き起こしたものではないと判明した（そして、本物の幽霊が引き起こしたのでもなさそうだった。もっとも、幽霊の仕業ならホラー映画にふさわしい展開になってしまうが）。報告された体験は暗示によって起きたのではないかと研究者たちは指摘している。被験者は全員、異常な感覚を体験するかもしれないと告げられ、実験の一環としてそれを報告するよう求められていたため、異常かもしれない感覚を受容しやすい状態になっていたのだろう。

真の原因かどうかは別として、数多くの不気味な体験に超低周波音が関与しているということは、ホラー映画の制作者たちも当然ながら、超低周波音、あるいは少なくともそれに近いものを作品に盛り込む方法を見出しているはずだ。幽霊が出没する部屋の実験と同様、ホラー映画の鑑賞者はすでに不快な刺激を受けやすい状態になっている。サウンドスケープに重ねた超低周波音がじつに不快なのは、その発生源が特定できないからだ。得体の知れない感覚の原因がはっきりしなければ、人は想像力を働かせ、目の前のスクリーンに映し出される映像からその理由をでっちあげるかもしれない。ギャスパー・ノエ監督が超低周波音に近い音（二七ヘルツ前後）を使ったことを認めたのは有名な話で、彼は二〇〇二年の映画『アレックス』の序盤で、一〇分間に及ぶレイプシーンと極端に生々しい暴力シーンだけでは観客に与える不快感がまだ足りないとばかりに、その音を取り入れた。『パラノーマル・アクティビティ』（07／オーレン・ペリ監督）もまた、静かで気味の悪い瞬間を超低周波音でさらに盛り上げたと言われている。ファウンド・フッテージ・スタイルの作品であることを踏まえて、この映画にはほかにサウンドトラック用の音楽は使われていない。

もっと明るい話をすれば、超低周波音はあらゆる人間や動物を不快な気分にさせるわけではない。ゾウの雄叫びはかなりの大音量だが、じつはゾウは五から三〇ヘルツの超低周波音を発することもある。そのような音声は「ランブル（低周波ノイズ）」と呼ばれる。超低周波音でのコミュニケーションには、周波数が低いほど環境に吸収されたり反射したりせずに遠くまで届くというメリットがあるため、ランブルによって、数マイル離れたゾウ同士がコミュニケーションできるのだ。

幸い、すべての周波数の音が超低周波音のようにあなたをさんざんな気分にさせるわけではない。そうでなければ、私たちはこれほど音楽を楽しめないだろう。一部の人々にとっては、ある種の快感を引き起こす音もある。この現象は自律感覚絶頂反応（ASMR）と呼ばれるもので、医学雑誌で生まれた臨床用語のように聞こえるが、そうではない。ASMRは二〇一〇年に、ジェニファー・アレンによって命名された。ASMRのオンラインコミュニティの創設者である彼女は、人々がこの現象を気軽に語れるようになるには名前が必要だと気づいたのだ。ASMRという言葉は、感覚トリガーへの反応として一部の人々が感じる心地良い「脳の疼き」を示す。その手のSNSに十分な時間を費やしていれば、あなたも聞いたことがあるかもしれない。ASMRはYouTubeなどのサイトでセンセーションを巻き起こし、ささやき声やそっと叩く音など、反応のトリガーとなりそうな優しい音の専用チャンネルがいくらでもある。ASMRにはインターネット以外にも市場があり、〈ウィスパーロッジ〉などが有料で没入型体験を提供している。芝居とASMRスパ・トリートメントが合わさったような〈ウィスパーロッジ〉では、キャストと一対一でシーンを演じる親密な体験ができる。そこではキャストがあなたの耳元で紙をカサカサといわせたり、柔らかいメイクブラシで顔を撫でたりする。

これは新しい現象であるため、ASMRについて解明する研究はほとんどなされていない。最初の査読付き研究は、反応の分類を試みるために二〇一五年に行われた。これに携わった研究者たちは、ASMRを経験する人々と共感覚を経験する人々の関連性を示唆している。共感覚とは、ある感覚の誘因となる刺激が別の感覚を引き起こす現象だ（たとえば、言葉に特定の色がついているように感じたり、音に特定の味があるように感じたりする）。最近の研究では、ASMRに敏感な人々が経験するリラックス効果の根拠が示された。被験者がASMRのビデオを視聴しているあいだの心拍数を測定したところ、ASMRを経験しない人々と比べて、また、ニュートラルな映像を見ているときと比べて、その値は顕著に低かった。

ASMRは、ミソフォニア（音嫌悪症）と呼ばれる別のタイプの音過敏症とはまるで正反対だ。ミソフォニアの人は、なんらかの音に晒されると理不尽な怒りを覚え、暴力的な反応を示すことさえある。たとえば食べ物の咀嚼音など一般的に嫌われている音の場合が多いのだが、それに対する反応が尋常ではなく極端なのだ。

ホラー映画に使う音を選ぶ際には、咀嚼音などの不快な音や、攻撃的で明らかに非ASMR的な、たとえば指でトントンと叩く音や時計のカチカチという音がよく好まれる。それらの音が嫌悪感（咀嚼音の場合）や緊張感（指や時計の音の場合）を高めるのだ。ミソフォニアを経験している人にとって、それらの音は過度な緊張を引き起こす、あるいは忌まわしい映画鑑賞体験の一因になる危険性をはらんでいるかもしれない。けれどもミソフォニア的な例外はさておいて、人の可聴域ぎりぎりの音に関して言えば、ホラー映画制作者は心地良い脳の疼きを与える音ではなく、超低周波音のように、観客を不穏な気分にさせる音を選ぶべきだ。

注目作品
『ブレア・ウィッチ・プロジェクト』（99／ダニエル・マイリック、エドゥアルド・サンチェス監督）

――一九九四年一〇月、メリーランド州バーキッツヴィル近郊の森でドキュメンタリー映画を撮影していた三人の学生が消息を絶った。
一年後、彼らが撮影したフィルムが発見される。

ヘザー、ジョシュ、マイクの三人は、数日前から森の中で迷っていた。彼らの装備は撮影機材とわずかなキャンプ用具のみ。緊張感が高まるなか、ヘザーはまだ自分たちの旅の一部始終を記録に残そうと躍起で、奇妙な積み石と吊り下げられた木の枝の人形に遭遇したときも、夜にテントの外から不気味な音が聞こえたときも、ジョシュがいなくなり、何かが忍び寄り、石と人間の歯が入ったプレゼントを残していったように思えたときも撮りつづけていた。映画の最後の部分で、彼女は廃屋の地下室の隅に向かって身動きもせず立っているマイクを発見する。それは町で耳にしたブレア・ウィッチ伝説の場面に似ていたが、魔女の存在を証明する映像は撮れていない。目に見えない何かがヘザーのカメラを、そしておそらく彼女自身を地面に叩きつけたからだ。撮影されたフィルムは発見されたが、彼らの遺体は見つからなかった。

映画の中の音は、実世界の音と同じルールには従わない。一部の音はダイジェティック・サウンドかもしれない。これは映画の世界に音源が存在する音、見ている私たちと同じように登場人物にもはっきりと聞こえているリアルな音だ。その他の音はノンダイジェティック・サウンド、つまり物語世界の外に存在する音かもしれない。私たちはシーンの雰囲気を高めるために追加されたBGMや効果音を耳にするが、それらは映画内の登場人物には聞こえないため、リアルな音ではない。映画の中でダイジェティック・サウンドとノンダイジェティック・サウンドをどのようなバランスで使うかによって、観客が実際の出来事の記録を見ている気分になるか、架空の映画の物語に入り込んでいると認識するかの違いが出る。このバランスをうまく操作して空間の境界線をぼかし、曖昧さを生み出すこともできる。ホラー映画にとって曖昧さは非常に魅力的な要素で、その目的は、見る者に意識的または無意識のレベルで「これは本当に起きていることなのか？」と感じさせることにあるのかもしれない。

ファウンド・フッテージ映画の決め手はこの問いであり、優れたファウンド・フッテージ映画は思い切ったトリックを使い、観客に実際の出来事を記録したものだと信じ込ませる。『ブレア・ウィッチ・プロジェクト』はその好例であり、映画内でノンダイジェティック・サウンドを使っていない点が絶大な効果を生んでいる。この映画全体が学生の操作するカメラで撮影されているため、私たちが見られるのは、彼らが見ているもの、すなわち彼らがカメラを向け、実際にピントを合わせることができたものに限られる。同様に、私たちに聞こえるのは彼らのカメラのマイクが拾った音だけだ。登場人物の心の動きを強調するわかりやすいサウンドトラックは存在せず、恐怖映像への心構えをさせてくれる予兆的な盛り上がりや効果音もない。そのせいで、まるでアマチュアのホームビデオを見ているような気分になる。『ブレア・ウィッチ・プロジェクト』の怖さは、その真実味と洗練されていない素人臭さにある。

『ブレア・ウィッチ・プロジェクト』はダイジェティック・サウンドしか使っていない映画の傑作として挙げられるが、この映画に背景音楽がまったくないと言うのは正しくないだろう。じつはトニー・コーラが作曲した不気味な曲が、耳をすませば聞こえる程度にかすかに流れているのだ。この曲がもっともよく聞こえるのはおそらく映画の終盤、マイクとヘザーが廃屋の中でジョシュを探し回る場面だ。

二〇一六年、『ブレア・ウィッチ・プロジェクト』の続編映画が、サンディエゴ・コミコンでこっそり初公開された。コミコンにやってきた人々は『ザ・ウッズ』という映画のプレミアに立ち会うのだと思っていたが、蓋を開けてみると、それは『ブレア・ウィッチ』（アダム・ウィンガード監督）の偽り

の姿だった。このマーケティング・キャンペーンでは、わざわざ『ザ・ウッズ』のポスターを印刷して貼り、映画の上映中にそれを『ブレア・ウィッチ』のポスターに貼り替えるという徹底ぶりだった。『ブレア・ウィッチ・プロジェクト』が他の追随を許さない傑作なのは、ファウンド・フッテージ映画に与えた影響だけでなく、前例のないバイラル・マーケティング、いわゆる〝口コミ商法〟のおかげだった。『ブレア・ウィッチ』もそれ以前の続編『ブレアウィッチ2』(00/ジョー・バーリンジャー監督)もオリジナル版には及ばない。もっとも顕著な違いのひとつが、例のダイジェティックな音や映像とノンダイジェティックなそれの使い方だ。続編『ブレア・ウィッチ』は、ふんだんな背景音楽と露骨な効果音を売りにしている。この作品もやはりファウンド・フッテージ映画の体裁を保とうとしているが、登場人物はオリジナル版のような手持ちや肩掛け式のカメラではなく、イヤホン型カメラを装着している。そしてこの技術的なアップグレードは、最初のブレア・ウィッチ・プロジェクト・チームの二台のカメラでは不可能だったはずのショットが撮れたことの言い訳となっている。しかし、いくつかのショットは頭の高さに固定されたカメラで撮影したものとは思えない視点で撮られ、レンズに髪の毛がかかっているはずなのに、どの映像も予想外にきれいでピントも合っている。撮影されたこのフィルムもオリジナル版のフィルムと同様に冒頭のタイトルカードで紹介されるが、そこでは映像が「発見された」のではなく、厳密には「まとめられた」ものだとされている。そうすることで、映像がきれいに編集されているのは当然だとごまかせるのだ。完成したフィルムは、フレーミングも下手くそでブレのあるオリジナル版とはかけ離れたものとなった。オリジナル版では実際に俳優が撮影していたが、彼らは映画を学ぶ学生を演じていても、カメラを回した経験などほとんどなかったのだ。

叫び

〝叫び〟抜きに、恐怖を与える音は語れない。エドヴァルド・ムンクの有名な絵の話ではない——とはいえ、あの絵の視覚的インパクトはたしかにすごい。描かれた人物の、何かを見つめる大きく見開かれた目と縦に引き伸ばされた口、あれは恐怖の表情にしか見えない。あの絵に音がついていたとしたら、描かれた人物がどんな声を発しているかは手にとるようにわかる。

話す言語は異なっても、大人の叫び声は世界のどの場所でも恐怖や危険を知らせる声として解釈される。赤ん坊も大人と同じように叫んで警告を発するが、それだけではなく、空腹や不快感など、まだ言葉で表現できない欲求を親に伝えるときも大きな声で泣き叫ぶ。叫びはやかましく耳障りなだけではない。それは、助けを求める合図としてすぐに認識できる音なのだ。

ホラー映画における叫びは、次の二つのどちらかであることが多い。ひとつは絶妙なタイミングで突然発せられるジャンプスケアとしての叫び（YouTubeの絶叫動画で完成された手法）で、見る者を驚かせるのが狙いだ。もうひとつは反応としての叫びで、登場人物の怯える様を示すことで恐怖心を増幅させるのが目的だ。

叫びは普遍的なものであるにもかかわらず、その科学的な理解はあまり進んでいない。二〇一五年、神経科学者デヴィッド・ポッペルとそのチームは、人の悲鳴を聞いたときに私たちの中で何が起きるのか、どんな要素がその声を特別なものにしているのかを解明するための調査を開始した。彼らはまず、人間の悲鳴を集めたカタログを作成した。収集には数々の映画から悲鳴をダウンロードする方法と、実際に人を研究室に連れてきて悲鳴を収録する方法が用いられた。そうして集めた悲鳴は音声のサンプル集に加えられ、そこには発話された文や人工的な音（アラームや楽器の音など）、さまざまな調子の音なども含まれていた。

次にそれらの音を、参加者が怖さの度合いによって一（ニュートラルな音）から五（警戒感を抱かせる音）まで五段階にランク付けした。当然ながら、人間の悲鳴はサンプルの中のほかの音よりも際立っていた。そして参加者たちをもっとも怖がらせた悲鳴は、三〇から一五〇ヘルツの範囲に入っていた。もっとも怖い悲鳴はまた、「ラフネス（粗さ）」と呼ばれる音質の度合いが高かった。ラフネスが高い音では、振幅すなわち音の大きさがとても速く（一秒当たり三〇から一五〇回）変調する。ラフネスは悲鳴をより聞こえやすく、また非常に耳障りな音にする。この変調によって悲鳴は非線形音となり、それを発する道具にとってあまり大きすぎたり粗《ラフ》すぎたりすると音が歪んでしまう。絶叫が人間の喉頭の限界を超えるのと同じだ。

不規則なキーキーという非線形音は自然界に存在し、それを発するのはたいてい、鳴き声で親の注意を引く必要のある動物の子どもだ。同様に人間もまた、非線形性のある赤ん坊の声のほうに、それのない声よりもよく反応する。さらに、ある研究では、ミーアキャットが非線形音になかなか慣れないことがわかった。非線形音は警戒心を抱かせる、不快で無視しにくい音なのだ。それは理にかなっている——そういう音は捕食者の存在を示すからだ。叫び声や唸り声、枝の折れる音、床板のきしむ音……それがどんな音であれ、生き延びるために、私たちは近くに潜む危険を示すような音に慣れてはならない。音響デザイナーがミーアキャットの研究結果を把握していた可能性はきわめて低いが、彼らがしばらく前から、恐怖感を引き起こす非線形音の力に注目していたのは明らかだ。背景音楽に非線形音が含まれる映画はたくさんあるが、とくに『シャイニング』では、ジャック・トランス（ジャック・ニコルソン）がバスルームのドアを斧で打ち破り、この映画でもっとも有名な台詞「Here's Johnny!」を言うシーンでヴァイオリンが鳴り響き、不安を煽る。

ポッペルの実験では、被験者に悲鳴とニュートラルな話し声を聞かせ、脳のｆＭＲＩスキャンも行った。一般的に、大きな音を聞かせると脳の聴覚情報を処理する部分が活性化する。この実験では、悲鳴はさらに扁桃体と恐怖回路を選択的に活性化させることがわかった。活性化は悲鳴のラフネスに敏感に反応して起きていた。この敏感さは、脳には人の悲鳴を処理する「音のニッチ」があるだけでなく、あまり切迫感のない偽の悲鳴と本物の恐怖を示す悲鳴を判別し、それに応じて恐怖反応を調節する能力も備わっていることを示唆している。

完璧な恐怖の雰囲気を作り上げるには、こうした音響デザイン技術が不可欠なのだろうか。デジタル音声の登場によって映画における音響デザインに本格的に弾みがつきはじめたのはたかだか一九七〇年代のことで、映画はそのはるか以前から存在している。緊迫感のある映像とナラティブ・キュー（物語において観客の注意を方向付ける要素）だけでも効果的なホラーシーンは組み立てられるが、音（そしてそれが生み出す振動）という特別な要素が加わることで、すばらしい恐怖の場面はさらに、見る者を骨の髄から揺さぶる真の恐怖へと昇華されるだろう。

インタビュー

ローネン・ランダ

ローネン・ランダは、映画音楽作曲家。彼がクレジットされたホラー映画には、『ディスコード -DISCORD-』（12／ニコラス・マッカーシー監督）、『At the Devil's Door（悪魔の扉）』（14／ニコラス・マッカーシー監督）、『マッド・ハウス』（19／デイビット・マルモール監督）などがある。

――ホラー映画を見ているとき、自分が期待しているものに気づくような気がします。私は仕掛けに気づきます。緊張感を誘うシーンで、例の低いブンブンという音が聞こえてくるとわかるんです。映画に音を入れるプロセスでは、そういうお馴染みのテクニックにどの程度頼っていますか？

これはじつに面白い話で、ぼくはツールキットを開発して、いろんな映画でそれを部分的に使い回しているんですよ。ホラー映画には特有の課題があるから、自分にとって役立つスコアリングのための特別なプロセスを用意しています。

ホラーが難しいのは、ありとあらゆる技法を使い、音を作るための面白いテクニックを駆使しているからで、その目的は異様さを醸し出すこと、そして不気味な音を見つけること、つまり、聞き慣れた音とほぼ同じなのにどこか違和感のある音で人々を戦慄させることにある。たとえば、チェロで美しい音色ではなく不快な音を出すこともできる――するとチェロに美しい音色を期待する人々は、その意外な音に衝撃を受け、耳障りに感じる。ぼくはできるだけアコースティックな楽器を使って録音するようにしています。このクリエイティブなテクニックはぼく自身のアイデアで、それによってオリジナルなアンサンブルサウンドが生まれている。既成のものを使うとか、サンプルライブラリで見つけた音をポンと投入するようなことはしたくないんです。

ところが実際の音がないと、どんな感じにするつもりかを試作して監督に示しようがない。なのでぼくはプロセスを組み立て、作曲する前にレコーディング・セッションを設けて、使えそうな音をいろいろ作っておきます。そこから各キューごとに構成を組み、自分が作った音で彩っていく。つまり、独自のサウンドライブラリの音をたくさん使って効果音やその他の要素を組み立てていくんです。とはいえ、作品ごとに新しい音を生み出そうと努力はしていますよ。例のツールキットを構築するためにもね。それはプロセスのツールキットでもあり、実際の音のツールキットでもあって、そこには目の前にあるものを理解することも含まれる。目の前にあるものというのは、つまり映画のことです。

――映画における個々の物語的な要素は、スコアリングにどれくらい影響を与えますか？　サブジャンルごとに特有の音はあるんでしょうか？

スラッシャー映画とほかの映画で、スコアリングの仕方は違うでしょうね。『Eloise（エロイーズ）』（16／ロバート・レガート監督）の音楽を聞けば、そこには明らかに恐怖の要素があるけど、この作品が持つ俗っぽさは、たとえば『ディスコード -DISCORD-』や『悪魔の扉』にはまったくない。たいていの場合、スコアリングのプロセスでは特定の映画とそれが持つ問題に目を向けることになるけど、問題と言っても悪い意味じゃなく、パズルのようなものだね。ぼくの仕事はそのパズルを解いて観客の気持ちを動かし、我々が伝えようとしているストーリーとつながりやすくすること。ぼくは常々、映画音楽が果たす役割は気持ちの接着剤のようなものだと考えているんです。

脚本を読んだときや最初に映画のひとコマを見たときの感情、それをつねに表現しようとしているんだから面白いですよ。ぼくが表現しようとしているのは、初めてそれを見たときに自分はどう感じたのかということ。最初は必ずその衝撃を感じるはずだから。

映画はたいてい仮の音楽が入った状態でぼくのところに来るから、シーンを初めて見るときには、ぼくはすでにその音楽に反応していることになる。観客の目線で考えながら、一方でその映画のテーマに沿った素材と音を維持するようにしています。さっきも言ったように映画はそれぞれ違うから、「この映画に合うのはどんな音の世界だろう」と時間をかけてじっくり考える。それが全体をつなぎ合わせる一本の糸となって、よりまとまりのある体験を生み出せればいいなと思っています。

――音楽で解いた音のパズルには、たとえばどんなものがありましたか？

ホラーではよく、「この映画はもうこれでいいのか、それともまだやるべきことがあるのか？」と感じることがあるんだけど、これは大事な問いだと思う。『マッド・ハウス』には猫が関わる印象的なシーンがあって、音楽をつけるのがすごく難しかった。そこは音楽で解決するには複雑なシーンだった。というのも、監督はそこに二重の恐怖を仕込んでいたから。まず猫を使って予想される恐怖が与えられ、その直後により大きな予期せぬ恐怖が与えられる。そんなわけで、これはかなりの難題でした。間髪を入れずに起きる二つの恐怖を、どうすれば効果的に両立できるのか？

両方の恐怖感を最大限まで高めてしまっては、十分な満足感が得られずうまくいかないだろう。そこでぼくはシークエンスを組み立てて、最初の恐怖は心をざわつかせるような、恐怖というよりもむしろ不穏な感じにしてみた。その後、主人公の女性が監禁されて真の恐怖が襲ってくる。ここで音楽も本格的に進行する。映像なしでサウンドトラックを聞いてみると、このシーンのナラティブ・キューがはっきりとわかるでしょう。最初は軽い衝撃の恐怖が、その直後にデカいのがガツンと！　あれは強烈だった！　ミクロのレベルで言えば、これは恐怖を堪能できる模範的な例のひとつでしょうね。最初の恐怖を大きくしすぎると、二つ目の恐怖が通用しなくなる。インパクトが半減してしまうんです。それに実際、ストーリー的にもあの映画は最初じゃなく、二番目の恐怖の物語ですからね。

――静寂の効果は、どういう場面で発揮されるんでしょう？

ホラー映画では、静寂もとても重要な要素です。映画全体で一番怖いのは、たいてい音楽もない無音のシーンです。だけど、ほかの部分にも音楽がなかったら、静かなシーンはそれほど効果的だろうか？　それはわからない。静寂は楽譜で言うなら休符のようなもので――どこに休符を入れるべきかがわかっていると、ドラマを効果的に盛り上げることができる。だから、どこに音楽を入れないほうがいいかをわかっていることも、エモーショナルなサウンドスケープを構築するためにはすごく重要なんです。

――ホラー作曲家として、お仕事に関するインタビューでたいてい抜け落ちていると思う話題はありますか？

いい質問ですね。寛大な質問だ。この手のインタビューを受けるときにぼくがいつも強調するのは、この仕事は共同作業だということです。ぼくはアーティストで発言権があるし、どの作品にも全力で取り組もうとしている。だけど、どの作品にもコンスタントな協力関係が反映されているわけで、監督のビジョンを実現させるために緊密に連携して作業を進めているんです。監督によって音楽との関わり方も、作曲家との連携への期待も違ってくるけれど、最高の映画音楽は監督や演奏家たちとのそういう密接なコラボレーションから生まれるものです。『ディスコード -DISCORD-』でピアノを担当したダン・テファー、同じくヴァイオリンを担当したアナ・バルブルック、『マッド・ハウス』でピアノを担当したカロリーナ・ルーヤーン――これはほんの一例にすぎないけれど、彼らの演奏がレコーディング・セッションにどれだけの芸術性をもたらすか、言葉ではとても言いあらわせない。一緒にいろんな実験を試みて、一緒に新たな音を見出す。共同作業ではそういうことがたくさん起きる。こういう人間関係は珍しい。そしてじつに特別な関係です。この共同作業的な側面を、ぼくは心から誇りに思っています。

第五章

恐怖が付きまとう理由

映画館を出た後もホラー映画がずっと頭から離れないことがある。見ているときはさほど怖いと思わなかったとしても、部屋の薄暗い隅っこに何かが潜んでいるかもしれない、もしかすると明かりをつけて寝たほうがいいかもしれないと、脳があなたに警鐘を鳴らしているのだろう。

日が昇り、映画のモンスターに襲われることもなく元気に目覚めれば、そういう感覚も消えていくのだろうが、恐怖感が深いといつまでも残りつづけることがある。

あなたにもずっと心に付きまとう映画があるかもしれない。自分になくても、身近な誰かにはあるのではないだろうか――本人はさほど意識していないかもしれないが。私の妻をほかのどの映画よりも怖がらせているのは、ホラー映画ですらない。それは『E.T.』、地球に取り残された平和的なエイリアンが、自分の宇宙船とコンタクトし故郷の星に戻ろうとする過程で子どもたちとの友情を育んでいく、ファミリー向けの映画だ。ところが妻は相当怖かったらしく、大人になった彼女には、この映画を見た記憶がない。『E.T.』を一度も見たことがないと言うので、私はすぐにネットで予告編を探し出した。始まって一五秒ほどで愛嬌のあるエイリアンが初めて顔を出し、幼いガーティ（ドリュー・バリモア）が悲鳴を上げた途端、妻はパニックを起こした。

「止めて！」と妻は叫んだ。そのときの彼女は、前にもそれを見たことがあると確信していた。あまりの怖さに記憶を抑圧していたのだが、二〇年ぶりに予告編を見て恐怖がよみがえったのだ。

ちなみに妻は全般的にエイリアンが怖いのだが、これは「卵が先かニワトリが先か」という類の話かもしれない。エイリアンが怖いから、自然に子ども向け映画に登場する平和主義者の地球外生物（E.T.）をも恐れるようになったのか、それとも子どもの頃に『E.T.』を見たことでエイリアンへの恐怖心が生まれたのか？

怖い映画の長期的影響の根拠は、ほとんどが逸話的だ。『ポルターガイスト』を見て以来、おじさんがピエロに神経質になっているとか、友だちがシャワーを浴びるたびに『サイコ』のことを考えずにはいられないとか、ついでに言えば、バスルームにある鏡付きキャビネットを使うと、その扉を閉めた途端に、鏡に映る自分の背後に立っているかもしれないホラーのヴィランたちをいろいろ思い浮かべてしまうとか（正直、バスルームはどうしてこうも私たちを怖がらせるのだろう？　うんちをするときくらい、モンスターの心配をせずにいたいのに）。

私が長いあいだ恐れているのは『グレムリン』だ。私の脳はそれがホラーコメディだと理解しているし、実際に爆笑映画だと思う。それなのに毎年グレムリンの悪夢を見てしまうし、グロテスクな方法で増殖するクリーチャーをめぐって展開するプロットに漠然とした不安を覚えずにはいられない。

ホラー映画から新たな恐怖を学ぶのは驚くほど簡単で、幼い頃からその手の恐怖に晒されている場合はとくにそうだ。メディアに対する子どもの恐怖反応を探る一連の実験の一環として、研究者のバーバラ・ウィルソンとジョアン・カンターは、児童生徒に『レイダース／失われたアーク《聖櫃》』（81／スティーヴン・スピルバーグ監督）に出てくる大量のヘビがいる井戸のシーンを見せた。するとこのシーンを見た子どもたちは、それ以降生きたヘビに触れるのを避ける傾向を示したという。

幸いにして、私が実生活でグレムリンに出くわすことはないだろうし、妻もE.T.と出会う心配はないだろう。けれども、ホラー映画の後遺症としての恐怖のなかには避けがたいものもある。怖いピエロは現実の世界でもときどきあらわれるし、ハロウィンの時期にはとくにそうだ。また、たいていの家にはシャワーがあって、衛生管理のためには定期的にシャワーを浴びなければならない。これらの恐怖が高じれば日々の生活に影響が出かねないのは容易に想像がつくだろう。

長期に及ぶ恐怖感がフラストレーションになるのは、大人であるあなたには、それが理不尽な恐怖であることも、もう何年も前に見た怖い映画に根差していることもわかっているのに、それでもなお恐怖を感じずにはいられないからだ。

この現象を部分的に説明できるのが、ジョゼフ・ルドゥーが提唱した恐怖記憶の二重経路モデルだ。恐怖記憶を含む情動記憶が扁桃体で処理されることを私たちは知っている。このプロセスには筋肉の緊

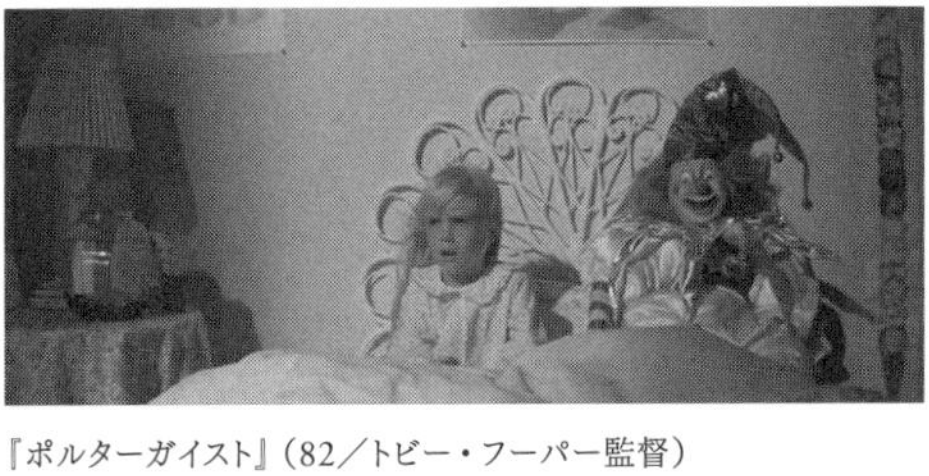

『ポルターガイスト』（82／トビー・フーパー監督）

張、血圧と心拍数の急上昇、アドレナリンの放出といった、恐怖体験と密接に関わる生理的反応も含まれる。私たちはまた、恐怖記憶がかなり変化しにくいことも知っている。一方で認知記憶は海馬で処理され保存されるが、それらの記憶はより柔軟で更新されやすい。

ルドゥーは、たとえば実生活でピエロを見るといったひとつの出来事が、扁桃体と海馬の両方で処理されるのではないかと考えた。扁桃体はつねにあなたを危害から守ろうとする。必ずしもあなたが潜在的な脅威に気づいていなくても扁桃体は反応するし、その反応は海馬よりも確実に速い。扁桃体が即断で行動を起こすのに対し、海馬はより几帳面で、じっくり時間をかけて脅威と思われるものを処理する。海馬はあなたが自分の意志で見に来たサーカスという文脈のなかでピエロを評価し、前に見た怖いピエロと比べてみて、このピエロはおそらく脅威ではないという情報をあなたに伝える。この情報は、あなたが落ち着いて状況に対処するためのツールとして機能する。ただし扁桃体の目的はあなたを生かしておくことにあるため、その反応は強力だ。扁桃体と海馬が衝突している場合、扁桃体が勝つことが多い。

恐怖記憶に対する扁桃体の無条件反射的な反応は、瞬時の判断が生死を分けるような状況では非常に重要だが、保存された恐怖がじつは脅威ではないにもかかわらず誤ってラベル付けされている状況ではむしろ有害かもしれない。その場合でも、スクリーン上で何かが起きるのを見ることと、実際にその出来事を体験することは明らかに異なる。それでもホラー映画で見た怖いものが永続的な恐怖になるのは、あなたが映画を見ているときに体験したことを、あたかもそれがあなたの生存を左右するものであるかのように扁桃体が保存するからだろう。そのため、たとえ海馬がサーカスのピエロは脅威ではないと判断したとしても、あなたがピエロを恐れていれば、扁桃体は不適当な反応を引き起こす可能性がある。

この二重経路モデルに賛同する人ばかりでないことは言っておくべきだろう。恐怖は（私たちが自らを守るために進化させてきた）危険に対する自律反応、行動反応、そして認知・情動反応の融合体として理解すべきであり、一体化していない二つの系統に恐怖を帰着させてしまうと、体験としての恐怖が主観的で計り知れないものになってしまうというのがおもな批判だ。ルドゥーの二重経路モデルについては本章でまた触れるが、恐怖に反応して脳がどのように信号を発するのかを解明しようと多大な努力や研究がなされているにもかかわらず、人体で実際に起きている恐怖のメカニズムについては、研究者のあいだですら理解できていないことや合意に至っていないことがまだまだたくさんあるということを覚えておいてほしい。

ルドゥーの見解では、扁桃体を通じて確立された恐怖学習は脳に焼きつけられ、何も恐れることはないと理屈ではわかっていても、一生消えることがない。だがありがたいことに数多くの研究によって、このような学習を消せる可能性が示唆されている。

扁桃体が保存する恐怖記憶では、その本質的なディテールよりもむしろ感情や感覚の情報に重点が置かれる。「フラッシュバルブ記憶」とは、研究者のロジャー・ブラウンとジェームズ・クーリックによって一九七七年に作られた言葉で、感情を伴う予期せぬ出来事に遭遇した際に形成される変則的な記憶のことだ。彼らの研究には、ケネディ大統領の暗殺などのショッキングな出来事が起きた後の聞き取り調査も含まれ、被験者はその出来事を知った瞬間についての詳細な説明を求められた。そして後日、再び調査が行われ、被験者は同じ出来事について改めて語るよう求められた。フラッシュバルブ（閃光電球）が光るという概念は、アルバムに貼ってじっくり見返すことのできるポラロイド写真のように、ある一瞬を永遠に留めることを示すようだ。ブラウンとクーリックは、トラウマになるような重大な出来事が鮮明に記憶される理由について、その瞬間には何が起きているのかを分析する時間がないが、将来同じようなトラウマを避けられるように、後でそのときの詳細な状況と自分の情動反応を振り返るからではないかと説明している。

だが、フラッシュバルブ記憶の現実はその逆を示しているように思える。不意に強烈な情動が生まれる瞬間、私たちはたしかに起きている出来事についての情動記憶を形成するが、その情動はたいてい感覚情報によって強調され、もっとも強く焦点が当てられる。フラッシュバルブ記憶はけっしてポラロイド写真などではなく閃光電球そのものであり、ある瞬間に強烈な光を当て（それも、ほんの一瞬だけ）、再びパッと消えるだけだ。その瞬間に呼び起こされるのは事実よりもむしろ感覚であり、持続力がある。実際、ほかの研究でも、人が記憶している事実のディテールには簡単に誤りが入り込むことがわかっており、のちにその記憶を再び語る際、誤りも同時に想起される傾向がある。けれども、時間とともに曖昧になる事実のディテールとは違って、人は自分の感覚をよく覚えているものだ。ブラウンとクーリックの研究に参加した被験者のひとりは、ケネディ大統領が銃撃されたと聞いたときに足に感じた階段の感触を覚えていたが、それは一三年も前の出来事だった。クーリック自身もまた、担任の先生が泣いていたのを覚えていた。このようなディテールは些細なものに思えるし、いつか直面する脅威に必ずしも役立つとは限らないが、それが心に響くことは確かだ。
同じことは、ホラー映画に触発された恐怖にも言えるだろう。

注目作品
『ジョーズ』（75／スティーヴン・スピルバーグ監督）

夕暮れ時、クリッシー・ワトキンス（スーザン・バックリニー）は浜辺の焚き火から離れ、一枚また一枚と服を脱ぎ捨てながら浜に駆けていき、その後を青年が追いかける。クリッシーは裸で海に入り、泳ぎだす。と、突然、何かが水中で彼女を捕らえる。クリッシーは悲鳴を上げ、手足をばたつかせながらぐいと激しく引っ張られる。彼女はブイにしがみついて助けを呼ぼうとするが、ついに水中に引きずり込まれる。浜まで彼女の後を追ってきた青年は海岸で酔いつぶれている。クリッシーを襲ったものの正体はわからない。

『ジョーズ』の原作は一九七四年に出版されたピーター・ベンチリーの小説だが、この小説もまた、ニュージャージー州の海辺のリゾート地で一九一六年の夏に起きたサメ襲撃事件から部分的にヒントを得て書かれたものだ。この事件では、七月一日から一二日にかけてサメに襲われて四人が命を落とし、ひとりが怪我を負った。襲ったサメの種類や、それが群れなのか一匹の狂暴なサメ（メディアでは「ジャージー・マンイーター」として知られるようになった）なのかについて、さまざまな説が浮上した。

夏の暑さは人々を海辺のリゾート地へと駆り立てたが、彼らは泳ぐことを恐れた。一部のリゾート地では海水浴客を守るために水中に金網を張ったが、すでに事件の悪影響が広がっており、小さな金網だけでは人々の恐怖心を和らげることはできなかった。このような実際の出来事がパニックを引き起こしたとすれば、『ジョーズ』はサメの恐怖を最高レベルに押し上げるものだった。

『ジョーズ』はサメに対する偏見の大きな要因となった。サメを人殺しマシンとして描き出しただけでなく、サメの襲撃に対する世間の認識を最悪なものに歪め、サメを退治するべきだという心理に拍車をかけたのだ。自然保護活動家は、サメの真の性質と襲撃のリスクの程度をより正確に知ってもらうための教育活動に熱心に取り組んできた。ディスカバリーチャンネルで一九八八年から放送されている定番番組『Shark Week（シャーク・ウィーク）』も、元を辿ればサメを賛美し誤解を晴らすために打ち出されたものだった。とはいえ、この番組が不発に終わることが長年のあいだに幾度もあった。どうやら視聴者は、教育されるよりもセンセーショナルな番組を見るほうに興味があったようだ。

ホホジロザメに襲われる実際のリスク――統計的には雷に打たれる確率のほうが高い――を合理的に説明することは可能だが、あなたの扁桃体と恐怖回路に納得させるのは難しい。

『ジョーズ』は一九七〇年代に観客のイマジネーションを虜《とりこ》にしたが、映画は

人々の恐怖心にどれだけ長く影響を及ぼしつづけるのだろうか。

一九九〇年代、ジョアン・カンターは大学生に自分が経験した（もしくは誰かが経験するのを目撃した）持続的恐怖について書くよう求め、三年間（一九九七年から二〇〇〇年）にわたり五三〇本のレポートを収集した。圧倒的多数のレポートでは、ホラー映画など架空の情報源によって引き起こされた学生自身の恐怖体験が詳しく語られていた。『ジョーズ』は恐怖体験の主たる原因のひとつであり、一三歳に達する前にこの映画を見た学生の四三％が、そのせいで海やプールで泳ぐことに不安を感じるようになったと報告している。これは何年経っても同じで、「私にとってサメは恐ろしい生きものになってしまい、ディスカバリーチャンネルのドキュメンタリーやナショナル・ジオグラフィックの番組も見られないくらいだ」、「このパラノイアはいまも続いている。サメは湖やプールにはいないとわかっているのに、それでもなお、プールの深いところに差しかかるたびに（つねに後ろを振り返りながら）大急ぎで端まで泳ぐ」といった記述がなされた。言っておくが、この調査が行われたとき、『ジョーズ』の公開から少なくとも二〇年は経っていたはずだ。最新作ではなかったし、おそらく学生たちが初めて見たときも、すでに新しい映画ではなかっただろう。

ちなみに、持続的恐怖を誘発する効果がもっとも多く報告された映画には、ほかに『ポルターガイスト』（ピエロや木、テレビの恐怖）や『ブレア・ウィッチ・プロジェクト』（キャンプや森の恐怖）、『スクリーム』（家にひとりでいる恐怖）がある。『E.T.』への恐怖反応を報告した学生が一一人いて、そのうちざっと三分の一で大人になっても恐怖感が続いていると知ったら、私の妻は「ほらね」と思うかもしれない。学生たちは一三歳になる前に見た映画やテレビ番組による持続的恐怖を具体的に報告したが、『ジョーズ』が唯一座を譲ったのが、一九九〇年代にテレビ用に製作された『IT／イット』だ。ティム・カリー演じる踊るピエロ「ペニーワイズ」と機械仕掛けのサメ「ブルース」のあいだで、一世代分の子どもたちが生涯消えない心の傷を負った。

付きまとう恐怖は、心的外傷後ストレス障害（PTSD）に似たメカニズムで働いているようだ。PTSDの典型的な症状には、鮮烈なフラッシュバックや悪夢および侵入思考による衝撃的な出来事の追体験、警戒心が異常に高まる、容易に驚きやすくなる、睡眠障害、回避などがある。トラウマ的体験の後でこれらの症状の一部またはすべてを経験するのは普通だが、それが長く続いて日常化し、生活に支障が出るようになれば、心身に不調をきたしているサインだ。診断としてのPTSDは歴史が長くさまざまな形で昔から存在し、その症状はシェイクスピアの『ヘンリー四世』や、さらに古くホメロスの『イリアス』や『オデュッセイア』などにも記述されている。

かなり長いあいだ、PTSDは戦争のトラウマの結果としてのみ起きるものであり、PTSDの発症は兵士の臆病さや性格的な弱さのしるしだと考えられてきた。PTSDが兵士の病であったことは、何世紀にもわたりこの病気に与えられてきた「兵士の心臓」、「心臓神経症」、「戦闘ストレス」、「砲弾ショック」など数々の名前が物語っている。それ以外の形態のトラウマも同様の長期的症状を引き起こすことがようやく認識されたのは、ベトナム戦争終結後、一九七〇年代の女性運動が始まった頃だ。一九七四年、研究者のアン・バージェスとリンダ・ホルムストロームは、レイプに関する最初の研究のひとつを行い、レイプ被害者が経験するフラッシュバックと悪夢が砲弾ショックの症状に類似していることを確認した。二人はこの疾患をレイプ・トラウマ症候群と名づけた。なお、心的外傷後ストレス障害という名称は、一九八〇年に発行されたＤＳＭ－IIIに診断名として初めて登場した。

ＰＴＳＤを理解することは、恐怖がいかにコントロール不能となり人の生活を混乱させうるかを理解するのに役立つが、戦争や虐待といったトラウマ的体験が引き起こす長期的恐怖と、テレビ画面で展開する架空の物語を見たことによる、不合理でありながらいつまでも消えない不安や病的恐怖を真に対比するのは難しい。やや不快なものであれ生活を脅かすようなものであれ、恐怖は感情学習から自然に生じる結果だ。では、その学習はどのようにして始まるのだろうか？

人はどのように恐怖を抱きはじめるのか？

恐怖心は自然に生まれるものではない。恐怖心を抱くのは、あなたが害になりそうなものを避けるのを助けるためだ。それはときに不合理で、あまりにも増幅されてしまうと、健康的な生活に役立つどころかむしろ害になる。だが、そもそも恐怖心はどのようにして起きるのだろうか。

私たちがどのように恐怖を経験するかは、生まれか育ちかの問題ではない。ほとんどの物事がそうであるように両方の組み合わせだ。大きな恐怖反応を示しやすい傾向があるかどうかや、それらの恐怖体験をどれだけうまく克服できるかには遺伝的要因が影響している可能性があること（のちの章で詳しく触れる）、また、もっとも一般的な恐怖心のいくつかは人間のなかで脅威への適応として進化したらしいことが科学的に認められている。しかしそれ以外では、私たちが恐怖を抱くようになるうえで社会的学習が大きな役割を果たすことになる。

私たちが恐怖をどのように学習するのかを理解するには、まず学習について知ることから始めるといいだろう。恐怖の学習は、何かを学んでいると自覚せずに起きることが多い。さらに、恐怖学習に付随する強い感情によって、時の試練にも耐えうる非常に強烈な記憶が形成される。

考慮すべき有用な学習理論は、ピアジェの認知発達理論である。なぜなら、この理論は学習を発達段階ごとに明確に分けているからだ。発達段階に応じて、私たちはまわりの世界を理解し、推論を働かせる方法を学び、抽象的な概念や具体的な概念について考える。ピアジェの理論では、四つの基本的な発達段階が次のようにまとめられている。

1．感覚運動期。幼児期から言語発達期にかけて、自分はまわりの世界とは異なる別個の存在であること、目に見えない状態でも物が存在することを学ぶ時期（この段階ではまだ、いないいないばあは楽しく刺激的な遊びだ）。

2．前操作期。七歳頃まで続き、ごっこ遊びをし、まわりの世界の仕組みや理由を知りたがる時期。自分と他者の視点の違いを区別するのが難しいかもしれない。物事を推論できるが、その推論はアニミズム（無生物にも感情や意欲があると考える）などの現象または転導推理（具体的だが無関係な二つのものに因果関係を作り上げる。たとえば犬の声を聞いた後にドアがバタンと閉まったことで、ドアが閉まったのは犬が吠えたからだと考える）に陥りやすい。

3．具体的操作期。七歳頃から始まり、試行錯誤を通じて、または自分の意見を持って、それを試すことで問題解決ができるようになる時期。この段階ではまた、自分が世界の中心ではないことを認識し、ほかの人々の意見や気持ちを考慮できるようになるはずだ。

4．形式的操作期。一一歳頃から始まり、より抽象的な概念を扱い、現実よりも仮説に基づいた「もし〜なら」という問題に取り組むようになる時期。自分の行動の結果や起こりうる展開を予測することができる（もっとも、まだこの時点ではプレティーンまたはティーンエイジャーなので、適切な判断ができるとは限らない）。

そうなると、〝怖いもの〟を見たときに何歳だったかが、その恐怖がどれだけ続くかに影響するのだろうか？　そうとは言い切れないが、何に恐怖を覚えるかには影響するかもしれない。七歳未満くらい（前操作期）ならば、必ずしも現実的な脅威ではないものに恐怖を感じる可能性が高い。何かを怖いと思うのは、それがやかましかったり、大きかったり、すぐ目の前にあったりするからだ。同様にこの年齢層は、怖そうに見えるという理由だけで、まったく脅威ではないものも怖がるかもしれない。八歳ぐらいから一一歳（具体的操作期）は、病気や死、戦争など、より現実的な脅威をもっとも怖がる可能性が高い。

インディ・ジョーンズのヘビ回避研究のバリエーションとして、ウィルソンとカンターは、「ほとんどのヘビは毒を持たない」など、ヘビに関して安心させるような情報を学生たちに与え、ヘビがいる井戸のシーンへの反応に影響するかどうか実験した。すると年齢が上の子どもはこの情報に安心する傾向があったが、幼稚園児は「毒を持たない」の「毒」という言葉にこだわり、「持たない」の部分は完全に聞き漏らしてしまいがちだった。結果として、その情報を与えなかった場合以上に恐怖を示したのだ。想像はつくと思うが、就学前の子どもにスクリーンに映し出されているものは現実ではないと告げるのも、あまり効果的な方法ではない（そこでウィルソンとカンターは、これを裏付ける研究も行った！）。

ある有名な――そして反倫理的なことで悪名高い――恐怖条件付けの実験が一九二〇年代に行われ、そこには「アルバート坊や《リトル・アルバート》」と呼ばれた赤ん坊が関わっていた。心理学者ジョン・B・ワトソンと彼の教え子である大学院生ロザリー・レイナーは、赤ん坊に恐怖症を発症させたかった。大きな音や予期せぬ騒音、たとえば背後にある鉄骨をハンマーで叩く音などが赤ん坊の恐怖反応を引き起こすことを知っていた二人は、その音と、赤ん坊が自然に怖がるはずのないものを組み合わせることにした。そしてアルバート坊やを無害な白ネズミ（彼はネズミを怖がらなかった）と遊ばせ、途中で鉄骨を叩いて彼を怖がらせた。パブロフの犬の実験で知られるように、このとき古典的な条件付けが働く。やがてアルバート坊やは、小さなネズミのお友だちが連れてこられると、怖い音がしなくとも恐怖心を示すようになった。それればかりか、ネズミ以外にもウサギや犬、サンタのお面をつけた人など、毛に覆われたものを恐れるようになったのだ。特定の元凶ではなく、それと同類のものがトリガーとなって反応が引き起こされるこの現象を刺激般化《はんか》という。

ホラー映画は、無条件に恐怖反応を引き起こすもの（人は襲ってくる動物とその獰猛な顎を自然に恐れる）と、私たちが恐怖と関連付けた刺激（白いホッケーマスクなど）の両方を利用して恐怖心を煽る。さらに、ホラー映画は私たちを条件付けし、新たな恐怖と結びつけさせるのがじつにうまい。もしあなたが刺激般化を経験できれば、映画を恐ろしくしているものと現実世界で出くわしたときに、映画ほど強烈ではなくとも似たような恐怖を味わうかもしれない。たとえば『ＩＴ／イット』や『ＩＴ／イット〝それ〟が見えたら、終わり。』を見れば、急にすべての下水溝の鉄格子や排水管に不安を覚えるようになるだろう。あるいは『マングラー』（95／トビー・フーパー監督）を見たなら、あらゆる洗濯機に不快感を覚えるだろう。裏を返せば、ホラー映画における脅威は実生活でも遭遇しうる脅威とよく似ていることが多いため、私たちは映画を見ているあいだに恐怖反応に近いものを経験することになる。刺激般化は恐怖反応だけに当てはまるわけではなく、（ホラー映画の鑑賞体験に有用な）嫌悪感から（おそらく、さほど有用ではない）喜びまで、ほぼあらゆる感情を引き出すのに役立つ。

また、学習した情動反応を「プライミング」〔先行する刺激が、後続する刺激の処理に影響すること〕と捉えることも可能だ。活性化拡散理論が示すように、私たちは先行して与えられる連想概念を通じて特定の情報をたぐり寄せる。たとえば連想ゲームをしていて「赤」という単語が与えられたとする。あなたからどんな言葉が返ってくるかを私はおそらく予測できないだろう。けれども、もし私が「液体」という言葉を事前に与えていたら、あなたが「血」と答える可能性ははるかに高まるかもしれない。

ホラー映画に対する誰かの反応を予測するには、映画を見る直前の状況において、また個人的な記憶の点で、その人がどのようにプライミングされているかを見ればいい。『13日の金曜日』を見ようと決めた人がいるとしよう。その人はスラッシャーやスプラッターはもちろん、ホラー映画というものを一度も見たことがない。『13日の金曜日』は血みどろの映画で、人が大勢刺し殺される。ナイフが人を刺せる危険なものであることをその人が知らなかったなら別だが、すでにその人の中では、ナイフは脅威の象徴、血は潜在的に人を動揺させるものの象徴として記憶されているはずだ。ジェイソン・ボーヒーズ（の母親）がティーンエイジャーを次々に刺し殺すのを見れば、その記憶が呼び覚まされるだけでなく、映画を見ているあいだに行われたネガティブな関連付けによって強化される可能性が高いだろう。同様に、その人はこの映画から新たな刺激と関連付け（たとえば、サマーキャンプ＝不気味）を得るだろう。そのため、（ホラー映画は一本見れば十分だと判断しなかったと仮定して）次に同じような刺激を与える映画を見たときには、再びネガティブな記憶の関連付けが起きるかもしれない。

恐怖を記憶し、ネガティブな関連付けを行って未来の経験に持ち越すよう自身を条件付けるのは簡単だ。では、同じように簡単に恐怖を忘れることもできるのだろうか。そんなことが可能なのか？

注目作品
『鮮血の美学』（72／ウェス・クレイヴン監督）

一〇代のマリー・コリンウッド（サンドラ・ピーボディ）とフィリス・ストーン（ルーシー・グランサム）は〝永遠の大親友〟で、コンサートを聴きに車で町に向かっている。途中、近くの刑務所から犯罪者の一団が脱走したというニュースをラジオで聞く。マリファナを買おうと車を止めた二人は売人のジュニアと出会うが、彼は偶然にも脱走犯のひとりだった。マリーとフィリスは彼のアパートまでついていき、そこで残りの脱走犯に監禁され、恐ろしい拷問を受ける。誰にとってもハッピーな結末はない。

『鮮血の美学』はウェス・クレイヴン監督のデビュー作だ。ベトナム戦争とマンソン・ファミリーによる連続殺人事件の余波の中で公開され、リアルな暴力を容赦なく描いたタイムリーな作品だった。そこには超自然的なモンスターも、ゴーストも、エイリアンも、ポッド・ピープル（人間の身体を乗っ取る宇宙人）もいない。あるのはただ、人間から人間に加えられる暴力だけ。

『鮮血の美学』はR指定を獲得できず（X指定されていた）、何度大幅な修正を加えてもだめだった。修正によって映画はもはや本来の物語を失い、意味をなさなくなっていた。製作を担当したショーン・S・カニンガムは失望し、廊下を通ってR指定の映画を作ったばかりの誰かのところに行くと、「この映画はR指定です」と書かれたバナーを手に入れた。こうして、まだ付与されていないバナーをオリジナル版の映画に挿入して送ったが、MPAAは何も気づかなかったという。

公開時、当然ながらこの映画のマーケティングは暴力性の宣伝に大きく偏ったものになった。もっとも記憶に残るのは、「気絶したくなければ、繰り返し唱えよう。これはただの映画……ただの映画……ただの映画」というキャッチフレーズだ。これはきわめて優れたマーケティング手法で、形を変えて幾度となく踏襲されてきた。このメッセージはまた、重要な問いを投げかける。ただの映画だと自分に言い聞かせることは、実際に役立つのだろうか？

自分は映画を見ているのだと理屈ではすでに理解しているにもかかわらず、スクリーンに映っているのは「ただの映画」だと自分に言い聞かせることは、目に映る脅威や不安な情報から意識的に距離を置くための行為だ。こうすることであなたは大局的に情報を再評価し、その感情的意味をより具体的に認識できるようになる。そうなると今度は、その題材に対する扁桃体の反応が弱まるかもしれない。もっとも、情報から距離を置いて再評価する能力を誰もが同じように持っているわけではない。不安障害がある人たちは、情報を危険なもの、害をもたらすものと解釈しがちだという偏見がすでに存在するが、彼らは一歩引いて見たり、脳がすでに脅威と判断した情報を無害なものとして再評価したりすることが難しい傾向がある。

『鮮血の美学』のキャッチフレーズは、マーケティングの専門家が妻と一緒にこの映画の一場面を見ていたときに思いついたものだと言われている。スクリーン上で繰り広げられるマリーとフィリスへの暴力を見ずにすむように、しょっちゅう目を覆ってばかりいる妻に、「これはただの映画だ」と彼は言い聞かせていた。
はたして、その方法はうまくいったのだろうか。

どうすれば恐怖心がなくなるか？

怖い映画を見るのが好きだからといって、エンドロールが終わった後も恐怖を感じつづけたいとは思わないだろう。では、どうすれば恐怖に怯える気持ちを振り払えるのだろうか？　ここからは、あなたのお気に入りの対恐怖戦略について科学的に見ていこう。

とにかく考えないこと

あなたはベッドに横たわり眠ろうとしているが、その日に見た映画のひときわ恐ろしい瞬間が何度も頭によみがえってくる。実際に見ているときは怖くなかったのに、いま暗闇のなかでひとりになり、ほかに気を紛らわすものもなく、あなたの思考はそれにかかりきりだ。思い出したくないのに、怖い映像がずっと頭に浮かんでくる。とにかく怖いもののことは考えずにほかのことを考え、眠りにつかなければいけない。

そうは言っても、簡単にできるものではない。

侵入思考、すなわち考えようとしていないのに考えてしまうのはＰＴＳＤ体験の特徴だ。侵入思考は前触れもなくやってきて、追い払うのが難しく、それを経験する人に対してとてつもない破壊力を持ちうる。ホラー映画を見た後もなかなか消えない恐怖はけっしてＰＴＳＤ体験に匹敵するものではないが、侵入思考のメカニズムを理解することは、怖い思いをしたときに脳で何が起きているのかを知る手がかりを与えてくれるかもしれない。

侵入思考は、反芻《はんすう》と呼ばれるもうひとつの危険な思考形態に傾く可能性を秘めている。反芻とは、心を苛《さいな》む何かに繰り返し意識を集中させることで、その原因や起こりうる結果に執着することは言うまでもない。反芻は、うつ病に特有のネガティブな思考スパイラルを引き起こすのと同じメカニズムだ。自分の思考に行き詰まると問題解決ができなくなり、ネガティブな気持ちが増幅し、そのことばかり考えてしまう。ウシが胃から口へ戻した食べ物を咀嚼するように（ウシは反芻亜目に属する）、あなたの脳は同じことを何度も何度も考えつづけて前に進もうとしない。

ということは、いつまでもその考えにとらわれず、考えないようにすればいい。あなたは能動的にその考えを抑制できるのだから。『ジンジャー スナップス』の台詞を借りるなら、「自分の考えが気に入らないなら、考えなきゃいい」。抑制は感情制御プロセスのひとつの選択肢だ（これは抑圧とは異なる。抑圧は防御機構として解釈されるもので、トラウマになった記憶がその原因である出来事から切り離され意識下に押し込まれることで一種の記憶喪失が起き、トラウマを経験した人を防御することを指す。これは精神分析理論の基本要素のひとつだが、じつを言うと、最新の心理学理論では、トラウマに対処するための抑圧モデルはあまり支持されていない。映画ではそういう話がまことしやかに語られるが、本当に抑圧が起きたとしても、それはごくまれなケースなのだ）。

抑制が行われる場面を『ジンジャー スナップス』から拾ってみよう。あなたはブリジット・フィッツジェラルド（エミリー・パーキンス）で、姉のジンジャー（キャサリン・イザベル）が人狼に襲われて感染したという事実に向き合っているとしよう。その攻撃によって、二人のあいだには生理的にも感情的にも溝ができてしまった。姉が文字通りモンスターに変わっていくのもさることながら、攻撃されるまではいつも一緒で大の仲良しだった二人のあいだに距離ができていくことには気持ちの折り合いがつかない。あなたはなんとか恐怖心を抑えて姉に寄り添おうとし、ほぼ黙認しながら助けようとする。姉が進路指導教員を殺したと知ったあなたは、自分にとっても明らかに危険だとわかっていながら、死体を隠すのを手伝う。

この状況に対する感情制御では大脳辺縁系が活動するのがわかるが、ほかにも次のような脳の領域が関与する。

- 上側頭回、角回、そして補足運動野は、脳の〝考える〟部分である前頭皮質からの情報を処理するのに重要な領域だ。
- 前頭前皮質は注意の処理に関与している。
- 腹外側前頭前野は重要な信号の発信や、感情的な衝撃の発生に関与する。
- 前帯状皮質は情動的情報を統合して伝達し、感情を引き起こす。

『ジンジャー スナップス』（00／ジョン・フォーセット監督）

机に突っ伏した進路指導教員の死体を見たブリジットの腹外側前頭前野、補足運動野、角回、そして上側頭回は、扁桃体から情動的情報を受け取る。次に腹外側前頭前野で状況の評価が始まり、感情制御が必要かどうかが検討される。このケースでは必要だ。ブリジットは恐怖心を抑え、ジンジャーが死体を隠し後始末をするのを手伝わなければならない。この決意から伝わる情報が次に前頭前皮質に投入され、そこで実際に感情制御が起きる。そして最後に前頭前皮質から前帯状皮質を経て扁桃体、補足運動野、角回、上側頭回に信号が送られて、状況に対するブリジットの行動と生理的反応が引き起こされる。

言うまでもないが、抑制の難点は、短期的には状況を乗り切れても継続的な解決にはならないということだ。抑制は表面上の行動反応を弱めるかもしれないが、感情体験を止める役にはいっさい立たない。抑制とは苦痛を感じる思考や行動を避けることであり、苦痛を引き起こすそもそもの原因に対する実際の対処ではないのだ。そのうえ、抑制は記憶力を低下させ、ストレス要因に対する生理的反応を増大させてしまう可能性がある。ブリジットの場合、死体隠しを手伝える程度には恐怖心を抑えられたのかもしれないが、それでもなお、人狼となった姉のことを明らかに恐れている。

ほかのことで恐怖心を紛らわす

ホラー映画を見た後は、すぐにほんわかした気楽なコメディ映画を見るか、寝転がって当たり障りのない本でも読むのがいいだろう——さっき見た怖い映像を忘れられるように、ホラーとはほど遠い軽めのテイストのものならなんでもいい。この方法は、やってみる価値があるかもしれない。

二〇〇九年、エミリー・ホームズとその研究チームは、トラウマとなる衝撃的な出来事を経験した人にフラッシュバックが起きるのを早期に予防する「認知的ワクチン」として、テトリスで遊ぶことを提案した。これは記憶の固定化、すなわち脳が短期記憶を長期記憶に変換して保存するプロセスは、出来事が起きて数時間以内に揺さぶられることにとくに敏感だという発想によるものだ。彼女はさらに、脳が一定の時間で固定化できる記憶には限りがあるため、トラウマ的な出来事の感覚記憶は、それに匹敵するほかの感覚情報を投入できれば固定化の候補から排除できると示唆している。ホームズが最有力の対抗馬としてテトリスを挙げたのは、それが心的回転〔心の中で行う図形の回転〕を必要とするからだ。テトリスは空間視覚的に大きな混乱をもたらす。長時間遊びすぎた経験があるなら、ようやくほかのものに注意を向けたとき、テトリスに似た奇妙な歪みがあらわれるのに気づいたことがあるかもしれない。たとえば本を読もうとしたら、ページ上で文字が回転しているように感じられたのではないだろうか。

ホームズの研究に参加した人たちは、まず気分評価を含む基礎評価を受け、次に生々しい映像を二〇分間見た。この映像には人間の手術の様子や、実際の事故や溺死の場面が含まれていた。その後参加者は気分の再評価を受け、三〇分間つなぎの活動をした後で、今度はニュートラルな映像を見せられたが、それは前に見たトラウマ映像からニュートラルな部分を抜き出したことがわかるものだった。次に、参加者はテトリスをするグループと何もせずじっと座っているグループにランダムに振り分けられた。すると最初のテストでも一週間後のテストでも、テトリスをしたグループにはフラッシュバックを訴える人が少なく、PTSDの兆候を臨床的に診断するのに用いられる「出来事インパクト尺度」の点数も低かった。

テトリスと同様に、怖い映画を見た直後に好きなコメディ番組を一エピソード見ておくと、後で眠りにつこうとしたときに恐ろしい映像が思考に割り込んでくるのを防ぐのに役立つかもしれない。ただし、コメディ番組から得る感覚情報がホラーのそれと互角の破壊力でなければならないため、必ずしもうまくいくとは限らない。テトリスのパーツを回転させようとするときの脳の忙しさと、コメディ番組に集中するときの脳の忙しさを比べてみてほしい。あなたの脳は、怖い記憶を脳が受容できる形に変換するのを〝忘れる〟くらい何かに夢中になる必要がある。だから、その何かは賢く選ぼう。

恐怖を頭から追い出す訓練をする

人間はつねに情報に晒されている。そこには情動的なものもあれば危険なものもあるが、概して日常的に見たり、嗅いだり、聞いたり、味わったり、触れたりするものの大半はニュートラルで無害だ。それが特別な朝食だったとか、毎日同じものを食べているのでない限り、あなたが先週の火曜日の朝食に何を食べたかを覚えている可能性は低いだろう。その情報には、記憶に留まるための感情の糊《のり》がついていないからだ。

感情に強烈に訴える瞬間や強い脅威となる瞬間の効力も中和されうる――それは、そうした瞬間に頻繁に遭遇し、もはやそこからポジティブな連想もネガティブな連想も生まれなくなった場合だ。この中和プロセスは馴化として知られる。

ここで改めてアルバート坊やの実験を振り返ると、もし条件付けが解除されていたなら（倫理的にはそうすべきだった）、彼は恐怖実験で経たのと逆に見えるプロセスを辿っただろう。研究者たちは彼に安全でニュートラルな空間を提供し、毛に覆われた白い刺激に少しずつ触れさせる。そこでは厄介な出来事や騒音がけっして伴わないことが重要だ。そうすれば、やがて彼は実験室のネズミのようなふわふわした白いものに関わっても恐怖反応が起きなくなっただろう。

教え込まれた反応がなくなれば、それは消去されたと言える。消去と馴化はよく似た概念だ。消去は、アルバート坊やの恐怖心のように教え込まれた反応の消滅を意味し、一方の馴化は、たとえば風船が割れたときにびっくりして飛び上がるような自然な反応の消滅を意味するが、このときあなたがもし、たくさんの風船が次々に破裂する部屋にいたなら、驚愕反応は小さくなるかゼロになるだろう。あなたにとって風船の割れる音は驚かせるもの、ぎょっとさせるものではなくなり、そうした反応を引き出す効果が急速に弱まるにつれて完全に反応しなくなる。消去にはしばらく時間がかかるかもしれない。恐怖心とは本来、私たちを危害から守るためのもので――それを忘れるには長い時間がかかるのだ。しかし、少なくとも不可能な試みではない。

ここでざっと復習しておこう。ルドゥーが提唱した永続する恐怖の二重経路モデルによると、扁桃体に保存されている情動記憶へのアクセスはほとんど反射的なものでなかなか変化しにくいが、海馬に保存された認知的な〝情報〟の記憶は更新されやすい。しかし、より新しい研究はこのモデルに疑問を呈し、それが複雑な情動的学習で得られたものであっても特定の行動を修正し、消去さえできる能力が脳には自然に備わっていると示唆している。これを行うプロセスは記憶の再固定化として知られている。こんな話を聞いたことがあるかもしれない。何かを思い出すときは、本来の出来事をその都度思い出すのではなく、最後に回想したときのことを思い出すのだと。これはプロセスの要点をうまく捉えているが、記憶の再固定化をより正確に描写するなら、記憶とは進行中のプロセスだと言えるだろう。最初に経験した事実、個々の要素、感情、感覚はすべてひとつの記憶として固定化され、あなたがそれを取り出すまで保存される。取り出された後は再固定化、符号化されて、「名前を付けて保存」のように脳に再び保存され、以前の記憶は削除される。このように、記憶は思い起こされるたびに編集と修正を経て再構築される。社会学者で恐怖研究者のマージー・カーは、また別のすばらしい譬えを使って記憶の再固定化を説明している。「お気に入りの料理を作るようなもの」――つまり、同じ材料を使い同じレシピで作っても、毎回少しずつ味が違うということだ。

忘れたい記憶や、せめて薄れてほしい記憶があるなら、これは朗報だ。思い出して再固定化するたびに、その記憶を修正したり、感情の引き金となりにくい形で保存されるように再固定のプロセスに介入したりするチャンスが得られるからだ。ホームズの研究で示されたように、これはテトリスなどで気を紛らわす方法で達成できる。情緒的なインパクト（研究者のあいだでは「サリエンス（顕著性）」と呼ばれる）が薄れるまでニュートラルな形でその記憶に立ち返る、あるいはさまざまな癒しのツールを使うなど、個々のニーズに応じたもっとも効果的な方法を用いればいい。

このほか、記憶の再固定化を化学的に阻害する方法の研究も行われている。一般に血圧を下げるのに用いられるベータ遮断薬には、記憶をそれに関連する強い感情から切り離す作用がありそうだということがわかっており、PTSDを持つ人々は、症状を感じたときに服用すると効果が得られる。PTSDのフラッシュバックが起きる際、思い出している記憶は柔らかく変造しやすい状態に戻りつつあるため、この段階で薬を投入すれば記憶が再び保存されるのを阻止できるのだ。ここでは記憶を呼び起こすことと恐怖を感じることは切り離すべきで、その効果は動物実験では非常に大きいのだが、PTSDを持つ退役軍人を対象にした臨床試験では結果がまちまちだった。

治療法としての可能性はあるものの、このような方法で記憶に介入することを誰もが倫理的と考えるわけではない。薬剤は特定の記憶を選んで消去するのではない――『エターナル・サンシャイン』（04／ミシェル・ゴンドリー監督）に出てくるラクーナ社の記憶除去手術のように、いらない記憶だけを選んで消せるわけではないのだ。そうではなく、記憶に付きまとう感情を鈍らせてくれる。そのような感情は記憶の重要な一部なのだから失ってはいけない、むしろその感情をうまくコントロールする別の治療法を開発するべきだと主張する人々もいる。また、このような薬剤の使用は感情の想起を妨げるだけでなく、記憶された出来事の詳細を曖昧にしてしまうという研究結果を引き合いに出す人々もいる。この治療によって記憶に苛まれることはなくなるかもしれないが、たとえば、治療を受けた人物が裁判のために出来事の詳細を思い出すよう求められたような場合には、個人的にも法的にも大きな影響が出る可能性がある。さらにまた、この治療法の乱用の可能性を指摘する声もある。軍関係者が兵士に対し、恐ろしい行為への感覚を鈍らせるために用いるといったケースだ。

この世はとても怖い場所で、厳密に言えばあらゆるものがリスクとして解釈できるのだから、脳には馴化や消去の能力があることに感謝しなければならない。馴化が行われなければ、私たちは四六時中休みなく厳戒態勢でいなければならないだろう。

怖さを台無《スポイル》しにする

ホラー映画の悪影響を回避するもうひとつの方法は、予防策を講じることだ。明かりをつけた状態で見る、昼間に見る、友だちと一緒に見るなど、予防にはさまざまな形がある。念入りにあらすじを読み、何が起きるかを把握したうえで見てもいいだろう。

とはいえ、そういう方法は本当に効くのだろうか？

明かりをつけてホラー映画を見るといった対策は、つまるところ環境をコントロールするということだ。スクリーンに映し出される未知の不吉な映像に対処するなら、せめて周囲の環境をできるだけ脅威のないものにすることはできる。ちなみに、暗闇の中で映画を見ると恐怖を感じやすいことはすでに学んだ。もしあなたが怖がりなら、暗い部屋にいる必要はないし、ましてや夜に、物陰に何が潜んでいるかわからない暗い家にいる必要などない。部屋が明るければ、あなたの脳が厳戒態勢になって脅威を探していても、見ればすべてが安全だとわかるだろう。

画面の大きさが映画鑑賞体験に与える影響については、かなり多くの研究がなされている。映画は一般的に大型スクリーン用にデザインされ、劇場で最大の効果を発揮するようにできている。ホラー映画に関しては、画面が大きければ大きいほど恐怖反応も大きいことが予測されているが、これは観客が劇場の音響効果に加え、実物大よりも大きく、より詳細な視覚体験に直面するからだ。ということは、恐ろしい映像が不安ならば、テレビやノートパソコン、スマートフォンといった小型の画面で見ることを検討するといい。そうすれば細部はごく小さく、見えにくくなり、画面から離れて座れば没入感もかなり減るだろう。ただ、ひとつだけ忠告しておくと、ヘッドホンをつけて見るのは要注意だ。音が耳に直に注ぎ込まれるので、結局は映画のサウンドスケープが周囲に広がっていくような感覚に陥りかねないからだ。

友だちがそばにいてくれることも、文字通り「みんなで見れば怖くない」という意味で予防策となる。たったひとりで立ち向かうよりも、あなたは脅威から守られている。それに、怖い映画を見るなら誰かと一緒のほうが楽しめる。また、良くも悪くも、家よりも映画館で見たほうが効果は大きい。大勢の人のリアクションに触れることで怖い瞬間がより怖くなるのは確かだが、多くの人が断言しているように、満員の劇場でホラー映画を見るという経験を共有することが緊張感をほぐすのにも役立つのは、悲鳴の後ではよく笑いが起きるからだ。

スポイラー（ネタバレ）は、実際の映画の怖さを抑制する手段のひとつだ。とはいえ正直なところ、映画全編の詳しい解説を探さなくてもスポイラーに触れることは十分に可能だ。多くの場合、予告編を見るだけでいい。

近頃、優れた予告編にはめったにお目にかかれない。映画の主要な宣伝ツールである予告編は、それ自体が芸術作品だ。そして芸術の多くがそうであるように、予告編を効果的なものにするには一定レベルの熟練の技が必要となる。ホラー映画の予告編だけが悪いのではないが、必要な芸術性を欠いている点でそれらは最悪の部類に入っている。劇場の客席を埋めたいばかりに、ホラー映画の予告編のほとんどが、モンスターや最大の怖い見せ場を明かしてしまうのだ。これにはがっかりさせられる。実際に映画館に見に行ってみたら、本編はたんに予告編を引き伸ばしたものにすぎず、盛り上がるシーンはすでに全部知っていると気づいたときは本当にがっかりだ。あなたは、映画の予告編を見て「何が起きるか、もう全部わかった」と思ったことが何度あるだろうか？

二〇一八年に公開された『サスペリア』（ルカ・グァダニーノ監督）のアメリカ版予告編は、ひとりの女生徒がダンスアカデミーでの経験を心理療法士に打ち明けるシーンで始まる。二分半のあいだに、私たちは前提と場所を確立し、おもな登場人物に出会い、誰が悪者なのかをはっきりと告げられ、彼らが悪魔的な何かとつながっていることを知る。美しいシークエンスとナレーションを通じて、危険に晒されるダンサーの姿を何度も見せられ、インストラクターたちがダンスアカデミーの壁に秘密を隠していることが明かされ——さらにまた、秘密の通路まで見せられる。これとオリジナル版『サスペリア』のアメリカ版予告編とを比べてみてほしい。こちらは女性が髪をとかし、花で飾るシーンで始まる。女性が振り向くと、それがじつはかつらをつけた頭蓋骨だと判明するのだが、ちなみにこれは本編とはまったく関係がない。予告編の残りはスージー・バニオンが怯えた様子で廊下のようなところを駆け抜けるシーンで構成され、途中でタイトルを差し挟みながら、映画の最後の一二分間がいかに恐ろしいかを警告するナレーションが入る。それ以外、これが舞踊団に見せかけた魔女集団を描いた映画であることを示すものは何もない。

予告編には、本質的に怖いものとそうでもないものがあるのだろうか？　なかには、明らかに映画の重要な要素を明かしてしまっているものもある。何が起きるかを知ることは本当に大事なのだろうかと、あなたは疑問に思うだろう。実際に映画を見る前にスポイラーやレビュー、プロットの概要を読むのはどうなのか――中身を知ると怖さは薄れるのだろうか？

キンバリー・ノイエンドルフとグレン・スパークスはある研究で、大学生のグループにホラーの傑作である『悪魔のいけにえ』と『ナイト・オブ・ザ・リビングデッド』を見せた。学生たちには前もって、その映画に関して少ない、中くらい、多いのいずれかの量の警告が与えられた。たとえば『悪魔のいけにえ』に対する〝少ない〟量の警告は、「これからご覧いただく映画は、アメリカ映画協会によってR指定されています。『悪魔のいけにえ』と題されたこの映画は、一九七四年にトビー・フーパー監督によって制作されました」というものだった。〝中くらい〟の警告には、「現代のこのホラー映画には、殺人や手足の切断等の暴力シーンが含まれます」という文言が、そして〝多い〟量の警告にはさらに、「この映画の重要なシーンのひとつには、チェーンソーを振り回す覆面の狂人によって真っ二つに切断される対麻痺患者が登場します」という文言が加わった。

この研究では、これらの警告が観客が報告した映画鑑賞中の恐怖感や楽しい気持ちになんらかの影響を与えたかどうかはわからなかった。実際に影響を与えたのは観客が映画を見る前から抱いていた恐怖心であり、『ナイト・オブ・ザ・リビングデッド』では死体への恐怖心の影響がとくに顕著だった。このような影響は、鑑賞者が以前にその映画を見ている場合にも存在した。このことは、恐怖心が特定の手がかり（刺激）と結びついていると、それを映画という形で目にしたときにもある程度の恐怖を経験しがちだという説を裏付ける。さらにまた、すでに恐れているものがホラー映画という恐ろしい文脈のなかで提示されているのだから、その存在に怯えるのは（絶対にそうなるとは限らないとしても）至極当然のことなのだ。

しかし、スポイラーにはなんの効果もないと決めつける前に、（全編ではなく）もっと短い映像を使ってジョアン・カンターが行った同様の研究を見てみよう。彼女が与えた事前の警告は文字ではなく音声によるもので、伝える内容にもノイエンドルフとスパークスの研究以上に大きな差をつけていた（ノイエンドルフとスパークスも研究の中で、差が十分でなかったことを認めている）。おそらくスポイラーの伝え方の差が重要だったのではないだろうか。なぜならカンターの研究では、報告された恐怖感が警告によって実際に強まったからだ。

スポイラーの影響については一貫した研究結果が得られなかったが、ホラー映画でも馴化は免れないと言えるだろう。だから怖いシーンを見ても、そこに出てくる何かに本気で怯えているのでない限り、最初は飛び上がるほどの恐怖を覚えても、繰り返し見ているうちにそれほどではなくなってくることが多い。ホラー映画は何度見ても楽しめるだろうが（たいていはそうだ）、普通は怖くない。同じように、映画の予告編で怖いシーンを見ると、それが恐怖への最初の接触となる。本編で再びその恐怖を目にしたあなたは座席で飛び上がるかもしれないが、それは緊張感を高めるほかのテクニックの効果であり、実際には見覚えのあるそのシーンを見ても、扁桃体が興奮して反応するほどの目新しさは感じない可能性が高い。

ただ、スポイラーが逆効果になるリスクもわずかに存在する。スポイラーで主要な恐怖シーンをすでに知った場合、あなたは映画のあいだじゅう、そのシーンが出てくるのを今か今かと待ち構えて無意識のうちに緊張感を高め、自分自身を驚きやすい状態にしてしまうかもしれない。そしてもちろん、どのような恐怖の記憶を映画館に持ち込むかは、スポイラー以上に大きな影響をもたらすだろう。もしチェーンソーにまつわる苦い経験がある人が『悪魔のいけにえ』を見れば、たとえ映画の中身をすべて把握していたとしても、チェーンソーを見たことのない人に比べて強烈な嫌悪感を覚えるはずだ。

ホラー映画を見るのが好きだとしても、恐怖感がなかなか消えないリスクはつねに存在するし、それは長いあいだ残りつづけるかもしれない。明かりをつけて鑑賞する、見終わった後でテトリスをするといった方法は恐怖感が居座らないようにするのに大きく役立つかもしれないが、ほんの一、二時間座って怖い物語を見るためにそれをするのは大変だと思わないだろうか？　当然ながら、ホラーファンである私たちはこのジャンルが大好きで、縮み上がるほどの恐怖を楽しんでいる。けれども、ほかの趣味に当てはめて想像してみると——たとえばあなたの友人が、悪夢を見ないように昼間は友だちと一緒にずっとクロスステッチ刺繍ばかりしていると言ったなら——馬鹿げて聞こえるだろう。私たちは眠れなくなるのを承知のうえで、あえて不眠に直面しながら恐怖を楽しんでいる。いったい何がそこまでホラーを魅力的なものにしているのだろうか？

インタビュー

メアリー・ベス・マッカンドリューズ&テリー・メスナード

メアリー・ベスはホラー・ジャーナリスト、ホラー映画サイト〈Dread Central（恐怖の中心）〉の編集長。ファウンド・フッテージ映画、レイプ・リベンジ映画のほか、ホラー映画におけるジェンダー表現にも注目している。テリーはクリエイター、ホラー系の映画やテレビ番組をクィアな視点で捉えたサイト〈Gayly Dreadful（愉快な恐怖）〉の編集長。

メアリー・ベスとテリーは、〈Scarred for Life（一生消えない傷）〉というポッドキャストの共同ホストを務める。これはホラー映画界のあらゆる分野のクリエイターが出演し、幼少期に大きな影響を受けた映画について語るもので、ゲストのなかにはライターもいれば（私も招かれ、『リトル・ショップ・オブ・ホラーズ』［86／フランク・オズ監督］とそこに登場するオードリーⅡに対する生涯消えない恐怖心を分析した）、映画監督もいる。ブランドン・クローネンバーグは『ポルターガイスト』を深く掘り下げ、ナタリー・エリカ・ジェームズは『箪笥』（03／キム・ジウン監督）を取り上げた。このポッドキャストはまた、ゲストがホラーへの情熱やこの世界に入るきっかけとなったものを探求する場でもある。それは「ホラーの世界を旅した誰かが歩んだ人生の縮図」だとメアリー・ベスは私に語った。

――このプロジェクトを始めようと思ったきっかけについて、少し聞かせていただけますか?

メアリー・ベス　それが面白いことに、テリーのツイートなの。「やあ、すごくいいポッドキャストのアイデアが浮かんだよ」って。私が「そのアイデア、私が何年も前に考えたのと同じ。でもひとりだったし、やり方もわからなかったから実現しなかった」とメッセージを返したら、彼が「じゃあ、二人でこのポッドキャストをやろうよ」って言って、やることになったわけ。

テリー　うん、そうだったね。たしか――誰かが『アラクノフォビア』（90／フランク・マーシャル監督）のことを語っていて、「ああ、あれはたしかに怖かった。マジで一生消えない傷が残ったな」と思ってそれをツイートしたら、「そうそう、あの映画も、この映画も……」っていろんな人から反応があって、「このポッドキャストはいけるぞ」と思った。

ぼくの視点で言うと、すべての始まりは、〝傷を残した〟映画っていう発想にみんなが反応しはじめたこと。ホラーファンを結びつけているのは、まさにその幼少期に感じた恐怖だと思う。幼い頃の感覚があるからこそ、多くの人がそれを頭の中で再現しよう、あるいは何度も何度も味わおうとしている。みんなが子どもの頃に何を怖がっていたかがわかると連帯感のようなものが芽生え、そこから「そうそう、あの映画はほんとに怖かった」とか「ああ……あの映画は怖いと思わなかったけど、この映画のことを考えるきっかけになった」といった共通の話題も生まれる。ホラーファン同士のつながりって、そういうところにあらわれるんだと思う。

——〔子どもの頃に感じた恐怖を〕〝再現〟するとおっしゃったのが興味深いです。それについてもう少し詳しく教えてください。

テリー　それはまあ、こんな感じかな。三九歳になって、日々公開されるホラー映画はほぼ見尽くした……だんだん感性も鈍ってきているように思える。そんなときにふと、これはぼくの場合だけど、安全というものについての思考過程に疑問を投げかけるような映画を初めて見たときのことを思い出すんだ。というのも、それはぼくが途中で見るのをやめてしまった最初の映画だったから。外の世界は危険なんだと悟ったのは、そのときだった。

——何かの映画にまつわる心の重荷を抱えている人は、けっして少なくなさそうです。これまでの活動でどんなパターンがあることに気づきましたか?

メアリー・ベス　そうですね……私が驚いたのは、子どもの頃って、けっこうみんな同じものを怖がっているということです。それと世代間の差も少しあるのかな——まあ、世代というほどじゃないけど、テリーと私のあいだには少し年齢差があって、私のほうが年下で成長期に見ていた映画が違うので。だから私たちのゲストには、テリーが若い頃に見た映画の話題が合う人もいれば、私が若かった頃の映画のほうが合う人もいるんです。たとえばアリ・ゴンザレスは『ザ・リング』について語り、私もこの映画がすごく怖かったし、つい最近もダックス・エベイバンが『ブレア・ウィッチ・プロジェクト』について語ってくれて、私はこの映画のイントロがプリントされたTシャツを着ている……こんなふうに多くの人が似たような経験をしているなんて面白い。だって、私はすごく孤独だったんです。若い頃の私はホラー映画をたくさん見ていたけど、知り合いにホラーを見ている人なんてそういなかったから。だからトラウマ的な、心に傷が残りそうな経験をしても、それを話せる相手なんかいなかった。だからこのポッドキャストは本当に……無実を晴らしてくれたと言ったら変かもしれないけど、私が子どもの頃に怖いと思っていたものを怖がっていた子どもがほかにもたくさんいたことを証明してくれたんです。それに、ホラーが大好きで孤独を感じていた少女が自分と同じ経験を持つ人たちと出会えたんだから、それはもう心強い。Twitterでも良かったけど、このポッドキャストのおかげで仲間がたくさん集まって、思った以上に結束が強まったの。もうひとつ、最近ポッドキャストでよく話題になった面白い話があって、それは、私たちがいかにビデオショップでDVDやVHSのジャケットに惹きつけられてきたかっていうこと。これはもうさんざん語り尽くされた話なんだけれども、友人たちとも誰とも実際にこの話をしたことはないんじゃないかな。だけど私たちの多くがジャケットに惹かれ、それを見て恐怖を感じ、描かれたイメージをもとに物語を組み立てるという経験をしているわけでしょう？　それともうひとつ、前に『口裂け女』（07／白石晃士監督）という日本の映画を見たんですが、ジャケットが一生忘れられないくらい怖かった。だけど、見てみたらそれほど怖くなかったんです。でも、ジャケットが大好きで、映画そのものは見たことがないのに、それで怖いかどうかを判断していた私たちみたいな子どもがどれくらいいたのかなって思うと、とても興味深いですね。

テリー そうだね。それで思い出したんだけど……ぼくも同じことを考えていた、最近やたらと話題に上るから。それにはこういう発想が大きく関わっているんじゃないかな——ぼくたちはつい最近B・J・コランジェロと話して、そのとき彼女は自分の両親について語ってくれたんだけど、ご両親は彼女と一緒にホラー映画を見て、ぼくの両親はしなかったことをしていたそうです。それは何かというと、怖い映画だったら、終わった後も彼女と一緒にいて話をすること。映画が終わった後に頭の中で何かを生み出してしまうと、それはスクリーンに映し出されたものよりもずっと、はるかに恐ろしいものになると彼らは知っていたから。ジャケットとの関係も同じだと思う。いろんな絵柄を見るけど、そこにはなんの脈落もないわけだから。たとえば、ぼくと『ザ・デプス』(89／ショーン・S・カニンガム監督)との関係で言うなら、真っ二つに切断された男が水中に浮かんでいる。彼は古めかしいダイビングスーツを着て、身体は半分しかない。だからぼくは、この男の身に何があったのか、頭の中で全体のストーリーを作り出し、それに怯えていた。ジャケットを見て視覚的なイメージを作り上げてしまう人は、気になって、どうしても裏面のスチルも確認してしまうよね。そういえば、たしか誰かが『チャイルド・プレイ』(88／トム・ホランド監督)の裏面にある、ナイフかなんかを持ったチャッキーの写真の話をしていた。それを見た人が頭の中で勝手にストーリーを組み立てるように、文脈を知らずに作り上げたストーリーは実際よりも怖いものになる。こういう経験をする人が大勢いるのは、そんな理由もあるんじゃないかな。

メアリー・ベス　私もまったく同じ意見。なんていうか……映像を自分で作り上げちゃうから。子どもって途方もない想像をするでしょう。要するに、私たちは頭の中で独自のホラー映画を作り上げてしまうんだと思います。特にああいう絵柄を見ると。それを怖がる人もいれば、私たちみたいに魅了される人もいる。私たちは怖いと感じると同時にもっと知りたいと思うし、もっと掘り下げたくなる。みんなそうだと思います。

テリー　それで思い出すのが、ウェス・クレイヴンがよく語っていた、ホラー映画は恐怖心を生み出すものではなく、それを解き放つものだという言葉。恐怖心を解き放つことは、この世で起きていることに文脈を与えるのに役立つ――つねにそうだと思うし、ぼく自身もずっとそう考えてきた。

――ご自身がポッドキャストのゲストになるとしたら、お二人はどんな映画を選びますか？

テリー　『エイリアン』か『サイコ』のどっちかだと思う。ぼくは一九五〇年代と三〇年代のホラーを見て育った。つまりは、ユニバーサルのモンスターと一九五〇年代の宇宙人映画ということ。親父がそういうのに目がなくて。あとはヴィンセント・プライスが出る映画とか。あるとき親父が「おい、『エイリアン』っていう映画見るか？　宇宙人《エイリアン》が出てくるぞ」って言うから、「うん、見たい！」って答えた。てっきり空飛ぶ円盤とか、『地球の静止する日』（51／ロバート・ワイズ監督）とか、その手の映画だと思っていざ見てみると……食事していた男性の胸からいきなりエイリアンが出てきた、あの瞬間が永遠に頭に焼きついた。両親はテレビを消して……二人ともわくわくしたような顔でこっちを見て、ぼくを怖がらせて興奮してたんだ。ぼくが「消しちゃっていいの?」って訊いて、それで消しはしたけど、映画が安全とは限らないなら外の世界は危険だ、そう悟った瞬間だった。いつエイリアンが腹から飛び出してくるかわからないなら、何が起きるかわかったもんじゃないからね!『サイコ』も怖かった。同じく途中で見るのをやめてしまったのは、それ以上は無理だと思ったから。ところが結局どうなったかといえば、ポッドキャストでも話したように、続編を探すことになる。どういうわけか続編のほうが向き合いやすいから。そしてこの二作目の映画をクリアしたら、必ず一作目も無事に見られるようになる。『サイコ2』(83/リチャード・フランクリン監督)も『エイリアン2』も、それほど怖くなかったんじゃないかな? 何が起きるかがわかっていた部分もあったしね。それに対して、一作目のときは自分にとってまったく初めての経験だったわけだから。だから、たとえば『エイリアン2』で腹からエイリアンが飛び出してきそうになった女性が「私を殺して」と言っている時点で、一作目で感じたほどの怖さはなかった。

メアリー・ベス　私は『ジョーズ』かな。私たちのポッドキャストのエピソード1で私が語った映画です。自分が初めて見た映画として覚えているのが『ジョーズ』で、生まれて初めて見たホラー映画でもあるの。そのせいで何年も海に入れなかった。もうひとつは『ポルターガイスト』。この二つの映画が私を形作ったの。『ジョーズ』は最初に見た映画だからで、『ポルターガイスト』はイメージだけが頭にこびりついているんだけど、私は前からずっと幽霊が本当に怖くて、幽霊屋敷への恐怖心に映像を与えたのがこの映画だったから。それが頭にしっかりと入り込んでしまった。というわけで、私に一生消えない傷を残したのはこの二つということになるでしょうね。

第六章

暴力的メディアと暴力行為

私がまだ幼く、レンタルチェーンの〈ブロックバスター・ビデオ〉がまだ存在していた頃、店員と議論をしたことがある。その店がホラー映画やスリラー映画をいっしょくたにして〝アクション〟コーナーに入れてしまったからだ。その議論は知ったかぶりの一三歳にとってスリリングなものだったが、店員にとっては議論でもなんでもなく、しち面倒くさい顧客対応にすぎなかったのかもしれない。正直に言うと、私が抗議した本当の理由は、もはや存在しないホラー映画コーナーを一〇分間も探し回っていたことにある。けれども、それは私としてはまったく正当な主張だった。ホラー映画は明らかにほかにはない鑑賞体験を与えてくれるものであり、ホラーには（同様にホラーに近い位置にあるスリラーにも）独自のコーナーが与えられてしかるべきだからだ。

ホラーもアクションも見る者を興奮させ、その脈拍を速くするが、ホラー映画が目指す感情体験が恐怖であるのに対し、アクション映画はあなたの意識を銃撃戦や、破壊王ローランド・エメリッヒ監督お得意の派手な爆発や大洪水、マイケル・ベイ監督的な夕暮れ時のヘリコプターに向けようとする。暴力はアクションとホラーの両方に共通する特徴かもしれないが、異なるジャンルの監督が用いればそれは異なるツールになることも、観客がアクションの暴力とホラーの暴力を別物として受け止めていることも、普通に考えればわかるはずだ。『ミッション：インポッシブル』（96／ブライアン・デ・パルマ監督）や『コマンドー』（85／マーク・L・レスター監督）、『ダイ・ハード』（88／ジョン・マクティアナン監督）といった有名なアクション映画を実際の犯罪と結びつけるという話は、皆無とは言わないまでもめったに聞かない。ところが映画の暴力描写がホラーの領域に傾こうものなら、たちまち批判の矛先を向けられる。

連続殺人鬼ジェフリー・ダーマーの裁判で『エクソシスト3』に焦点が当てられたのはそのためだ。一九九一年に彼が逮捕されたとき、自宅でこの映画のビデオが流れていたと言われているのだが、実際は『エクソシスト2』（77／ジョン・ブアマン監督）だったという説もある。また、一九九九年のコロンバイン高校銃乱射事件で『ナチュラル・ボーン・キラーズ』（94／オリバー・ストーン監督）が批判を受けたのも同じ理由による。『オールド・ボーイ』（03／パク・チャヌク監督）と二〇〇七年に起きたバージニア工科大学銃乱射事件との誤った（そして明らかに人種差別的な）関連性に人々がこだわったのもしかり。その〝関連性〟とは、そう……大量殺人犯チョ・スンヒが〔自らテレビ局に送りつけた写真で〕ハンマーを振り上げる姿が、『オールド・ボーイ』のあるシーンに登場する人物を想起させるということ。さらにまた、二〇一二年のサンディフック小学校銃乱射事件で『ナチュラル・ボーン・キラーズ』が『アメリカン・サイコ』（00／メアリー・ハロン監督）とともに再び批判の的になったのも同じ理由だ。ここで挙げたタイトルのいくつかはホラーではないと思うかもしれないが、批判された当時、これらの作品を描写する言葉はジャンルの違いを説明するものではなかった。全米ライフル協会（ＮＲＡ）の副会長ウェイン・ラピエールは記者会見でこれらの映画を「血まみれのスラッシャー映画」（強調は筆者による）と呼び、恥ずかしいほど偏った批判を展開した。

ここまで多くの時間をかけて、ホラー映画が潜在的な暴力の脅威を与え、鑑賞者の恐怖心を掻き立てる過程を詳しく見てきた。では、その後はどうなるのだろうか？　結局のところ、ほとんどの恐怖はたんなる脅威では終わらない。そして私たちは、肉に突き刺さるナイフや、殺人者によって切り裂かれる喉を見ることになる。モンスターが獲物を食い尽くすのを、そして血と殺戮と、破壊された身体の残骸を見る。ホラー映画において、暴力はなぜこれほど大きな部分を占めるのだろうか？

メディアを通じた暴力との接触と暴力性ついては、膨大な研究がなされてきた。だが不思議なことに、スクリーン上の暴力と現実世界の暴力には因果関係があるという主張の裏付けとして取り上げられる研究の多くは、メディアの影響をまったく証明していない。さらに、スクリーン上の暴力には、現実世界の暴力描写への感受性を鈍らせる効果もなさそうだ。

注目作品
『チャイルド・プレイ３』（91／ジャック・ベンダー監督）

一九九三年二月一二日、一〇歳のジョン・ヴェナブレスと〝ボビー〟ことロバート・トンプソンは、イングランドのリバプール郊外の町、ブートルにあるニュー・ストランド・ショッピングセンターで、まだ三歳にもならないジェームズ・バルガーを母親のもとから連れ去った。二人は幼いジェームズを連れてウォルトン・ビレッジまで二マイル〔約三キロメートル〕歩き、線路の盛り土まで連れていって殴るなどの暴行を加え、遺体が列車に轢かれるように線路に置き去りにした（そしてジェームズは実際に轢かれた）。

ショッピングセンターの防犯カメラの映像や多くの目撃者の証言、少年二人への一連の聞き取り調査から、ジョンとボビーが肉屋の外にいた幼いジェームズを言いくるめて連れ去った後で何が起きたのかはほぼ明らかになっている。その後の残虐な暴行と殺人については、ここでは詳しく語らない。その内容はじつにむごたらしく、ホラー映画のように絵空事として楽しめるものではないからだ。

ジェームズ・バルガーの殺され方は恐ろしいものだったが、それが子どもの手によってなされたという事実は世間とマスコミの想像力を掻き立て、激しい怒りを煽った。人々は、子どもが自分よりも幼い子どもになぜそのように過激な暴力を振るったのかを理解しようとし、さまざまな噂が流れた。そうした噂のひとつが、少年たちの少なくともひとり——ジョン——がバイオレンス映画によって暴力に鈍感になっていたというもので、彼の父親ニールが最後に（犯行の一ヶ月近く前の一月一八日に）ビデオショップから借りたのが『チャイルド・プレイ3』だったという新事実に根差していた。

幼い子どもに対する誘拐、暴行、殺人と、人の魂が乗り移った人形であるチャッキーの暴力三昧とのあいだに関連性があると考えるのは突飛な憶測だ。とくに、シリーズ第三作目の『チャイルド・プレイ3』が、ティーンエイジャーになった（六歳から一六歳になった、ジャスティン・ホーリン演じる）アンディを苦しめようと、チャッキーが陸軍兵学校に自分自身を送りつける話であることを思えば余計に変だし、チャッキーの新たなターケットとなる少年がひとり登場するが、この作品では暴力行為と幼い子どもの関連性が前二作と比べてはるかに弱い。

想像力を大いに膨らませてこじつけるなら、『チャイルド・プレイ3』とジェームズ・バルガー事件とのあいだには、偶然の類似点がわずかに見つかるかもしれない。具体的に言うと、少年たちによる暴行には小さな缶に入った青いペンキが使われており、映画の終盤でも、陸軍兵学校で行われたペイント弾を使った戦争ゲームに加わったチャッキーの顔に青いペンキが付着する。また、映画は線路を走る遊園地の乗り物でクライマックスを迎えるが、ジェームズの遺体が置き去りにされたのも線路だった。だが、さっきも言ったように、これはこじつけだ。

事件関係者は『チャイルド・プレイ3』が少年たちにインスピレーションを与えたという考えを一蹴しており、証拠として法廷に提出されることもなかった。ひとつには、ジョンが警察の取り調べで、ホラー映画は好きではないしその映画を見ていないと語ったからだ（ボビーのほうは、『チャイルド・プレイ2』［90／ジョン・ラフィア監督］を数分間だけ見たと認めている。兄か姉がその映画を見ているのを目にして部屋に入っていったが、まもなく追い出されたという）。父親もまた、ジョンにホラー映画は見せてはおらず、一〇歳の息子のために武道系の映画や『グーニーズ』などの映画を借りていたと述べた。では、ジョンはこっそり見る方法を見つけたのだろうか？　もしそうだとしても、たった一本のレンタルビデオが殺人の動機になるとは到底思えない。これはいくら強調しても足りないのだが、『チャイルド・プレイ3』は裁判で論点にならなかったのだ。

それだけに、第一審裁判官のモーランド判事が法廷で最後に「彼らに対するしつけをとやかく言う立場にはないが、暴力的なビデオ映画に接したことがひとつの要因ではないだろうか」と述べ、この映画を批判したのが余計に信じがたい。

しかしこれは一九八〇年代のビデオ・ナスティがまだ尾を引いていた頃の話であり、こうした発想が人々の心に根づくのは容易だった。そのため、少年たちは『チャイルド・プレイ3』をまったく見ておらず、暴力的な映像が彼らに殺人のアイデアを与えた可能性はほとんどないと捜査によって結論付けられたにもかかわらず、チャッキー人形のイメージはこの事件と切っても切れないものとなり、タブロイド紙は派手に書きたてた。

この一件は、もっと最近のある暴力的事件に似ているかもしれない。ウィスコンシン州ウォーキショーで二〇一四年五月三一日に起きたその事件で、一二歳の二人の少女アニッサ・ワイアーとモーガン・ガイザーは、友人であるペイトン・ロイトナーを森に誘い出し、ナイフで一九回刺したのち、そのまま見殺しにして立ち去った。これはスレンダーマンにいけにえを捧げるためだったと伝えられるが、ペイトンは一命をとりとめた。

映画とテレビの「チャイルド・プレイ」シリーズと関連グッズを通じてのみ存在するチャッキーとは異なり、スレンダーマンはマルチメディアのキャラクターであり、世界中の多くの情報源から寄せられる複雑な伝説を持つ。彼はあるネット掲示板のスレッドでPhotoshopを使ったわずかな画像から生まれた存在かもしれないが、いまやスレンダーマンの伝説はYouTubeで配信された『Marble Hornets（マーブル・ホーネッツ）』（09－14／ジョセフ・デラッジ、トロイ・ワグナー監督）などファウンド・フッテージ形式のシリーズから、代替現実ゲーム、ビデオゲーム、さらにはメインストリームの映画『スレンダーマン　奴を見たら、終わり』（18／シルヴァン・ホワイト監督）にまで広がっている。けれども、事件の後に撮影され公開されたこの映画は事件を描写しているようには見えず、むしろNetflix製作の『マーシー・ブラック』（19／オーウェン・エガートン監督）などの映画、そしてもちろんテレビシリーズ『LAW & ORDER：性犯罪特捜班』や『クリミナル・マインド　FBI行動分析課』のいくつかのエピソードのほうが、より明白にこの出来事を題材にしたプロットになっている。『チャイルド・プレイ3』とジェームズ・バルガー事件と同様、いわゆるスレンダーマン刺傷事件は、暴力的メディアと暴力行為についての古めかしい議論を復活させた。

メンタルヘルスが絡むと、これはデリケートな話題となる。このような異常事態が発生したときこそ、統合失調症のような疾患は深刻な状態ではあるが、それが殺意とイコールではないと認識することが重要だ。この章ではメディアによる描写とそれが人々に与える影響について論じているので、私はなおのこと強く訴えたいのだが、統合失調症や双極性障害、その他の精神疾患を持つ人々に着せられる汚名は、それらの症状についての描写に多大な影響を受けている。それを物語る証拠は、メディアによる暴力描写が実際の暴力を引き起こすことを示す証拠よりも多いのだ。統合失調症などの疾患は本来、他者に対して危険なものではなく、これらの疾患を持つ人々が邪悪なわけではない。スレンダーマン刺傷事件は、まだ統合失調症と診断されていない（それゆえに治療を受けていない）少女が、夢中になっていた暴力的メディアと関連する妄想や幻覚を経験してしまった、意図せぬ不運な事態だった。

誰か、子どもたちのことを考えてくれませんか？

画面上の暴力と現実の暴力を結びつける議論は、一般家庭にテレビが登場して以来存在しつづけている（本当のところは映画が登場してからずっとかもしれないが、定着したのはテレビが普及してからだ）。アメリカとカナダでは一九五〇年代にテレビが入手可能となり、テレビが人々の生活の一部になったこと、六〇年代半ば以降の暴力とりわけ殺人の増加が関連付けられることが多い。これに関しては膨大な量の研究がなされているが、架空の暴力が実際の暴力を生むという説を裏付ける証拠は、期待されるほど確たるものではない。現に、結果には苛立たしいほど一貫性がない。

犯罪の急増をテレビ画面と結びつけようとすれば、研究者たちはかなり思い切った主張をしなければならなかった。なかには、貧困層に犯罪が増えたのは、テレビに映し出される豊かな人々の架空の生活を見たせいだと指摘する研究者もいた。窃盗などの罪を犯すのは、自分たちの貧しい暮らしとテレビの中の人々のライフスタイルの差を縮めるためだというのだ。このような結論を〝裏付ける〟ために、カレン・ヘニガンらが一九八二年に行った研究がよく引き合いに出されるが、そこでは地域の犯罪率とテレビの普及率の関連性が実際に判明したわけではない（両者の関係性は、より大規模な国際比較研究によって何度も確認されている）。けれども私が興味を覚えるのは、人々がテレビで見た犯罪シーンを真似したために犯罪率が上がった可能性は低いと、ヘニガンのチームが明確に指摘している点だ（私たちは数十年後に、そのメッセージを受け取ることになる）。当時のテレビでは、犯罪シーンを描くことが一般的ではなかったからだ。『LAW & ORDER：性犯罪特捜班』に匹敵するような写実的なドラマなどなかったし、大手放送ネットワークはどこも似たような製作ガイドラインに従っていた。最初のテレビ用映画のひとつであるネオ・ノワール映画『殺人者たち』（64／ドン・シーゲル監督）も、あまりに暴力的すぎるとの判断から放送が見送られたくらいなのだ。

いまではもちろん、暴力的な映像に触れる機会はもっと多いし、私たちは喜んで映画のチケットとスナックを買い、混み合う劇場で他人に囲まれながら暴力を堪能している。

ステファノ・デラヴィーニャとゴードン・ダールは二〇〇六年の研究で、映画の中の暴力と人間の攻撃性のパターンとの関連性を示す実験的証拠を得て、それを実世界の文脈に当てはめようとした。彼らはそのために、一九九五年から二〇〇二年に劇場公開された大ヒット映画のトレンド価を調べ、それを同時期に報告された暴行事件の統計値と比較した。その結果、面白いことがわかった。バイオレンス映画を見に多くの観客が劇場に集まった日には、なんと暴力犯罪の報告数が減ったのだ。とくに映画の上映時間中はもっとも顕著な減少が見られたことから（観客数一〇〇万人当たり一・五から二％の減少）、暴力犯罪に手を染めていたかもしれない人々が、代わりにおとなしくスクリーン上の暴力を眺めてその時間を過ごしていたことが示唆される。研究者たちはまた、映画の上映が終わった後も犯罪率の検知可能な減少が見られたと指摘しつつ、非暴力的な映画にも上映後の犯罪抑止効果があるようだと認めている。デラヴィーニャとダールはこの結果に対する可能な解釈をいくつか示しており、その一部としてカタルシス効果や、犯罪予備軍が映画を見て過ごすために、そのあいだに犯罪が行えないという単純な理由を挙げている。

スクリーン上の暴力と人間の攻撃性との直接的な関連性を示す証拠がないにもかかわらず、暴力事件が起きると非難の矛先が再び暴力的メディアに向けられるようになり、それが幾度となく繰り返されてきた。イギリスではジェームズ・バルガー事件をきっかけに、ノッティンガム大学児童発達研究ユニットのエリザベス・ニュートンが一九九四年に「ビデオ・バイオレンスと子どもたちの保護」と題する論文を発表した。そして大西洋の向こうアメリカでは、アメリカ心理学会(APA)が一九九三年に「暴力と青少年」に関する委員会で若者の暴力行為に影響を及ぼしている要因を調査し、解決策を提示した。マスメディアの関与について委員会は、テレビや映画による暴力への暴露が若者を攻撃に駆り立てる一因であり、当の若者にすでに攻撃的行動の傾向が見られる場合はなおさらだと速やかに指摘した。この結論を覚えておいてほしい——APAがすでに攻撃的行動の傾向を示している子どもたちの攻撃的行動をマスメディアのせいにしているのが奇妙に思えるとしたら、それは実際に奇妙だからだ。

ちょうどその頃、四つの大学の研究者たちが三年間の共同研究を実施した。「テレビ番組の暴力描写に関する全国的調査」（一九九四－九七年）として知られるその研究は、テレビに暴力がどの程度浸透しているかを探るためのものだった。

- カリフォルニア大学サンタバーバラ校は、コメディからドラマ、子ども向けシリーズ、ミュージックビデオまで、あらゆる種類のテレビメディアにおける暴力を評価した。
- テキサス大学オースティン校は、トークショーやノンフィクションの警察番組など、リアリティベースの番組における暴力に特化して調査した。
- ウィスコンシン大学マディソン校は、テレビ・レーティングの役割と、それが親と子どもたちに与える影響に重点を置いて調査した。
- ノースカロライナ大学チャペルヒル校は、反暴力広告の効果を分析した。

この研究から得られた結論のひとつが、テレビの暴力描写は視聴者に有害な影響を与えているというもので、なかでも攻撃的な態度や行動の習得、暴力に対する感度の低下、自分自身に行使される暴力への恐れなどが挙げられた。研究者たちはまた、こうした影響はとくに一〇歳未満の子どもたちにとって有害だと結論付けている。

この研究はメディアの暴力と実際の暴力を関連付けようとする社会通念の基礎を築き、その考え方は、数十年経ったいまもなお人々の共感を得つづけている。シュールなダーク・コメディ『Greener Grass

（グリーナー・グラス）』（19／ジョセリン・デボアー、ドーン・ループ監督）は、暴力的なテレビが暴力的な子どもを生むという考えを皮肉っている。劇中では、親がうたた寝しているあいだに子どもが『ナイフを握る子どもたち』という（架空の）ドラマの一部を見てしまい非行少年に豹変するのだが、このときすでに「テレビ番組の暴力描写に関する全国的調査」の結論が出てから二〇年以上も経過していた。

ある出来事を、特定できる目の前の何か——画面にあらわれる血みどろの映像など——のせいにすることは、原因になっているかもしれないほかの社会的、構造的、心理的要因を探ろうとするよりも簡単だ。さらに証拠となるエピソードを挙げられれば、もっと簡単になる。幼い頃、私は『羊たちの沈黙』を見て、囚人ミグズ（スチュアート・ルーディン）が発するひときわ下品な台詞を何度も真似したために厄介な状況に陥った。さらに、しばらくのあいだ『マイティ・モーフィン・パワーレンジャー』も見せてもらえなくなったのだが、それはピンクレンジャーになりきって妹をキックしたからだ。テレビの暴力的な言葉や行動と子どもが実生活で行う暴力行為は、理論上は一本の線でつながっているように見える。でも、私は本当に暴力的な子どもだったのだろうか？　テレビで見たものをそのまま再現していた私は、未来のシリアルキラーだったのだろうか？

もちろん、そうではない。最初のケースは口真似（それも意味もわからず言っていた完全な口真似）で、誰かに危害を加える意図などなかったし、二番目のケースはごっこ遊びだ。子どもはテレビのアクションに興奮し、パワーレンジャーみたいにキックやパンチ、華麗な宙返り（私の場合は側転だけれど……）をしたくなる。けれども、親戚がFacebookで拡散したミームがワクチンの安全性や効力の証拠にならないのと同じで、誰かが子どもの行動と、子どもが見ているテレビ番組を結びつけて語ってもなんの証明にもならない。このセクションでもさらにいくつか見ていくが、エピソードは証拠にならないのだ。

では、どんな証拠を示せばいいのだろうか？

残念ながら、必要なのは数多くの相矛盾する事象だ。

その理由を理解するために、まずはこの手の調査に伴う困難について見ていこう。

時を数十年分巻き戻し、アルバート・バンデューラが一九六一年に初めて行った有名な（そしておそらく悪評高き）ボボ人形実験の話をしよう。この実験の一部として、就学前の子どもたちがグループに分けられ、ひとりの大人と一体のボボ人形と一緒に部屋に入れられた。ボボ人形は空気を入れて膨らますピエロのおもちゃで、底の重りによって殴ったり張り倒したりしてもつねに起き上がるようにできている。部屋で遊ぶ子どもたちは、次のいずれかの状況に置かれた。一方は大人が人形を乱暴に扱い、殴りつけたり攻撃的な言葉を放ったりする（子どもが関わる実験であるため、〝攻撃的〟とは「バシッ！」や「鼻を殴ってやる！」といった言葉だ）。もう一方は大人が人形を完全に無視する（なお、対照群である第三のグループには大人がいない）。

その結果、大人がボボ人形を殴ったり蹴ったりするのを見ていた子どもたちは、その後人形を殴ったり蹴ったりする傾向が強かった。多くの人がそうであるように、私も大学一年の心理学の授業で、これは目にした暴力行為が模倣的な暴力を誘発することを明らかに示す例だと教わった。たしかに、ここにはじつに明白な因果関係があるように見えるだろう。

だが、この実験にはほかにも設計上の欠陥があるのはさておき、攻撃性の測定方法に問題がある。目に見える行動（殴って遊ぶためのおもちゃを子どもたちが殴っている）とそこから導かれた結論（暴力を目にすると暴力的にふるまう）を比べてみてほしい。どこか辻褄が合わない。ボボ人形を殴りつける行為を暴力、ひいては攻撃と定義するのはやや飛躍している。子どもたちはおもちゃを想定されたとおりに使って遊んでいるのだから。攻撃的ではない環境に置かれ、ボボ人形を殴らなかった子どもたちはどうだろう？　もしもボボ人形が初めて見るおもちゃで、どうやって遊ぶのかを大人や仲間が実演して見せてくれなければ、殴って遊ぶものだと直感でわかるはずがない。

子どもたちの攻撃的行動の定義と測定に関する問題は、バンデューラの研究に限ったものではない。実際、暴力的メディアと子どもの行動の関係を追及する研究では繰り返し浮上するテーマなのだ。子どもが格闘ごっこやその他のごっこ遊びをしているのを、本物の暴力行為と同じだと結論付けるのは妥当なのか？　そんなはずがない。

ならば、実験的状況において攻撃や暴力をどう測定するのが適切なのだろうか？　実験室での研究では、暴力的な映像が与える実際の影響はほとんどわからない。実験者は実験室にファイト・クラブを開設し、被験者たちを自由に解き放って何が起きるか観察できるわけではないからだ。ほとんどの研究では実際の攻撃行動が観察されることはないため、それに類似するもの、すなわち攻撃の代理行為で間に合わせるしかない。たとえば攻撃や暴力を連想させる思考や、遊んでいる子どもたちを見て大人が認識する攻撃的行動らしきものだ。バンデューラの実験などいくつかの研究では、空気注入式のピエロのように明らかにその目的で作られたものを子どもたちが殴る可能性が測定された。また、一九六一年にポール・マッセンとエルドレッド・ラザフォードが行った別の研究では、もし自分ひとりの空間に風船があったら割るかどうかを実際に子どもたちに質問し、それを攻撃性の評価基準にした。

大人を対象とした一般的な攻撃性評価でも、正確さはさほど変わらない。攻撃性を測定する代替手段としてよく行われてきたある実験では、被験者をたとえばボタンやダイヤルのある部屋に入れ、暴力的な内容もしくはニュートラルな内容のビデオクリップを見せた後、姿の見えない相手に電気ショックを与えるよう指示し、被験者が躊躇せずショックを与えるかどうか（もしくはショックの強度を高めるためにダイヤルを回すかどうか）を観察する。これはもともとスタンレー・ミルグラムが一九六三年に考案した実験で——それ自体が物議を醸したのだが——権威に対する従順さを調べるためのものだった。そのほか、おもに攻撃的な感情の自己申告、血圧や脳のスキャンといった生体検査などがデータソースとして用いられた。

有用な実験方法をなかなか発見できずにいる研究者たちを、私たちはあまり厳しい目で見てはいけない。人間の行動の原因を特定するのは難しく、複雑な行動の場合はなおさら困難であることを忘れてはならない。けれども同様に、世の中に出回っている数多《あまた》の研究結果については少し割り引いて考えることも重要だ。なぜなら、それらはダイレクトに測定されたものではないからだ。バイオレンス映画と攻撃性の相関関係を調べるのは、口で言うほど簡単ではない。それに結局のところ、たとえ相関関係が見つかったとしても、それと因果関係とは別物だ。

つまり何が言いたいかといえば、この分野の研究者は自分たちに都合のいい研究をしているということだ。暴力的メディアの影響を扱う研究の多くは説明的研究であり、メディアの暴力に晒されることと、現実世界で日常生活を送る人々の暴力行為との関係を説明しようとしている。要するに、管理された実験環境で測定されたデータから推測した内容をそのまま現実世界に適用できる研究ではない。暴力は容易に分離や測定、比較ができる実験変数とは違うからだ。このような研究の多くは、たとえばある小学校の一年生のクラス、気分障害や精神障害と診断され、それに関連した攻撃的行動を示すグループなど、特定の人々を対象にしている。そのため、そこから得られる結果を北米全体、あるいは世界全体の人々に広く当てはめることは難しい。

よく引用される数々の実験から導き出された結果は、とくに個別に捉えた場合、メディアの暴力と子どもたちの暴力行為との関係を正確に示していないのではないか。心理学者ジョナサン・フリードマンはそう考え、一九九九年までに発表された約二〇〇の研究について、独自に包括的な再検討に乗り出した。攻撃性の測定が不十分な実験については調整を行ったうえで検討した結果、見直した研究のうち、暴力的メディアと攻撃的行動の因果関係を支持するものが二八%、どちらとも言えないものが一八%、支持しないものが五五%あった。なお、再検討された研究の大半はサンプル数が少なすぎて、いずれにせよ結果の解釈には注意が必要だった点も述べておいたほうがいいだろう。二〇一二年になると、クリストファー・J・ファーガソンとジョアン・サヴェッジがこの分野における一連の研究を改めて見直し、同様にこれらの調査方法には深刻な欠陥や偏りがあり、それが暴力的メディアが暴力行為を誘発する現象を（もしくはその現象の存在を）理解しにくくさせていたことを発見した。

この分野の調査の難しさがわかったところで、暴力的メディアの潜在的な害を強調するのによく持ち出される代表的な研究をいくつか見ていこう。ホラーや暴力的メディアをより多く視聴する子どもたちは、『セサミストリート』やディズニー映画ばかり見ている子どもたちよりも攻撃的なのだろうか？

ＡＰＡの委員会報告に、リネット・フリードリヒとアレサ・ヒューストン＝スタインが一九七三年に行った研究が、暴力的なテレビ番組の有害な影響の証拠として直接引用されている。この研究は、三歳から五歳半までの就学前の子どもを対象としたものだった。子どもたちはグループに分けられ、暴力的な番組（スーパーマンとバットマンのアニメを各六エピソード）、向社会的な番組（『Mister Rogers' Neighborhood（ミスター・ロジャースのご近所）』を一二エピソード）、暴力もなくとりたてて向社会的なメッセージもないニュートラルな番組のいずれかを視聴した。そして大人のオブザーバーには、登校日のさまざまな時間に子どもたちを観察し、行動を記録する任務が与えられた。

この研究を引き合いに出すとき、人はバットマンやスーパーマンのアニメを見た子どもたちが高い攻撃性を示したと主張する。攻撃には身体的攻撃、言葉による攻撃、物への攻撃、空想上の攻撃、対人関係上の攻撃が含まれる。彼らは教師に逆らったり、口論したり、クラスメイトを殴ったりする傾向が強かったというのだ。しかし実際には、初期研究で暴力的な番組自体の影響はないことが判明したので、研究者たちは内部分析を行い、番組を見せる前に実施したテストに基づいて、攻撃性が高いと判定された子どもと低いと判定された子どもにグループ分けし（初期研究では、条件ごとにさまざまな攻撃性のレベルにある子どもたちが混在していた)、個々の変化を見ることにした。

その結果、最初に攻撃性が低かった子どもは、どの番組でもいくらか攻撃性が増す傾向があった。それはつまり、ミスター・ロジャースもバットマンと同じくらい彼らの気に障ったということだ。一方、最初のテストで高い攻撃性を示した子どもたちは、どの番組の場合も概して攻撃性が低くなる傾向を示した。これは回帰効果と呼ばれる、極端に高い数値や低い数値が時間の経過や再テストによって適度な数値すなわち平均値に近づく傾向を示すものであり、実験的操作によるものではないと思われる。

また、番組のタイプごとに結果を比較すると、攻撃性の低い子どもたちの攻撃性がもっとも増したのはニュートラルな番組(つまり対照群)だった。では攻撃性の高い子どもたちの攻撃性がもっとも増したのは——なんと、それもやはりニュートラルな番組だった。管理統制された実験室で行われたのとは違う実地調査であるため、観察された違いが子どもたちの見た番組によるものなのかも定かでないが、もっとも大きな影響が見られたのが対照群であったことから、テレビが子どものいわゆる攻撃性や反抗心の原因になっている可能性はかなり低いと言えるだろう。それに、もしバットマンを見た後に攻撃的行動がわずかに増加したとしても、三歳児が『ペット・セメタリー』(89/メアリー・ランバート監督)のゲイジ・クリードのようになることは、現実世界では通常ありえない。私ならそんな心配はしない。

暴力的メディアが攻撃性に与える影響を調べるなら、自然な環境のもとで長期的に調査するのが理想だろう。ごく幼い子どもを無作為にグループ分けして(暴力的な観点から)異なるテレビ番組や映画を見せ、大人になってからの攻撃性や犯罪行為のレベルを測定するのだ。しかし、このような理想に近い方法にも欠点はあり、一九七〇年代、八〇年代、九〇年代に実施された数少ない長期的調査がそれを物語っている。

これらの研究の大半は基本的なデザインが同じで、子どもたちに視聴習慣を報告させ、さまざまな尺度で彼らの攻撃性を評価し、これを数年ごとに繰り返す。研究ごとに異なるのは、暴力的メディアへの暴露と攻撃性の測定方法、そして被験者への追跡調査の期間だ。

おそらくもっとも影響力があったのは、レナード・エロン、レオポルド・ワルダー、モンロー・レフコウィッツ、ローウェル・ヒューズマンが一九七一年から二二年間にわたって実施した研究だろう。研究者たちはニューヨーク州コロンビア郡の小学三年生についての情報を入手した。そして子どもたちと親、教師と面談し、暴力的なテレビ番組を好むかどうか、また攻撃的行動の指標となる評価を聞き取った。その一〇年後、彼らは生徒たちと再び面談し、心理テストや性格検査、自己評定、仲間評定（つまり、互いのことをもう何も知らないかもしれない三年生当時のクラスメイトに、一八歳になった相手の攻撃性について尋ねるということだ）などさまざまな方法を用いて攻撃性を測定した。そしてさらに一二年後、彼らは最終面談を行い、二二年前に面談した（いまでは大人になった）三年生の子どもたちの犯罪行為に関するデータを収集した。

この研究の第一段階と第二段階の結果を比較した研究者は、次のような発見をした。八歳のときの暴力的メディアへの嗜好性と一八歳のときの攻撃性には大きな相関関係があるが、それは男児のみで、しかも仲間評定による測定結果に限られるというものだ（性格検査や自己評定は有意な結果をもたらさなかったことになる)。

すでに述べたように、この研究には欠点がなかったわけではない。ほかの研究者から指摘されていた欠点のひとつが、一八歳か一九歳になった子どもたちは、仲間の行動について報告を求められたとき、必ずしもその仲間と同じ学校に通ってすらいなかった点だ。要するに、彼らは現在についての報告ではなく、他人の過去の行動の記憶を組み立てるよう求められていたのだ(この研究の第二段階では、質問も過去形になっていた)。もうひとつの問題は、この研究で測定されたのは幼少期における暴力的メディアの嗜好性であって、子どもたちがどれだけ暴力的メディアに接触していたかを測ったものではないという点だ。そのため、実際に暴力的なテレビ番組や映画を視聴する行動と攻撃的行動とを結びつけるにはあと一歩足りない。

研究の最終段階には、攻撃性とはきわめて持続性のある特質だという興味深い結論が導き出された。研究者たちは、八歳のときに高い攻撃性を示した子どもは三〇歳になっても攻撃性が高い傾向があるという見解に至ったのだ。

この時点であなたにも、この分野の研究結果には一貫性がないにもかかわらず、まだ暴力とバイオレンス映画には関連性があるという不自然な考えに固執しているのがわかるだろう。

攻撃性を測る代替手段にこれだけ問題があると、むしろ神経科学に頼ったほうがいいのではないかと思うかもしれない。けれどもこの分野の場合、神経科学に頼ると物事が明らかになるどころか、余計に混乱してしまいかねない。脳の働きの解釈についてはとくにそうだ。

二〇一四年、ネリー・アリア＝クライン博士はある研究を実施し、健康な視聴者と異常に高い身体的攻撃性を示す視聴者とで、暴力的メディアに対する反応にどのような違いがあるかを調べた。調査は三つの方法で行われた。暴力的な映画の場面を視聴する前と視聴中、視聴後の血圧（対照として非暴力的で情緒的なビデオクリップが用いられた）、視聴前、視聴中、視聴後の感情の状態についての被験者の自己申告、そして脳のさまざまな部位の代謝活動がわかるFDG-PET検査だ。FDGすなわちフルオロデオキシグルコースは放射性追跡子《トレーサー》で、グルコース（ブドウ糖）の類似体でもある。化学構造が似ているため、FDGはグルコース代謝細胞を〝騙し〟、あたかもグルコースであるかのように細胞内に取り込ませる。PET検査ではFDGを使い、脳細胞がどれだけのFDG分子を代謝しているかによって、脳のどの部分が活発に機能しているかを明らかにすることができる。代謝活動が活発であるほど、スキャン画像でその部分が明るく映るからだ。

　この研究ではどのような暴力的メディアがサンプリングされたのかが示されていればいいのだが、被験者がR指定の映画とドキュメンタリー映画から編集された二〇のシーンを見たことと、それらのシーンで人間同士の意図的な暴力行為が描かれていたこと以外は何もわからない。

　結果はどうだったかといえば、暴力的なシーンを見ているあいだ、高い攻撃性を示したグループは非攻撃的なグループと比べて血圧が低く、右の眼窩前頭皮質の活動も低かった。攻撃的なグループの被験者たちはまた、暴力的メディアの視聴中に（非暴力的な視聴者たちと比較して）動揺や不安はあまり感じず、むしろ「刺激的」で「決然とした」気分だったと自己申告している。完全にフィクションの世界の話になるが、『羊たちの沈黙』でチルトン博士（アンソニー・ヒールド）が、暴力行為中のハンニバル・レクターの脈拍数と血圧がかなり低いことに驚愕し、「彼の脈拍が八五を超えることはない。彼女の舌を食べたときでさえそうだ」と語っていたのを彷彿とさせる。

先に述べた眼窩前頭皮質は前頭葉にあり、衝動を制御し感情的行動や社会的行動をつかさどる。要するに、社会的に容認されない形で感情が表出するのを防ぎ、抑制された状態に保つ領域なのだ。そのため、もし眼窩前頭皮質の活動が低下すれば偉大なる社会的抑制者の働きが阻止され、アリア＝クラインの研究にあるように、この領域が活発に働いている人と比べて、暴力行為を容認できないもの、あるいはタブーなものとして容易に認識できなくなる可能性がある。アリア＝クラインはこれを感度の低下（脱感作）が起きた証拠だと指摘している。

暴力的メディア視聴中の眼窩前頭皮質の活動低下と脱感作を関連付ける研究はほかにもある。それらはさらに、脱感作が映画の暴力シーンの倫理的な処理を妨げる可能性も示唆している。だが注目すべきは、アリア＝クラインの研究を支持する研究者たちの調査によれば、被験者全体でテレビと映画の視聴習慣にほぼ差がなかったという点だ。つまり、少なくともこのケースでは、映画の暴力に晒されたことがそのまま脱感作につながるわけではなさそうだ。脱感作については、次のセクションでより詳しく触れる。

『羊たちの沈黙』（91／ジョナサン・デミ監督）

つまり、もともと攻撃的な傾向がある人ならば、生々しい暴力を数多く見ることで、すでに存在する攻撃的特質が強化されるかもしれない。しかし、どこからともなく暴力的特質が新たに生み出されることはないだろう。そうでなければ、私たちはテレビ、映画、さらにオンラインでも多くの暴力──実際の暴力と架空の暴力の両方──にアクセスできるのだから、誰もがあらゆる場所で、絶えず『パージ』〔13／ジェームズ・デモナコ監督〕並みの暴力に晒されながら暮らしているも同然になるだろう。

正直なところ、メディアの暴力と現実の暴力の関連性を探る研究は世の中にたくさんありすぎて、取り上げるべきものを選ぶのは難しいし、その手の研究についてこの章全体を費やして事細かに語るつもりもない。また、ここで取り上げることにした研究がもっともロバスト性〔外部要因からの影響の受けにくさ〕が高いとも限らない。私が選んだのはおもに、〔バンデューラの研究やフリードリヒとヒューストン＝スタインの研究のように〕現在の偏見を形成するのに多大な影響を及ぼした研究、もしくは自分自身が実験として興味深いと思ったものだ（結果的に自分の専門に役立つのでなかったら、誰が何百もの論文にじっくり目を通したいと思うだろうか?）。

だが結局のところ、これまでの議論全体から読み取ってほしいのは、暴力的メディアと人間との複雑な関係を解明しようとする研究はいまも続いているが、本当のところはまだよくわかっていないということ。また、映画やテレビから受ける影響についての現時点での認識から、ホラー映画の見すぎが大量殺人やシリアルキラーを助長したと主張するのはとんでもない誇張、完全なたわごとだということだ。

感度の低下

アリア＝クラインの研究のところで軽く触れたように、暴力が話題に上ると浮上するもうひとつの重要な論点が、架空の暴力を見ることで本物の暴力への反応が鈍くなるという考えだ。誰かが実際に暴力を目の当たりにした場合、できればそれをやめさせる反応を示してほしい（もしくは、自分や他者をその暴力から守るための合理的な行動をとってほしい）と私たちは思う。では、暴力的なホラーを視聴したからといって、人をゾンビ化させる〔『28日後…』の〕RAGEウイルスのように暴力が感染するのでないなら――そうではないことを私たちはここまでの論で十分に立証してきた――、じつは真逆の作用が生じ、暴力に無頓着になってしまう可能性はないだろうか？

脱感作仮説は前章で述べた馴化とは異なる。ホラー映画の暴力における馴化とは、暴力シーンが続くと反応が低下することを意味する。つまり、最初に見る暴力的シーンがもっとも衝撃的で、次に見るときには印象も驚きも薄れるということだ。

脱感作仮説とは、メディアの暴力によって実際の暴力への反応が低下することを意味する。つまり、ホラー映画という架空の文脈で誰かが刺されるのを見たら、目の前で実際に誰かが刺されても、それに対する情動反応の感度が鈍るということだ。脱感作仮説が本当ならば、その意味合いは恐ろしい。

だが、脱感作とは実証された現象なのだろうか？

一九八八年、三人の研究者ダニエル・リンツ、エドワード・ドナースタイン、スティーヴン・ペンロッドは、暴力的な映画または凌辱の場面を含む映画を長時間視聴した場合、女性たちへの実際の暴力に対する脱感作が起きるかどうかを調べるために、ある実験を企画した。暴力とエロティックなシーンを結びつけた映画を見た若い男性（大学生）は、性的暴力が絡む実際の裁判で被害者女性にあまり同情心を抱かなくなるのではないかという発想によるものだ。たいていの実験で被験者は映画の文脈から切り取った暴力的な場面を見るだけだが、ここではそれと異なり、何日かにわたってノーカットの映画を二本または五本見る「長時間の」視聴が行われた。この実験に使われた映画のタイプは三つ。ひとつは『13日の金曜日 PART2』（81／スティーヴ・マイナー監督）、『マニアック』（90／ウィリアム・ラスティグ監督）、『The Toolbox Murders（ツールボックス殺人事件）』（78／デニス・ドネリー監督）などR指定のスラッシャー映画、もうひとつは『ポーキーズ』（81／ボブ・クラーク監督。オリジナル版『暗闇にベルが鳴る』〔74〕の、あのボブ・クラーク監督だ）、『初体験／リッジモント・ハイ』（82／エイミー・ヘッカリング監督）などR指定のティーンセックスコメディ、そして三つ目は『Debbie Does Dallas（デビー・ダズ・ダラス）』（78／ジム・クラーク監督）、『Indecent Exposure（みだらな露出）』（81／ゲイリー・グレイヴァー監督）などX指定のポルノ映画だ。

被験者たちはいずれかのタイプの映画を、一日おきに一本ずつ、二本または五本視聴した。そして割り当て分の映画をすべて見終わると、手違いで最後の映画のデータが届かないので、あるロースクールが実施している別の実験に参加してもらうことになったと連絡を受けた。彼らは法廷でレイプ事件の裁判のビデオを見て（被害者と加害者は面識がある場合と赤の他人の場合があった）、裁判について質問に答えるよう求められた。

この実験から、馴化はたしかに起きるという明確な結論が得られた。それぞれの条件に従って映画を見つづけるうちに（スラッシャー映画の場合はとくに）、被験者たちはあまり強い情動反応を示さなくなったのだ。ホラー映画を――とくにスラッシャー映画を――続けざまに見たことがあるなら、あなたもこの現象を経験しているかもしれない。一本見た後は次の映画もまだ楽しめるけれど、最初と同じ衝撃が味わえるとは限らない。

しかし脱感作の指標はどうだろう？　暴力的な映画を見たグループの被験者は、レイプ事件の裁判をほかのグループの被験者とは異なる感覚で捉えたのだろうか。実験の結果、暴力的な映画という条件によって、レイプ被害者への同情や共感のスコアが、暴力的でない映画を見たグループや対照群と比べてわずかに低くなることが証明された。しかし評決や判決を含む裁判関連、レイプ神話や被害者責任の全般的な受け止め方など、それ以外の指標ではグループ間に差はなかった。また、被験者が割り振られたカテゴリーの映画を二本見たか五本見たかは関係なく、映画の数がさらに増えても影響は出なかった。つまり、どのような現象が生じるにしろ、脱感作が原因ではなさそうだ。

ホラー映画はより暴力的になっているのか？

バイオレンス映画は、暴力は良いことだから外に飛び出して人に危害を加えるべきだ、と人々に確信させるためのものではない。また、〝善人の暴力《グッドガイ・バイオレンス》〟すなわち私たちが観客として共感できる登場人物による暴力行為を、自分もやってみたいと思わせるものでもない。顔は血まみれ、髪は血糊で固まった状態で武器を手にするファイナル・ガールの姿は、暴力の魅惑的なイメージだろうか？　ホラーファンにとってはそうかもしれない。間違いなく！　だからといって、自分もそのファイナル・ガールの立場になりたいだろうか？　それは絶対にいやだ。

暴力の量はさほど変わっていない。時を経て変化したのは暴力の形だ。

こういう問いのほうがいいかもしれない。ホラー映画へのアクセス方法や視聴方法は変わってきているだろうか？

少し前まで、劇場上映を見逃した場合にはテレビ放映で映画を見たものだ。そしてテレビで見るときは、専門チャンネルでもない限り、作品はたいてい放送の時間枠ぴったりにカットされ、テレビ局の基準に合わない生々しすぎる描写や冒涜的な描写を一掃した修正版にされていた。「この映画はオリジナル版を修正したものです。一部内容を編集してお送りしています」というわけだ。

現在、私たちは指先ひとつで大量の映画にアクセスできる。二〇一九年、映画やテレビ番組にアクセスする定番の方法としてのストリーミングサービスの契約数は、世界中で正式にケーブルテレビ契約数を超えた。ストリーミングサービスは必ずしもテレビネットワークと同じコンテンツ・ガイドラインに従う必要はなく、徐々に内容に関する警告を入れるようにはなってきているが、〝キッズ・モード〟設定を起動しないかぎり、ファミリー向けのアニメシリーズを見ている人がスナッフ・フィルム〔殺人の記録映像〕さながらの衝撃映像に出くわしてもおかしくない。

だが主要メディアに関しては、いま私たちが見ている映像のほうがより残虐だとは言い切れない。無声映画時代の『アンダルシアの犬』〔1929／ルイス・ブニュエル監督〕だって、トリック写真や切り裂かれた目玉という形で身の毛もよだつ暴力を見せつけ、いま見ても胃が揺さぶられるような恐怖を味わわせてくれる。とはいえ、血やデジタル・エフェクトなどの特殊効果は、巧みに用いられることで現実味を大いに高めてきた。

レーティングに関しては、〔アメリカでは〕ほとんどのホラー映画がPG〔子どもが視聴する場合は保護者の助言・指導が必要〕からNC-17〔一七歳以下鑑賞禁止〕の範囲に分布している。『ジョーズ』から『ポルターガイスト』まで、傑作ホラーの多くが比較的緩いPG指定になっていることに驚くかもしれない。最近では、観客の層をできるだけ広げるために、PG-13かR指定を目指して製作されることが多い。

メインストリームのホラー映画で、MPAAによってNC-17に指定された後、そこに踏み留まったものはそう多くない。この指定によって、映画を鑑賞するために劇場に足を運びチケットを買える客が大幅に制限されてしまうからだ。ほとんどの場合は編集を加えてR指定のほうに近づけていくのだが、その際残虐シーンが真っ先にカットされるか、少なくとも短縮される傾向がある。血を見せる時間の一、二秒の差が、その映画がR指定になるかNC-17指定になるかの分かれ目になりうるからだ。R指定の劇場版『ソ

『アンダルシアの犬』（1929／ルイス・ブニュエル監督）

ウ』は、指定前のバージョン（NC-17予備軍）よりもわずか八秒ほど短いようだ。同じように、R指定版『スクリーム』はあちらこちらからゴアや血をちょっとずつ削り落として実現し、トータルで七秒分が削除された。

こうした指定をめぐる調整にはいくつか理由がある。まず、NC-17指定は成人限定の劇場公開映画という区分で一九九〇年に初めて導入された。それ以前に同じ意図で導入されたのがX指定だったが、一九七〇年代のポルノ映画製作者たちに横取りされてしまったのだ。NC-17は一九九〇年以前の作品の一部にもさかのぼって適用されることになったが、それは多くの場合、X指定されていたものを再指定し、観客の幅を広げるためだった。たとえば『死霊のはらわた』（81／サム・ライミ監督）は、（「生々しいホラー・バイオレンスおよびゴア」という理由で）X指定されていたが、一九九四年にNC-17に再指定された。しかし一般的に言って、映画のレーティングを受けるのはそもそも自発的な行為なので、NC-17指定のホラー映画の大部分は一九九〇年以降に製作されたものだということになる。これが、最近は成人限定の映画が多くなっているという錯覚を生んでいる一因だ。

ホラー映画で暴力を描くこと――正直に言うなら、暴力を美化すること――の社会的影響は、それを懸念する親が主張するほど恐ろしいものではないが、ホラーがひとつのジャンルとして確立するうえで、暴力描写が重要な鍵となったことは否めない。ホラーはひとつの仮想環境のようなジャンルとなり、作家たちはそこで独創的な殺人を追い求め、衝撃を与えることを狙ってデザインし、過激さとたんなる悪趣味の境界を越える可能性を試すことができる。ホラーとはつまるところ、『ギニーピッグ2　血肉の華』（85／日野日出志監督）のような疑似スナッフ映画、『Mr.タスク』（14／ケヴィン・スミス監督）や『タクシデルミア　ある剥製師の遺言』（06／パールフィ・ジョルジ監督）のようなグロテスクなボディホラー、さらには『ビートルジュース』（88／ティム・バートン監督）のようなファミリー向け娯楽映画まで求めるジャンルなのだ。胃がむかむかするような恐怖は好みに合わないホラーファンもいるだろうが、この後見ていくように、（架空の）暴力はホラー映画の味わいを面白い形で広げてくれるかもしれない。

第七章

血、ゴア、ボディホラー

ジャンルが求める必須条件ではないが、ホラー映画、とくに現代のホラー映画で、ストーリーに暴力が組み込まれていないものはほとんどない。暗示される脅威であれ、はらわたが剝き出しになった死体であれ、なんらかの形の暴力が含まれている。最近の非暴力的なホラー映画の例をざっと調べてみたところ、意外な結果が得られた。暴力的要素を含まないとされる作品の幅広さから、残虐で暴力的だと見なされるものへの耐性が人によって大きく異なることが一目瞭然だったのだ。衝撃的な暴力シーンがないホラー映画としてミヒャエル・ハネケ監督の『ファニーゲーム』(97)と『ファニーゲームU.S.A.』(07)を勧めているリストが少なくともひとつあったが、長々と続く陰惨な拷問シーンがあるにもかかわらずこれらが選ばれたのは、たんにその行為がスクリーンには映し出されないという理由からだった。私たちは一般的に、マイルドで暗示的なものから目の前で繰り広げられる過激なものまで、ホラー映画には暴力シーンがあって当然だと認識している。前章で検証したようにホラー映画の大半が脅威の感覚を伴うのならば、恐怖の創造に暴力が一役買っているのは間違いない。

では、逆にホラー映画から恐怖を取り去ったらどうなるだろう。暴力はそれ自体が怖いものなのだろうか？

ホラー映画の暴力をごく本質的な部分まで突き詰めていくと、恐怖というものは、生身の人間としての経験と、身体の所有権が脅かされ、奪い去られる方法から生み出される。そのような暴力の脅威は、身体の内側からも外側からもやってくる。

身体の内側からの暴力

人間の身体はホラーにとって理想的な場所だ。身体は私的なもので、どんなに調子の良いときでもなんとなく気持ち悪さがある。体液やぶよぶよした組織は別として、身体は私たちがこの世界に存在し、あらゆる喜びや苦しみを味わうための道具だ。しかしその驚異的な複雑さにもかかわらず、人間とはとどのつまり、たんなる脆い肉の管にすぎず――この事実をいち早く利用したのが『ムカデ人間』（09／トム・シックス監督）をはじめとする映画だった――肉体的存在は、邪悪な医者が手を下さずとも、いとも簡単に侵入され、虐待され、改変される。

身体の内側からの暴力にはさまざまな形があり、そこには変身、（通常なんらかの感染によって引き起こされる）突然変異、憑依などが含まれる。サブジャンルごとに異なるが、おしなべて皮膚の下か血液内に何かが侵入して身体を変容させるというのがお約束だ。

変身ホラーにも色々ある。『狼男アメリカン』(81／ジョン・ランディス監督)などクラシックな人狼映画から、旅行者が一夜限りの関係を結んだ結果ヴァンパイアに変身する『AFFLICTED アフリクテッド』(13／デレク・リー、クリフ・プラウズ監督)のような非人狼系、たった一度虫に咬まれただけで昆虫化し、繭を作り、ねばねばした卵を際限なく産むようになる『THE BITE 変身する女』(15／チャド・アーチボルド監督)までさまざまだ。これら創作された侵入は、いかに本物の恐怖と張り合うことができるのだろうか。テーマ的に変身とはコントロールを失うことを意味し、それだけですでに恐ろしいが、その変身の原因となる感染はよくある生物学的な恐怖だ。性感染症を防ぐためにコンドームを装着したり、飢えた虫を寄せつけないために虫よけスプレーを使ったりしてリスクを軽減できたとしても、一〇〇%確実な方法はない。なかにはどうしても避けられないもしものケースが心配でたまらない人もいるだろう——その最悪のシナリオに、剝がれ落ちる肉やしたたる粘液が含まれる場合はなおさらだ。

通常は自然な(そして多くの場合は歓迎される)身体的侵入であっても、このジャンルから逃れることはできない。もちろん妊娠ホラーのことを言っているのだ。サブジャンルのひとつである妊娠ホラーは、新たな命を生み出すという奇跡がはらむもうひとつの面に気づかせてくれる。妊娠とは、ひとつの完全な生命体がある種の寄生生物としてあなたの体内に棲み着き、あなたの臓器を酷使し、あなたの血と栄養を吸い上げて成長し、あなたの肉体を変化させるばかりでなく、神経の化学的性質までも永遠に変えてしまうものなのだ。

妊娠ホラーの傑作といえば『ローズマリーの赤ちゃん』だ。タイトルにもなっているローズマリー

（ミア・ファロー）は、妊娠によって本来ならば輝くばかりに満ち足りた状態であるはずの自分が、やせ細り、弱々しく、病気がちになっていくのに気づく。この作品を境に、数多の映画が妊娠をモンスター（あるいは悪魔やエイリアン）からの感染として描き、いまもボディホラーの一形態として、子宮を持つ人にも持たない人にも恐怖を与えつづけている。アンソロジーシリーズ『The Mortuary Collection（葬儀場コレクション）』（19／ライアン・スピンデル監督）の「避妊なし」のエピソードも、子宮がなければ大丈夫とは限らないことを示している。生意気で軽薄な少年はコンドームを使っていると嘘をつき、モンスターを身ごもる羽目に。だが彼には出産に適した器官がない。となれば、結果はただひとつ——ああ恐ろしい。

神経化学系では『プリベンジ』（16／アリス・ロウ監督）が、妊娠が脳をダイレクトに弄ぶ様をみごとに描き出した。現実の世界では、一般にプレグナンシー・ブレイン（妊娠脳）と呼ばれるものにはホルモンの変化と疲労との完璧な組み合わせが関係し、妊娠中は普段よりも物忘れや集中力の欠如、気分の落ち込みが多くなるとされている。だが研究では、妊娠脳が逸話の域をどれくらい超えるものなのかについて結論は出ていない。ダイアン・ファーラーが二〇一四年に妊婦と非妊婦とを比較する長期的な研究を行ったところ、妊娠中は空間認識記憶がとくに低下することがわかった。しかし、脳に生じるその他の変化はさらに興味深い。二〇一六年のある研究では、妊娠すると一

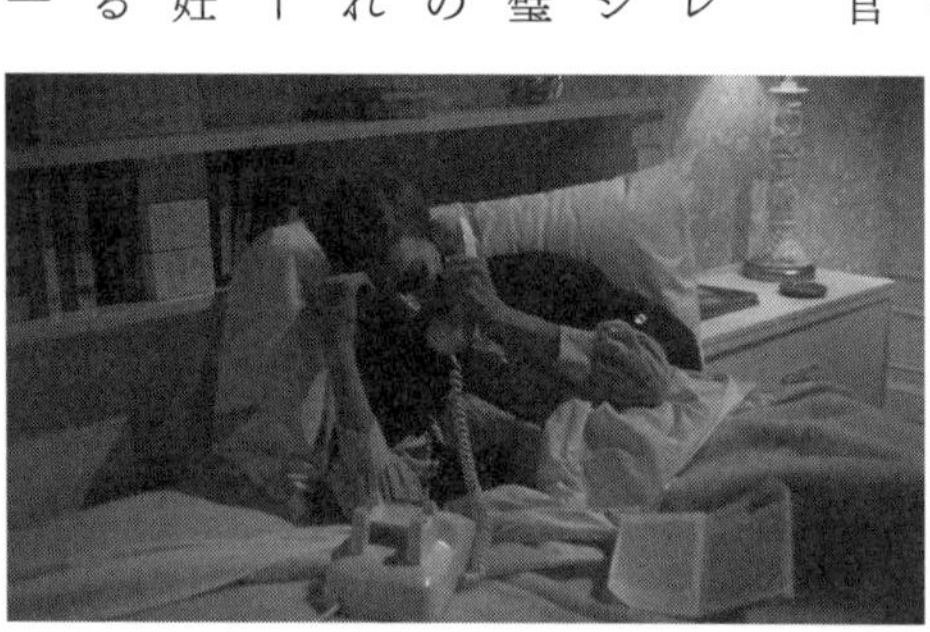

『ローズマリーの赤ちゃん』（68／ロマン・ポランスキー監督）

様に脳の灰白質が減少してその状態が長期間持続し、これから親になる妊婦の脳が赤ちゃんへの愛着を形成する準備を整えている可能性が高いことが解明された。また別の研究では、胎児のマイクロキメリズムと呼ばれる現象が確認された。胎児の細胞が、脳を含む母親の体組織内で小さな記念品のように生きつづける現象だ。これらの変化は自然なもので、現時点でわかっている限り、有益ではないにしろ害はない。だがホラーの場合、ずっと不吉な展開になる。『プリベンジ』で、ルース（アリス・ロウ）にはまだ生まれていない娘が絶えず自分にささやきかける声が聞こえる。その声は彼女に、パートナーの命を奪った登山事故の関係者を殺せとそそのかすのだった。ささやき声による支配は、憑依の物語に似ている。

ある意味、憑依の物語は一種の霊的感染と考えることができるだろう。身体の物理的なバリアを突き破る代わりに、憑依する存在は人の精神や信仰、感情、夢といった脆弱な部分を利用して侵入する。そうなると、細胞が壊れて再形成されたり、自らの肉体が自分自身に歯向かったりする代わりに、それまでの経験が操作されたり、自らの人格が脇へ追いやられることになるかもしれない。とはいえ、幽霊や悪魔による憑依を描いた映画にボディホラーがないわけではない。幽霊や悪魔は人肉スーツを着るのには慣れていないが、『ラスト・エクソシズム』（10／ダニエル・スタム監督）でのけぞるネル・スウィーツアー（アシュリー・ベル）風に関節が折れるほど人体をねじ曲げるのも、『死霊のはらわた』（13／フェデ・アルバレス監督）で完全に取り憑かれたミア・アレン（ジェーン・レヴィ）がカッターナイフを舐めたときのように、人に自傷行為をさせるのも平気だ。

身体は恐ろしいほど不確かなものだ。いとも簡単に何かが——それが形のあるものであろうとなかろうと——身体の奥で成長し、破壊をもたらす。そしてもちろん、人間の身体はとても柔らかい肉の塊であるため、他者からの暴力も受けやすい。

身体の外側からの暴力

トーチャー・ポルノと過激主義は、ホラーのなかでももっとも意見の分かれるサブジャンルだ。一方には殺戮に満ちた血みどろのホラーを好む残酷映画のファンがいて、もう一方には〝心理的《サイコロジカル》〟な恐怖が好みだと主張する淡泊なホラーファンがいる（そう、ここでもったいぶって引用符を使ったのは、本書を丸ごと費やして説明してきたように、緩慢で不気味な戦慄《フライト》だけではなく、すべての恐怖《スケア》は観客の心理を利用して展開するものだからだ）。許容できるスクリーン上の暴力に関して、多くのホラーファンはかなり多彩な好みを持っているようだが（私自身は、たいていのものは一応試してみる派に属する）、露骨かつ強烈に人間が苦しむ類のものは、映画ファンが限界に達することもめずらしくない。ホラー業界の専門家のあいだでも似たようなパターンがよくあり、拷問や責め苦の話題になると彼らは顔をしかめ、こんなことを言う。「ああ、その手のやつは苦手でね」

また、『スクリーム4：ネクスト・ジェネレーション』（11／ウェス・クレイヴン監督）でトルディ（シェネイ・グライムス）がトーチャー・ポルノに対して放った痛烈な言葉を繰り返すなら、「あれは怖いんじゃない、グロいの」

ひとつだけトルディに賛成できない点がある。拷問といってもさまざまだが、とくにトーチャー・ポルノに出てくる「なぜこんなことをしているの？」系の一見無意味な拷問は、怖い。そういうのは恐ろしい。と同時に、間違いなくグロい。もっとも、グロいと呼ぶにふさわしいサブジャンルは、なにもトーチャー・ホラーだけではない。飛び散る血しぶきやゴア、ボディホラーは、スラッシャーからリベンジ映画、クリーチャー・ホラーまで多数のサブジャンルに幅広く登場する。けれども、トーチャー・ポルノではそのアプローチが異なる。

ジェレミー・モリスによると、ある作品をほかの超暴力的《ウルトラバイオレント》ホラーから区別し、トーチャー・ポルノとして認めるための基本要素は五つある。

1. 拷問が非尋問型であること。そのため、暴力が情報を引き出すための手段である場合は当てはまらない。
2. 拷問自体がその映画の怖さの源であり、たんに味わいとして添えられたものではないこと。
3. ある時点で拷問者と被害者の役割が逆転し、被害者は辛い試練によって（良くも悪くも）変化を遂げていること。
4. 被害者が拷問者に変わり、その映画の暴力性を正当化すること。ときにそれは正当化の根拠として薄弱だが、唯一の根拠であることも多い。

5. 拷問がリアルな映像で描写されていること。その拷問には、少なくとも一見して魔術的、超自然的、宗教的な傾向があってはならない。

とりわけトーチャー・ポルノに対する現実的なアプローチは、多くの観客にとって意見が分かれるところだ。私たちは通常、実生活とホラーを明確に線引きしているが、トーチャー・ポルノはその境界線を曖昧にして私たちをリアルな肉体と結びつけ、このサブジャンルを生んだ歴史を実感させようとしているように思える。

トーチャー・ポルノが明らかにアメリカ的なテイストを持つのは、第二章で触れたように、それが9・11を受けて誕生したことがおもな理由だ。アメリカ以外の国のエクストリーム・ホラーはこのカテゴリーにぴったり当てはまらず、それは古い時代のエクスプロイテーション映画も同じだ。ほかにも、過激な恐怖描写を特徴とするフランスやアジアの過激主義映画などはよくトーチャー・ポルノと同列に語られ、そこには拷問も含まれるが、厳密な意味での怖さの源ではなく、恐怖感を出すための道具として使われることが多い。たとえば『オーディション』(99/三池崇史監督)では、たしかに最後の拷問シーンで恐怖がクライマックスに達する(そしてまぎれもなく不穏だ)が、麻美《あさみ》(しいなえいひ)の暴力行為は拷問のための拷問というよりは復讐と解釈できるだろう。暴力を通して、この映画は私たちを登場人物の身体的経験ではなく、その感情に寄り添わせる。

第一章で、恐怖の場面を見て興奮する脳の領域のひとつが島皮質であると述べた。島皮質が持つ多くの機能のひとつに内受容感覚がある。自分の体内で何が起きているかを認識する機能だ。内受容能力には個人差があるが（ダンサーはひときわ鋭敏な内受容能力を持つという研究結果もある）、拷問シーンで皮を剝がされる人の映像を見れば島皮質が興奮し、あなたは自分の皮膚を強く意識するようになるだろう。トーチャー映画における物語と視覚的テクニックは、観客を登場人物から切り離し、代わりに傷つけられていく肉体の映像をスクリーンいっぱいに淡々と映し出す傾向がある。これによって私たちは目の当たりにしている肉体とつながり、島皮質が認識したものを私たち自身の身体に投影することを余儀なくされる。

私はトーチャー・ポルノとほかの暴力的なサブジャンルをはっきり区別しようとしているのだから、ついでにトーチャーとゴアはどこで線引き可能かについても詳しく見ていこう。この二つの要素は一括りにされがちだが、もっとも明確な違いは、トーチャーすなわち拷問は暴力の一形態だが、ゴアは暴力によって起こりうる結果のひとつであるという点だ。実際、両者は相矛盾することさえある。拷問は内臓の露出や流血なしに成立するが、スプラッターやゴアに拷問行為がなかったらブーイングの嵐だろう。視覚的なストーリーテリングの観点から言うと、拷問シーンにゴアをプラスすることで肉体とのつながりがより強化され、意図的な苦痛に晒される登場人物を見る恐怖に加えて嫌悪感も掻き立てることができる。ゴアそのものはかなり幅が広く、壁一面に飛び散る血しぶき、爆発による殺害、大量殺人で血の海と化した部屋などの形で面白おかしく表現される場合もある。ゴアはまた、驚愕表現の一部として使われた場合、非常に効果的なツールになりうる。私がこれまで見たなかでもっともストレスフルだったゴアの場面は、ジャンルを超えたブラック・コメディ『スポンティニアス』(20／ブライアン・ダフィールド監督)に出てきたシーンだ。怯えた学生たちが学校の廊下を駆け抜けていくと、あちらこちらで爆発が起き、彼らは血で満たされた風船のように中身を撒き散らしながら死んでいく。暴力シーンの大半はほんの一瞬しか映し出されなかったのに、私はその場面が終わるまで、ストレスを感じながらずっと両手で顔を覆っていたと思う。時として、もっとも強烈なゴア映像はほとんど目に見えなかったりするものだ。

見えない場面

あなたがシリーズ第一作目の『ソウ』を見直したことがあるなら、「記憶にあるほど暴力的ではないな」と思ったかもしれない。第五章で触れた馴化――ジグソウのトラップは、二度目に見るときはさほど衝撃が大きくないはずだ――で説明がつくのは、この現象のほんの一部にすぎない。トーチャー・ホラーには数えられないが、同じ現象のさらに有名な例が『レザボア・ドッグス』(92／クエンティン・タランティーノ監督)で『スタック・イン・ザ・ミドル・ウィズ・ユー』が流れるなか耳を切り落とす拷問シーンだ。観客はミスター・ブロンド(マイケル・マドセン)が監禁された警官(カーク・バルツ)を拷問し耳を切り落とす瞬間を見たと誤って記憶するが、実際はそのアクションはいっさいカメラに捉えられていない。

この現象が「マンデラ効果」と呼ばれているのをご存じかもしれない。超常現象《パラノーマル》コンサルタントを自認するフィオナ・ブルームによって命名されたこの言葉は、ネルソン・マンデラが一九八〇年代に獄中死したと人々が記憶違いしがちな現象を表現したものだ。なかには、テレビ放送されたマンデラの葬儀を見たと主張する人までいるという（マンデラは一九九〇年に釈放され、九四年から九九年まで南アフリカ大統領を務め、二〇一三年に家族に囲まれながら自宅で亡くなった）。驚くべきことに、この集団的な記憶違いが起きたのは二〇一〇年頃で、そのときネルソン・マンデラは明らかに存命だった。マンデラ効果という言葉が人々の意識に定着したのは、その約五年後のこと。子どもの絵本シリーズ「ベレンスタイン・ベアーズ（The Berenstein Bears）」をネット上の人々が「The Berenst**ei**n Bears」と誤って記憶したのだが、二番目のスペルの根拠は見つからなかった。ブルームはこの現象をパラレル・リアリティ（並行現実）の理論を用いて説明しており、一方でタイムトラベラーによるいたずらや操作だとする人々もいたが、どちらの発想も私たちが科学的に検証できるものではない。むしろ、この現象を説明するものとしては神経科学的根拠を提示するほうがはるかに合理的だ。

『レザボア・ドッグス』の例のように、見る側がアクションから切り離された状態で拷問シーンが展開する場合も同様の現象が起き、私たちは実際には見ていない暴力を詳細に記憶する。では、こうした隙間を埋めるとき、頭の中では実際何が起きているのだろうか？　感覚モダリティ〔感覚器で捉えたさまざまな感覚〕を〝記憶された〟経験に統合して偽の記憶を作り出すのに、海馬が重要な役割を果たし

『レザボア・ドッグス』（92／クエンティン・タランティーノ監督）

ているようだ。海馬は長期記憶の統合を得意とするが、そこでおもに関係するのはエピソード記憶と呼ばれるもの、つまり私たちの人生経験やパーソナルな記憶だ。海馬はまた、頭の中の本棚を丹念に調べて昔の記憶を引っ張り出し、それを現在の経験や思い描く未来の像と統合する領域でもある。そのため、海馬が『レザボア・ドッグス』を最後に見たときの記憶を呼び起こし、さらにそれを腹内側前頭前野や背内側前頭前皮質など脳のほかの領域が手伝って、現在の場面から得られる手がかりと既存の連想（耳が切り落とされている！　血みどろの悲惨な状況になるぞ！）を用いて記憶が再構築される。こうして私たちが回想を終えると、海馬はその記憶を再統合し、新たな情報も含めた状態で認識というファイルのフォルダに戻す。これはコピーをコピーするのとは違う。何度かコピーを繰り返すうちにだんだんぼやけてしまうというのではなく、むしろ記憶ファイルを引き出すたびに中身が更新されるイメージだ。

あるラジオのインタビューで、神経科学者のスティーヴ・ラミレスが、記憶がこれほど影響を受けやすい理由についてひとつの解釈を示している。「たとえば海馬という機構は、私たちに過去を思い出させると同時に、過去を再構築する機構でもある。そしてそれはまた、私たちに未来の自分を想像させる機構であると言える」。意識的に思い出した記憶というものはみな、ある程度は偽物っぽいと考えられるだろう。というのも、思い出すという行為は、その記憶体験を再構築するための脳の経路を活性化させるからだ。第五章で述べたように、記憶の固定化は新しい情報によっていとも簡単に中断され、それと同じことが記憶の再固定化でも起きるのだ。

偽の記憶が作られる方法はいくつかある。ひとつは私たちが記憶の再構築に使うテンプレートに欠陥があるかもしれない場合で、スキーマ動因エラーと呼ばれている。スキーマとは心理学用語で、情報の整理に役立つ概念的知識のテンプレートのことだ。たとえば「椅子を想像してください」と言われた場合、あなたの基本的な〝椅子〟のスキーマはおそらく「四本の脚と座面、背もたれがある構造体」といった、オーソドックスな木製の椅子の絵のようになるだろう。このスキーマのおかげで、私たちはさまざまな家具を見て、〝椅子か椅子でないか〟をすぐに理解できる。

だがスキーマの厄介なところは、「意味を求める努力」と呼ばれるプロセスにおいて、既存のスキーマに合わせようと記憶が新しい情報を歪曲してしまう点にある。つまり、すんなり理解できない部分や見慣れない部分があれば、そこを無視したり変えてしまったりしたほうが楽なのだ。たとえば映画では、この選択的注意はシーンの記憶が符号化されるひとつの要因になりうる。スクリーンに映し出されているものに興味が持てない場合、私たちはカメラのレンズの視野外で展開していることに注意を向け、その情報を統合するだろう。その後は当然、そのシーンで起きていることに対する私たちの社会的理解や文脈に基づく理解が手伝って、記憶が呼び出され、再構築される。

つまり『レザボア・ドッグス』の拷問シーンを思い出すというとき、私たちはミスター・ブロンドがカミソリを手に踊り回る状況を思い出し、椅子に縛りつけられた警官のアップや、ダクトテープでふさがれた口、顔からしたたり落ちる血を思い出し、ミスター・ブロンドの「動くな」という声と警官の苦痛の呻きを思い出し、そして事が終わった後でミスター・ブロンドの手に握られた肉厚の耳を見たことを思い出すのだ。警官の耳があった場所の血みどろ映像を直に見なくとも、記憶が再構築され、論理的に欠けているステップ——ミスター・ブロンドが椅子の上の警官にまたがり、耳を切り落とす瞬間——を埋めて、欠落していた映像を魔法のように思い出させてくれる。そして、ほかの誰かもそれを覚えていると聞けば、その映像はさらに強化されるのだ。

このことは、カットとカットのあいだで起きていると私たちが想像する物語は、最終的に見せられるものより怖いものになるという説を立証する。文脈的手がかりと私たち自身の過去の記憶から、脳はスクリーンに映し出されるものよりもはるかに強烈な出来事を構築し再構築することができる。トーチャー・ホラー、ゴア、ボディホラーの場合にこの再構築が非常にパーソナルなものとなりうるのは、生身の人間としての私たち自身の体験を通した解釈を含むからだ。カミソリが皮膚を切り裂く直前、あるいはスクリーン上で最悪の拷問が起きる直前の素早い画面転換の威力を、映画制作者は知っている。それは私たちの脳を利用した、ともすると視覚効果がなしうる以上に強烈な映像を生み出す賢い方法なのだ。

ここまで来て、あなたは思うだろう——待てよ、私の脳が欠落した映像を想像してくれたことなど一度もない。これは明らかに嘘っぽいぞ。そう思うのはあなただけではない。視覚化の能力はスペクトラム上に分布しており、その一方の端にあるのはアファンタジア、すなわち心的イメージを思い浮かべることがまったくできない状態だ。これは計測が難しい現象だが、既存の研究から、このような写実的《イマジスティック》な思考の欠如を経験する人は人口の二%から五%ほどいると推定されている。

二〇二一年、恐怖の回想において心的イメージがどのような役割を果たすのかを探る実験が行われた。被験者の半数はアファンタジア経験者で、実験は皮膚に電極をつけて行われた。実験者は被験者を暗い部屋に座らせ、怖いシナリオを読み聞かせた。聞き手自身が崖から転落する、墜落する機内にいるといったストーリーだ。すると電極は、興奮と関連する発汗のわずかな変化を検出した。興奮によって皮膚の電気伝導率に変化が生じたのだ。恐怖心を直に測定したわけではない（恐怖心など特定の感情をピンポイントで測ることはできない）が、これはある種の強烈な生理的反応が起こっていることを示す良い指標となる。アファンタジアの経験があると自己申告した被験者は、ストーリーを聞いているあいだも皮膚の電気伝導性に変化が見られず、一方でアファンタジアを経験したことのない被験者は、描写される状況に置かれた自分自身を思い浮かべると興奮がピークに達した。

たんなるストーリーの代わりに不穏な映像を用いてこの実験を繰り返したところ、アファンタジア経験の有無にかかわらず、全員が同じように興奮時の皮膚伝導反応を示した。この結果からわかるのは、映像を見せなければアファンタジアを経験した被験者には興奮が起きないこと、つまり視覚化には恐怖感を高める力があるということだ。

アファンタジアの人は、よく言われる「語るのではなく見せろ《ショー・ドント・テル》」というストーリーテリングのルールにもっとも適した観客なのかもしれない。だからゴア映像から切り離してしまってはだめなのだ。彼らは実際にスクリーンで見なければ、暴力を暗示することで呼び起こされる強烈な感情的衝撃を味わえるだけの情報が得られないからだ。アファンタジアの人もほかの人たちと同じように怖さを感じることはできるが、彼らには具体的な映像を示すことが必要なのだ。

批評家たちがホラーを「目で味わうごちそう」と呼ぶとき、それはたいてい暴力描写を指しているようだ。ゴアがなくとも効果的に恐怖は与えられるだろうが、ホラー映画ならではの血しぶき舞う暴力やグロテスクな殺害シーンには、人を強力に惹きつける何かがあるのかもしれない。

血みどろなほどいいのか？

『血の祝祭日』は最初のスプラッター映画と見なされることが多い。つまり、生々しいゴアをスクリーンに登場させた最初のホラー映画ということだ。そのわずか三年前、『サイコ』は身体から流れ出た血がシャワーの排水口に吸い込まれていく様を大胆に描いたが、迫力に欠ける白黒映像だった。『血の祝祭日』はあたかも『サイコ』に応えるかのように、バケツ何杯分もの血と、舌と、身体の一部を毒々しいテクニカラーで映し出した。現在の基準からすると安っぽく馬鹿げた作品に思えるかもしれないが、それはまぎれもなく血みどろだった。

現実の世界で血を怖がるのはよくあることで、これは血液・注射・外傷（blood-injection-injury）恐怖症、略してＢＩＩ恐怖症として一括りにされることが多い。最大四％とかなり高い割合の人がＢＩＩ恐怖症を経験すると推定されるため、あなたも人生のどこかで、本物でも偽物でも、とにかく血を見るのが苦手だという人に出会ったことがあるかもしれない。よくある恐怖症だが、あらわれる症状は尋常ではない。あらゆる恐怖症は恐怖反応の引き金となるが――それこそが恐怖症の恐怖症たる所以なのだが――たいていの恐怖は人を気絶させたりしない。血を見て気絶するのは、血管迷走神経反射と呼ばれる非常に特殊な生理的反応によるものだ。迷走神経は、心拍数を下げる、食べ物でいっぱいの胃に胃液を分泌するよう身体に指令を出すといった、〝休息と消化〟タイプの不随意機能をつかさどる。突然の恐怖など、何かがトリガーとなって迷走神経が過剰に反応し、身体の限界を超えて心拍数や血圧が急激に低下することがある。通常の恐怖反応では心拍数が急上昇するのだが、それとは逆のことが起きるのだ。血管迷走神経反射と関連して心拍数や血圧が急低下すると、良くてもめまいや吐き気が起こり、最悪の場合は失神してしまう。血液恐怖症によって血管迷走神経反射が誘発されるのは、恐怖感と嫌悪感が同時に刺激されるからではないかとの研究結果もある。しかし、なぜ血液やむごたらしい傷、注射針に対する恐怖だけが一貫して血管迷走神経の〝嫌悪感・恐怖〟宝くじに当選し、ほかのグロスアウト系の恐怖は当選しないのか、その理由はいまだ謎のままだ。

だがホラー映画の美学に関する限り、血はジャンルの定番だ。ホラー、とくにスプラッター、リベンジ、ボディホラーなどドロドロ系のサブジャンルでは、血が惜しみなく噴き出したり、したたり落ちたり、飛び散ったりしないケースは想像しにくい。だがもちろん、血の量があまりにも多すぎると、その映画はR指定されるか、ともすると恐るべきNC-17に指定されかねない。『タクシードライバー』(76)をX指定にするとMPAAに脅しをかけられたスコセッシ監督が、血を茶色っぽい色に抑えた話は有名だ(その努力が認められ、彼はR指定を獲得した)。これまで述べてきたように、制約的なレーティングを回避するために血なまぐさいシーンの時間を削ったホラー映画もまた、数えきれないほど存在する。

映画で使われる血糊は、チョコレートシロップから、染料やシロップなどを含む複雑な混合物までさまざまな製法で作られ、なかには危険な有毒化学物質を含むものもあった（たとえば、写真フィルムを現像する際に水滴がつくのを防ぐ濃縮湿潤剤「コダック フォトフロ」は、特殊メイクアーティストのディック・スミスが開発した伝説的な血糊の主成分として使われた）。色、不透明度、粘度に関しては、十分な数の映画を見れば、カメラを通したときにほかの製品よりも本物らしく見えるものがあるのがよくわかる。これは時代に応じて美的トレンドが変化したからでもあり、市場でどの血が人気かにもよる。最近の血のトレンドは、かつてよく目にした鮮やかな動脈血のようなものではなく、よりダークになっている。ただし、数ある血糊に共通する特質がひとつある。ほとんどの血には粘り気があり、染みになりやすく、概して撮影のたびに扱いに苦労するということだ。

注目作品

『サスペリアPART2』（75／ダリオ・アルジェント監督）

『サスペリア』（77）や『サスペリアPART2』など、ダリオ・アルジェント監督による一九七〇年代の美しくも暴力的なジャッロ映画では、私が好きなタイプの血糊を見ることができる。それはまたジョージ・A・ロメロ監督の『ゾンビ』（78）でも、ゾンビの灰色っぽいメイクとは好対照の鮮やかな姿を見せてくれる。

『サスペリアPART2』の冒頭近く、ヘルガ（マーシャ・メリル）が殺されるシーンを思い浮かべてほしい。

ヘルガは背後から肉切り包丁で襲われ、彼女の頭が窓ガラスを突き破る。下の通りでそれを見ていたマーカス・デイリー（デヴィッド・ヘミングス）が、彼女を助けようと急いで部屋に駆け上がる。彼が窓からヘルガを引き戻すとき、彼女の喉を染める血は乾いた蝋のように見え、首に突き刺さったガラス片のまわりについた血は、流れ落ちた形で完全に固まっている。床に横たえられると、息絶えたヘルガの口から、溶けた赤いクレヨンのような血がとろりと床に流れ落ちる。

これは非常にリアルな血というわけではない——実際、もっともリアルでない血とも言えるだろう。テクニカラーのけばけばしい朱色で、やけに蝋っぽく、あるいはマニキュアっぽく見える。問題の血は〈ネクステル・シミュレーテッド・ブラッド〉（以下、ネクステル血糊）として知られるもので、3M社のフィル・パームキストとレン・オルソンによって開発された。この血糊は一九七二年の第四五回アカデミー賞で科学技術賞を受賞し、七〇年代に一時的だが爆発的な人気を博した。いったい何がそれほど革新的だったのか？　それは皮膚や衣装、セットに染みを残さなかったのだ。

これはちょっとした面白い科学だ。ネクステル血糊が皮膚や衣装に染みないのは、液体の染料や顔料を含まないから。赤い色、そしてプラスチックのような外観はおそらくマイクロスフェア（微小球体）によるもので、微細なプラスチックの球体が無色の液体増粘剤に浮いている状態だ。ほかの血糊は油性の化合物を含むため、何にでも容易に染みをつけてしまうが、その点ネクステル血糊は表面から染み込むのではなく素材の上に乗っているだけなので、血の色に染まっても簡単に拭き取ることができる。

しかしネクステル血糊は、魅力的なコンセプトで舞台演出やライブショーでは人気を得たもののの（KISSはコンサートで使い、フロントマンのジーン・シモンズは、ボトルに入った血糊を飲むふりをしているところを写真に撮られたことがある）、残念ながら映画のセットではあまり活躍しなかった。『ゾンビ』でこの血糊を使った特殊メイクアーティストのトム・サヴィーニは、これを好まなかったと伝えられている。彼は著書『Bizarro: A Learn-by-Example Guide to the Art & Technique of Special Make-up Effects（実例から学ぶ特殊メイクテクニック技能ガイド）』（一九八三年）で、「当時は、本当に優れた血糊は出回っていなかった。『ゾンビ』で私が使ったのは3M社製のもので、すごく良く――じつに深みのある、赤い血に――撮れることもあれば、まるでテンペラ絵の具のように見えることもあった」と書いている。お蔵入りになった映画の大半がこの血糊を採用していることを根拠に、彼はこれを映画撮影用には勧めなかった。

ネクステル血糊が必ずしも意図したようなカメラ映りでなかったとしても、さほど不思議ではない。浮遊するきわめて微細な球体という構造が、ほかの溶解型の血糊とは異なる形で光を散乱させ、血に思いもよらないクレヨンのような色を与えてしまったのだろう。私はネクステル血糊の特許を持っていないからわからないが、この一貫性のない発色は、構造色と呼ばれる現象に原因があるのかもしれない。ほとんどの物体において、私たちが知覚する色は、その物体が吸収または反射する光によって決まる。赤い食物に含まれる色素を赤と知覚するのは、その色素の分子構造が、赤という色の知覚に関係のない波長の光を吸収し、関係のある光を反射するからだ。その反射した光が目に入り網膜の錐体細胞を興奮させることで、私たちは色を認識する。

　ところが、素材の構造配列が微細である場合――とくにナノスケールの場合――それが色の認識に影響することがある。たとえば玉虫色の光沢を持つ青いモルフォチョウの翅《はね》をナノスケールまで拡大して見てみると、まったく青くなどないことがわかるだろう――それは茶色なのだ。青いモルフォチョウの翅を構成する小さな茶色の鱗粉《りんぷん》は層構造に配列され、それが回折格子〔光の回折を利用して異なる波長の光を分離する装置〕のような役目を果たし、光を散乱させてその反射の仕方に干渉する。青い波長には建設的干渉が生じて鮮やかな青色が増幅され、私たちはそれを知覚するが、一方でほかの波長には相殺的干渉が生じる。ネクステル血糊に使われているマイクロスフェアの極端に微細なサイズとその配列も、同様に構造色現象を起こした可能性がある。そのため、モルフォチョウの翅の色が角度によってわずかに変化するように、ネクステル血糊も撮影する角度によって、わずかに色のバリエーションができるのかもしれない。

　いずれにしろ、一九八〇年に『13日の金曜日』を手がける頃には、トム・サヴィーニはもっと本物らしく見える血糊を使っており、ネクステル血糊はハリウッドからほぼ引退していた。

血みどろであればあるほどいいのか？　これははっきり答えの出る問いではない。血は道具のひとつであり、『死霊のはらわたII』（87／サム・ライミ監督）のような映画ではバケツ一杯の血が安っぽさや面白みを強めるが、『キャリー』（76／ブライアン・デ・パルマ監督）でトラウマを抱えた超能力を持つプロム・クイーンの頭に浴びせられたときのように、同じバケツ一杯の血が限界まで緊張感を高めることもある。傷口から真っ赤な動脈血がにじみ出ようと、〝本物らしい〟茶色がかった血や乳白色の液体がにじみ出ようと――もっとも恐ろしいのは何も出てこないときかもしれないが――血を使うことで、さほど苦労せずに苦痛や嫌悪感を呼び起こすことができるだろう（ただ、私はいつも想像するのだが、血みどろのセットは、ねばつく血にまみれた俳優や掃除スタッフにとっては悪夢だろう）。

目にまつわる恐怖

私が大学を出て最初にした仕事のひとつは、ある科学センターの来場者向けに臓器解剖のデモンストレーションを行うことだった。人々はテーブルをぐるりと囲み、私は手袋をはめた彼らの指をブタの心臓の弁から心室まで導いたり、スライスしたヒツジの脳のさまざまな領域について説明したりした。私が好きな、そして誰からも受けが悪いデモンストレーションが、ウシの目玉の解剖だった。これが心臓や肺、脳、あるいは胃なら？　たいていの人は大丈夫だった。ところが目玉を取り出すと人々はたじろぎ、後ずさる。

目玉に感じるこの気持ち悪さはスクリーン上でも同じだと、あなたは気づいているかもしれない。私はそれを知っている。ゴアやボディホラーに対する許容範囲は人それぞれ異なるが、目玉を突き刺したり、破裂させたり、えぐり出したりするのを見ると、多くの人が思わず目をぎゅっとつぶってしまう。

けれども、ねっとりしたゼリー状の物質（専門的には硝子体液《しょうし》と呼ばれる）で満たされた、簡単に押しつぶせる球体の視覚器であることから、目にまつわるホラーは繰り返し登場する。また、たとえ映画そのものには登場しなくとも、目はホラーの代名詞となり、あらゆるホラー映画のポスターを（そして本のカバーを！）飾っている。

目にまつわるホラーを見るのが耐えがたい人たちが感じる不快感は、目が本来パーソナルで身近な器官であることに根差していると私は考える。あなたは毎朝、歯みがきをしながら自分の肝臓を鏡で見ることはない。おなかの真ん中から小腸をぶら下げて自撮りすることもないだろう。内臓は体内にあり、それが剝き出しになったのを見るのは気持ちが悪いし、私たちは目に対するのと同じような親密な愛着を内臓に対しては抱いていない。

目は身体の外側にあるため、たとえば『オーディション』で重治《しげはる》（石橋凌）の目に針を突き刺すシーンや、『28日後…』で眼窩に親指を深くめり込ませるシーン、あるいは『アンダルシアの犬』や『デッド or キル』（12／デヴィッド・ガイ・レヴィ監督）に出てくる、目をカミソリで切り裂くシーンを見ているときに、その状況を想像しやすい。『時計じかけのオレンジ』（71／スタンリー・キューブリック監督）で嫌悪療法のために大きくこじ開けられたアレックス（マルコム・マクダウェル）の目を初めて見たとき、私は身もだえし、自分の目に涙がにじんでくるのを感じた。役のうえで、彼の目はまったく無傷だったのだが。しかし安全対策が講じられていたにもかかわらず、まぶたを固定するあの装置でマルコム・マクダウェルの片方の目の角膜に傷がついたとのちに何かで読んだとき、私はさらに身もだえした。

目玉に何かを突き刺されたり切り裂かれたりするのを見て共感的な反応が起きるのは想像に難くない。映画で目玉がいとも簡単に傷つけられるのを見ると、目がいかに脆く無防備なものかを痛感させられる。私の場合、トランプゲームをするたびに、うっかりトランプで角膜を切り裂いてしまうのではないかという妙に具体的な不安が付きまとう（それが起きたことは一度もないのだが）。目玉に関連する恐怖に特化したものがそう多く存在するわけではないが、研究によると、目の損傷に対する恐怖は身体の完全性の喪失と身体的侵入への不安という点で、前述の血液・注射・外傷恐怖症と同じような種類の恐怖だという。この手の恐怖では、予測と関連する急激な不安の高まりが特徴的で（あのなつかしい、扁桃体が引き起こす闘争・逃走反応だ）、実際の視覚イメージに直面すると、それはすぐに島皮質が主導する嫌悪感と内受容に切り替わる。ほかの種類の恐怖と異なり、血液・注射・（目の損傷を含む）外傷恐怖症はパーソナルなものなのだ。

　私たちは暴力そのもの以上に、それがホラーに添えるスペクタクルが大好きだ。ありえない形に折れ曲がった手足や、異常な方法で解体された身体など、独創的な殺しのアイデアが大好きだ。ファイナル・ガールに降り注ぎ、頭のてっぺんからつま先までびしょ濡れにする血の映像が、あるいは手足が切り落とされ、弧を描いて壁に飛び散る血しぶきが大好きだ。けれども私たちがそれを好むのは、ホラー体験の一部だからであって、暴力そのものを愛するからではない。ゴアはたしかにグロい。そして暴力の脅威は、それがホラーの文脈と無縁であってもストレスと恐怖を与える。ホラーに暴力の要素が加わると、それが感情の増幅器の役目を果たし、私たちは登場人物やアクションと直に結びつく。それは、私たちがみな身体を持っているからだ。スクリーンに映し出される暴力につねに共感できるとは限らないが、私たちは間違いなくそれを認識する。

インタビュー
ジョン・フォーセット

ジョン・フォーセットは映画監督でテレビ番組の製作総指揮者。手がけたホラー作品には、人狼映画『ジンジャー スナップス』(00)や『オーファン・ブラック～暴走遺伝子』(13)などがある。

――映画制作者として、ほかのジャンルよりもホラーにより強い魅力を感じていますか?

そもそも私が映画監督になったのは、たぶんホラーがやりたかったから。私のホラーに対する考え方や入れ込み方はつねに直感的で、気持ちから入る感じですね。とくに科学的な視点で捉えたことなどなかったし、きちんと突き詰めて考えたことすらなかった。ただ感じるままに物事に反応していただけなんです。

子どもの頃はいつもビビってばかり。とても怖がりでね。覚えているのは、五歳頃から……一五歳くらいまでかな、暗闇とか、何もかもがすごく怖くて、それを克服するのにずいぶん長い時間がかかった。おかしな話だけど、そんな怖がりな自分を直そうと思ってホラーに目を向けたんです。ホラーが怖かったから！　テレビで『暗闇にベルが鳴る』を見たときのことはいまも覚えていて、本当に怖かった。強烈な場面になる前に両親がテレビを消したけど、遅すぎた！　もうすっかりトラウマですよ。

『ハロウィン』を見たのはまだ子どもの頃で、『狼男アメリカン』を見たときはもっと幼かった。『エクソシスト』と『オーメン』を部分的に見たのもかなり小さい頃で、あまりの怖さに、逆に魅了されてしまった。そしていずれこっちの道に進むわけだけれど……当時はよく、恐怖にどれくらい耐えられるか自分を試したり、逆に遠ざかったりしていました。面白いのは、映画がどんな風に作られているのかがわかりはじめると、それを利用してホラー映画への恐怖心が克服できたこと。自分が撮影現場にいて映画を撮っていたらどんな感じだろうと想像したんですよ。

――ご自身をアクションの外に置く感じでしょうか？

『ハロウィン』を思い浮かべてみましょう。『ハロウィン』はものすごく怖い映画だった。私は中学のときに見たけど、恐ろしい映像がたくさんあった。仮面をつけたマイケル・マイヤーズが男をドアに突き刺し、男の足が床から浮き上がる……そこで私はこう考えた。オーケイ、ズームバック。ここはセットだ、本物の家なんかじゃない。窓にはライトがあって、仮面をつけた男がいて、頭上にはマイク、カメラを回す人だっているし、セットにいるなら怖くない。ちっとも怖くなんかない。とまあ、こんな具合に、ホラーへの恐怖感に打ち勝った自分がいて、でも一方で、子どもの頃に最初に恐怖を感じたものへの魅力もつねに感じていましたね。「何が怖いか」みたいなものって、じつはそのへんから来ていると思うんですよ。ホラー映画を理解し、自分はそもそも何が怖いのかを理解すること。
その答えは本当に基本的な、根っこの部分にある。小さい頃の、何かを怖がっていた自分とかね。

――それはホラーに対する現在の見方にどうつながっていますか？

そうですね、ホラーを怖いものにするには、リアルな人物、あるいは私たちがリアルだと感じるキャラクターを登場させて、彼らを異様な恐ろしい状況に追い込むことだと思います。それがホラーに限らずジャンル映画に関して、私が長年心がけてきた理念のひとつです。人々が一緒になって感情移入できるようにするには、リアルに感じられるキャラクターを登場させないといけない。彼らの心の動きがリアルであること。俳優が脚本を演じているように感じさせてはいけないんです。登場人物にはつねになんらかの決まった型があるけれど、ありきたりにならないようにする方法は必ずある。本物らしさを感じられるものを提示すれば、物語は受け入れられると思うんです。人狼でも、クローンでも、エイリアンでも、なんの話であっても。
一九七〇年代のスタイルは、非常にリアルでしたね。コメディ性の高いスタイルに挑戦する人なんかいなかった。あなたは七〇年代のどんな映画が好きかわからないけど、たくさんの作品がありますね。私が好きなホラー映画の多くは七〇年代のものです。すでにいくつか挙げたけど、ほかにも『赤い影』（73／ニコラス・ローグ監督）、『エイリアン』、『暗闇にベルが鳴る』、『ゾンビ』……『ジョーズ』は史上もっとも成功したホラー映画のひとつでしょうね。キャラクターへのアプローチがすごくリアルだった。だから当たる。キャラクターが型にはまりすぎていたりリアルじゃなかったりすると、そう感じた瞬間に怖くなくなってしまうんです。

――ホラーの傑作とされる作品をいろいろ挙げてくださいましたが、それらのおかげで、観客はいまも期待を抱いてホラー映画を見に映画館に足を運んでいます。監督としてのアプローチは、観客のそうした期待にどの程度沿ったものになっているのでしょうか？

このジャンルの仕事をしていると、お約束のことがよくわかってくる。そしてもちろん映画制作者として、何がうまくいくか、いかないかもよくわかるようになる。お約束がうまくいくのは、わかりやすいから。手っ取り早いんです。だから使うなというわけじゃありませんよ。私なら……よくできたジャンプスケアが大好きだから、それを使う。ホラー映画には、すごくシンプルだけど観客が怖がるちょっとしたテクニックがたくさんあるんです。後ろに誰かがいるなんて思いもよらないところで、背後に立つ人物を見せたりね。しかも映像はぼやけたままで。あるいは緊迫感のあるシークエンスの後、何もないだだっ広い空間を映し出す。だけどそこでは何も起きないとか。

要するに、私はそういう古いホラーのテクニックが好きなんです。

――それは観客も同じですね！

そう思いますよ。たとえばね、何か日新しい題材を提示しようとする場合――それでもやはりストーリーを語らなければいけない、映画としてストーリーを伝える必要がある。ところがその方法は、それほどたくさんあるわけじゃない。何かをユニークにするもの、そう、映像によるひとつの伝達手段……それが陳腐なものである必要はない。ストーリーをユニークにするのはキャラクターと題材、それがストーリーをお約束から切り離すんです。

もっとも、お約束にもいろいろあるから、人々がまだ見たこともないような方向性の話のなかで、新鮮味や独創性が感じられる形で提示できる可能性もあるでしょう。でも、目新しいことに思い切って挑戦してみるのも楽しいですよ。私が『ジンジャー　スナップス』を手がけたときもそうで、映画に出てくる人狼の背景にはある種の神話があることを深く知ることになったんです。私は人狼映画を作りたいわけじゃなかった。作りたいのは変容に関する映画でした。変容、肉体の変化の物語にしたかった――ボディホラーを作り、しかもコメディ調にしたかったんです。

それを考えれば考えるほど、これを撮るために自分はこの仕事をしているんだ、このジャンルは改革できると考えるようになりました。

私はこんな風に考えたんです。人狼映画を定義付ける要素は一〇個あるから、それを使おう。人々はそこを期待してるんだから！　ただし、その期待を逆手にとった使い方をしてみよう。彼らの期待を受け止め、ひねりを加え、折り曲げ、覆し、このジャンルを改革しよう。そしてときには、楽しいものは純粋に楽しむために使おう。人狼映画を作るのだから、それを思い切り楽しもう！と。

――二〇年ぶりに『ジンジャー スナップス』を見直されたご感想は？

あの映画をアップデートするのはとても面白いですよ〔当時フォーセットは『ジンジャー スナップス』のテレビシリーズ化に関わっていた。二〇二四年七月現在、公開時期は未定〕。二〇年間どうにかうまく生き残ってきたなと思う反面、思い切って先に進むのも面白い。いまの時代の設定に変えよう、現代風にしよう、もう一度、人々の期待を超えるものを作り上げよう、という感じかな。そして、まったく新しいことに挑戦する。

それが私の映画作りの、そして一から何かを作り上げる際のセオリーでした。あらゆるお約束を探し出し、それを使わないようにする。ジャンルから取り入れられるもの、ジャンルのなかで遊べる部分を見つけたら、それをユニークなものにして、ジャンルをごちゃ混ぜにするか、思いもよらない要素を使ってストーリーを語る、ということです。

もうすべてやり尽くされているからね！　ホラーでは難しい。いまや新奇なものは何も作れない。

――どんなものを怖いと思いますか？

空想上のクリーチャーは怖くないですね。怖いと思わない。私が怖いのは、実際に存在するかもしれないものや、自分に悪影響を及ぼしたり、暗い路地で襲いかかってきたりする可能性のあるもの。それと、血流に入り込んでくるもの。

カナディアン・ホラーを支える柱はたくさんあって、ボディホラーは間違いなくそのひとつです。『ジンジャー スナップス』に、そして私が怖いと感じるものに大きな影響を与えたのがデヴィッド・クローネンバーグ監督でした。自分の身体や血流の中に何かが入ってくるというのは、ホラーのなかでもより怖いジャンルのひとつだと思いますね。『オーディション』はじつに怖かった。あれは本当に、本当に気味が悪かった。私が好きなのは『アメリカン・ドクターX』（12／ジェン&シルヴィア・ソスカ監督）。『ザ・フライ』ももちろん好きだし、『戦慄の絆』（88／デヴィッド・クローネンバーグ監督）は『ジンジャー スナップス』に多大な影響を与えました。『エイリアン』は明らかにボディホラーの傑作のひとつだし、『遊星からの物体X』はおそらく人生でベストに入るボディホラーでしょうね。すばらしい映画ですよ。

人は怖いと思うものを創作するでしょう？　自分が恐ろしいと思うものを作る、それは情緒的な部分から生まれるもので、人それぞれ異なります。ホラー映画を作りたいならなんでもテーマになると思いますが、私にとってはボディホラーがテーマ的に良い出発点ですね。もうひとつ、私がホラーのテーマとしていつも真っ先に取り上げるのが家族です。この二つは、私が好きなホラーの重要な要素です。私はサイコホラーが好きなんです。サイコホラーといえば、まずは『反撥』（65／ロマン・ポランスキー監督）あたりが思い浮かびますね。

――お仕事では、ホラーにより強い魅力を感じていらっしゃいますか？　ほかにもとくに好きなジャンルはあ

ります か？

私はユーモア系が好きですが、ホラーとユーモアはだいたい相性がいいんです。私はホラーのレンズを通して物事を見ることが多い。大真面目なホラーじゃなく、コメディタッチのホラーのレンズです。

それは、ホラー映画では登場人物に寄り添う必要があるからです。恐怖を味わうには、完全に登場人物と一体化しないといけない。神の視点ではだめなんです。廊下を歩くシーンで観客を怖がらせたいと思ったら、一番効果的なのは、歩いている人物と一緒にいるような気分にさせることでしょうね。真後ろをついていく感じです。実際、恐怖の場面全体を二つのアングルで構成することもできる。たとえば、誰かが古い小屋に入っていくシーン。ひとつのアングルでは、その人物を後ろから追い、その人物が目にするものを見せる。そしてもうひとつのアングルで顔を捉え、その人物がどう感じているかを見せる。その二つのアングルと懐中電灯があれば、おそらくシーン全体を組み立てることができるでしょう。

――ホラーには多くの感情、感情的知性、そして共感が含まれると、みなさんおっしゃいます。

たしかにそうでしょうね。そういう要素が優れたストーリーを作り上げる。私のこだわりは二つあって、ひとつは真実味のあるキャラクターです。観客が関心を持ち、リアルに感じられるキャラクターを提示すること。つまり、どんな気持ちにさせるストーリーであっても、観客が感情移入できるキャラクターでなくてはいけない。だから私個人は、あまりにも型にはまったキャラクターはすごく苦手なんです。なんとなく……距離を感じてしまうから。その映画を見ることはできても、ただ見ていればいいという感じがして気持ちが入り込めない。どこか冷たく、疎外感のようなものを感じてしまんです。ホラーでは、自分も入り込んで登場人物と気持ちでつながることがとても大事なのであって、それは感情から、そして共感から来るものです。それともうひとつ、起きていることに真実味を感じさせるために私がしていることがあって、それは役者に対する演出です。役者がシーンの中にいること、それによって真実味のある情景が生まれるような演出を心がけています。

たとえば『ジンジャー スナップス』のラストで床に倒れたジンジャーが息絶えた後、ブリジットの頬を涙が流れ落ちる非常にエモーショナルなシーンがある。なけなしの予算で撮っていた私は、そこで使ったエフェクトを観客は二秒も信じてくれないんじゃないかとびくびくしていました。床に横たわっていたのはたんなるラバースーツを着た男で、完全なフェイクだからね。だけどそれを納得させるのが、エミリー・パーキンスの顔に浮かぶまぎれもない本物の感情、そしてあの涙。すると観客は、ああ、この子の姉が死んでしまった、となる。

つまり、それでナンセンスな作り話も姉が人狼になってしまったという馬鹿げたコンセプトも信じてしまう——要は、その人物をどれだけ信じられるかなんですよ。

二つ目は……これは私だけのこだわりで、みんなに通じるものじゃないんだけれども、あまりシリアスになりすぎないこと。映画が非常に真面目でコメディの要素が微塵もないと、笑えるものが何もなくてちょっと退屈してしまう。笑えるとき、笑うことが許されるとき、登場人物にも彼らの身に起きていることにも、より気持ちが入ることがわかったんです。ホラーの要素を面白おかしくしろと言っているんじゃないですよ。そうじゃなくて、登場人物の目を通したユーモアをいくらか許容することで、コンセプトの馬鹿らしさの許容範囲が広がるんじゃないかな。

なにしろ、ホラーには馬鹿げたものが多いからね。

――観客が引いてしまうほど斬新なものを作ることは可能だと思いますか？

あなたがある人物の物語を語り、私にとってそれが関心の持てるリアルな人物なら、そしてリアルなキャラクター物語なら可能だと思いますよ――ストーリーとはそうやって作られるものだし、一般的にそれでうまくいくものです。

奇抜なストーリーでも、奇抜なホラー映画でも、それを信じ、キャラクターに興味を持てるなら可能です。観客はそれを信じなければいけないし、あなたはそのコンテンツを観客に信じさせなければならない。さあ、奇抜なサイエンスについて語ってください。語って、あなたの専門がなんであれ、私にその神話を信じ込ませてください。たとえば、私は『女性鬼』（07／ミッチェル・リヒテンシュタイン監督）をまだ見ていません。ヴァギナに歯があるなんていう話を、どうやって信じ込ませてくれるのかな。

第八章　ホラーの変わらぬ魅力

恐怖を感じるメカニズムにホラーがどう関わっているかをいくら理解しても、そもそも私たちがなぜホラーを愛するのかを説明することはできない。ほとんどの感情理論は、人間は楽しい気分や感情を高めてくれる経験を求める意欲が非常に高く、気を滅入らせるようなものを積極的に避けると示唆している。ホラーはどう見ても、少なくとも表面的なレベルでは、幸福感や満足感を与えてくれそうなものではない。どちらかと言えば、ホラーは気を滅入らせる類のものだ。たとえ主人公が勝利を得る場合でも、そこに至る物語のなかで、私たちはたいてい不快な経験や映像をたっぷり味わうことになる。この現象、つまり恐怖、不安、嫌悪感といったネガティブな感情と結びついているホラーに、それでも人々が惹きつけられる現象は、しばしばホラー・パラドックスと呼ばれる。

娯楽としての恐怖という発想はすぐにはぴんとこないが、この概念はホラー映画の世界に留まらないものだ。映画のほかにも私たちがホラー小説やビデオゲーム、お化け屋敷などを愛するのには正当な理由があるに違いない。

恐怖を感じるのを好むパラドックス的快楽を「良性のマゾヒズム」の一種と呼んだ研究者もいる。これと同じ考え方は、なぜ人は激辛のトウガラシを喜んで食べるのかを説明するためにも使われてきた。トウガラシの辛味成分が痛みを感じる神経経路を刺激すると知っていながら、なぜ食べるのか。良性のマゾヒズムという考えが少しわかりにくければ、カナダの認知心理学者スティーヴン・ピンカーが次のようにうまく表現している。

パラドックス的快楽には、トウガラシやにおいの強いチーズ、辛口のワインを味わうこと、サウナやスカイダイビング、カーレース、ロッククライミングといった過激な体験をすることなどが含まれる。それらはすべて大人の好み《テイスト》で、初心者は痛みや嫌悪感、恐怖など最初の反応を乗り切らなければならず、そこから次第に通《つう》になっていく。そしてこれらはみな、ストレス要因との接触をコントロールしながら徐々に量を増やしていくことで体得できる。すべてに共通するのは、高い潜在的利益（栄養、薬効、スピード、新たな環境に関する知識）と高い潜在的危険性（中毒、暴露、事故）との組み合わせだ。これらのテイストに慣れ親しむ喜びとは、すなわち限界に挑戦する喜び、大惨事を招かずにどれだけの高さ、熱さ、強さ、速さまで到達できるかを一歩一歩探りながら進んでいくことの喜びだ。そこから得られる究極の利益は、内なる恐怖心や警戒心によって閉ざされているのが当たり前だった特定の経験という空間に、有益な領域が広がることにある。

ホラーに関しては、いきなり『正体不明ＴＨＥＭ－ゼム－』（06／ダヴィッド・モロー、グザヴィエ・パリュ監督）や『アンチクライスト』（09／ラース・フォン・トリアー監督）あたりの残酷な作品から入ってこのジャンルに目覚めたという人はほとんどいないだろう。個人的な好みの問題として、この手のものには一度も手を出したことがないホラーファンもいる。私たちがホラーに足を踏み入れるきっかけとしては、まずアクション映画やクライムスリラーなどホラーに近いジャンルの映画を見る、親や年上のきょうだい、友人を通じて古いタイトルと出会う、あるいは『ビートルジュース』、『ホーカスポーカス』（93／ケニー・オルテガ監督）、『コララインとボタンの魔女 3D』（09／ヘンリー・セリック監督）などの、よりファミリー向けの作品から入るというケースが多い。

私の場合、両親はどちらも本格的なホラー映画のファンではなく（実際、私は身近な家族のなかで唯一のホラーファンだ）、ホラーへのおもな入り口となったのは、『ＣＳＩ：科学捜査班』などの犯罪捜査ドラマや、『コレクター』、『ルームメイト』、『ゲーム』（97／デヴィッド・フィンチャー監督）などのサイコスリラーで、視聴傾向を自分でコントロールできる年齢になるまでその手のものを見ていた。あるとき、中学生だった妹がお泊まり会から帰ってきて、『壁の中に誰かがいる』（91／ウェス・クレイヴン監督）を見たと報告したのを覚えている。妹は中学生の頃の私よりも勇敢だった。なにしろ私は、お誕生日会でほかのみんなが『チルドレン・オブ・ザ・コーン』（84／フリッツ・カーシュ監督）を見ているあいだ、別の部屋に隠れていたのだから。ホラーへの入り口がどこであったにせよ、初期の映画体験はあなたがジャンルへの期待や印象、耐性というツールキットを構築するのに役立つ。そしてあなたはホラーというジャンルに回帰するたびに、そのツールキットを携えていくことになる。

万人のためのホラー

ホラーを愛する理由として考えられる生物学的、心理学的、さらには社会学的根拠を掘り下げる前に、まずはひとつの説を排除しておこう――ホラー好きは、特定のジェンダーに限定された特質ではない。そんなのは当たり前だと感じる人もいるかもしれないが、調査研究の世界ではいまでも持ち上がる論点なのだ。

ホラーを楽しむことはニッチな現象ではない。ホラーは時代とともにメインストリームに進出しつつあり、アンダーグラウンドなジャンルとしての立ち位置を正当化することはますます難しくなってきている。

ホラー映画に対する反応の研究における最大の欠点のひとつが、被験者にはさまざまな作品を見せるかわりに、研究で扱うホラーのサブジャンルの幅が狭いことだ。数多の研究に目を通していると、いくつかのタイトル――たとえば『悪魔のいけにえ』、『食人族』、『13日の金曜日 PART3』(82／スティーヴ・マイナー監督)が何度も繰り返し登場する。それらが選ばれたのは(研究が行われた時期にもよるが)きわめて重要な作品であること、露骨な暴力描写が含まれること、もしくはその両方が理由だと理解はできる。

しかしこれほど多くの研究が、『食人族』から抜粋した五分間のビデオクリップを女性が男性と比べて好意的に評価しなかったことを根拠に、女性は男性よりもホラー映画を好まないと声高に宣言していることに私は違和感を覚える。この分野の研究で、トランスジェンダーの男性や女性、ノンバイナリー〔性自認が男女のどちらにも当てはまらない人〕、ジェンダーフルイド〔性自認が固定されていない人〕、エイジェンダー〔特定のジェンダーを自認しない人〕の映画ファンがホラーを好むかどうかが考慮されていないのは言うまでもない。

この分野の研究にまつわるもうひとつの大きな問題は——この分野に限った話ではないのだが——快楽を評価する際、自己申告のデータに大きく依存している点だ。自己申告にありがちな問題はいくつか存在するが、とくに顕著なのが社会的望ましさのバイアスだ。これは通常、人が概して良い印象を残したいと望むことによって起きる。たとえ無記名式のアンケートに答えるときですら、私たちは意識的に、もしくは無意識のうちに、正直な答えよりも自分が望ましいと考える答えを書いてしまいがちだ。そのため、たとえばある男性が、男はホラーを好むほうが社会的に望ましいと考えていれば、ホラー映画の楽しさを測る尺度で、その人が実際に自分自身に当てはまると思うよりも高い値に丸をつける可能性が高い。だからあらゆる自己申告データは使い物にならないと言っているのではない。それどころか、自己申告は個人の見識を知る最良の方法のひとつだ。ただ、自己申告だけに頼った研究には気をつけたほうがいい。

グローバルな観点からホラージャンルに目を向け、多種多様なサブジャンルについて、観客層の人口統計的な違いによって魅力を感じる物語がどう異なるかを探った研究には、まだお目にかかったことがない。これはかなり大がかりになるだろうが、ホラーは男のためのもの、とくにシスジェンダー〔出生時に割り当てられた性別と性自認が一致している人〕で、白人で、五体満足な男のためのものという誤った認識を打ち砕く意味で、私はやる価値があると思う。

もっとも、どのようなタイプの人がホラーメディアに惹かれるかを解明しようとした研究者たちはいる。マタイアス・クラーゼンは、さまざまなホラー鑑賞者の類型を構築するための調査研究法を編み出した。たとえば彼が「熱烈なホラーユーザー」と呼んだのは、ホラーメディアを大いに楽しみ、頻繁に利用し、強烈なホラーを好む被験者たちだ。このタイプにはまた、ホラー映画を見ても簡単には怖がらないと報告する傾向もいくらか見られた。パーソナリティとモチベーションの観点から、クラーゼンの研究チームは次の四つの類型を割り出した。

- 「熱烈なホラーユーザー」は、楽しさやわくわく感、驚きを味わえることへの期待感からホラーに関心を向けやすく、想像力に富み、刺激を求める（そしておそらく超常現象を信じる）傾向がある。
- 「社交的なホラーユーザー」は、ホラーを他者と一緒に鑑賞することを強く好む傾向がある。彼らは誰かと一緒に見たほうがより楽しさを感じ、そして興味深いことに、怖さもより強く感じやすい。社交的なホラーユーザーは外向性と同調性のスコアが高く、超常現象に対して熱烈なホラーユーザーと同様の親和性を報告している。
- 「超自然派のホラーユーザー」は、現実的なホラーよりも超自然系のホラーメディアを強く好み、また、後者のほうがずっと怖いと感じる。このタイプはホラーを用いて嫌悪感や怒りの感情と向き合うのではなく、超自然的なものを信じる傾向がある。

- 最後の「怖がりのホラーユーザー」は、ホラーメディアに恐怖を感じやすく、鑑賞後も怖さが残るタイプと定義付けられた。また、彼らは他者と一緒ではなくひとりで見たときにより怖さを感じやすい。ほかのタイプとは異なり、怖がりのホラーユーザーは楽しむためにホラーを見るのではなく、恐怖を味わうために見る。このタイプはまた、同調性のスコアが高く、情意安定性のスコアが低い傾向がある（それはつまり、彼らはより敏感にネガティブな感情を経験しやすく、情動反応が起きやすいことを意味する）。

クラーゼンによると、ホラーが好きな女性は「社交的なホラーユーザー」と「怖がりのホラーユーザー」に分類されることが多かった。これはホラーの楽しみ方を男女で比較した場合、男性よりも女性のほうが恐怖感を報告する傾向があるという過去の研究結果とも合致した。クラーゼンの類型の特徴は、ホラー鑑賞のモチベーションを高めるものとして恐怖体験を分類している点にある。一方で過去の研究では、恐怖が嫌悪や回避と同一視されていた。また、シスジェンダーの男性はホラーを楽しみそれを求める傾向があるという、かなり一貫した研究結果が得られているが、男女の差は意外に大きくない。この手の研究ではシスジェンダーの男女だけがジェンダーとして記録されがちだが、ホラーの世界ではあらゆるジェンダーがしっかりと描かれていると、私は自信を持って言える。

さて、それはさておき、私たちが共有する〝ホラー愛〟の根底には何があるのかを探っていこう。

ホラー愛は遺伝するのか？

ドラマやコメディといったほかのジャンルの映画に惹かれること以上に、ホラー映画への愛はどこか生得的な、ひとつの人格特性のようにも思える。人格特性が一般的に、生まれながらの性質（受け継いだ遺伝的影響）と育まれた性質（環境的および後成的影響）とが混じり合ったものとして受け止められるなら、私たちが怖がることを好む理由の一部はDNAに書き込まれている可能性があるのだろうか？

人間が持つ複雑な特性も、結局はその人のDNA設計図でたった一個の遺伝子のスイッチがオンになっているかオフになっているかで決まると主張する研究にはつねに用心しなければならないのだが、研究の結果、発現すると人の恐怖体験に影響を与えるかもしれない遺伝子の候補がいくつか提示されている。

挙げられた遺伝子座〔染色体上の遺伝子の位置〕の最初のひとつがFKBP5だ。この遺伝子は異常なストレス反応と関係があり、うつ病や不安に影響している可能性がある。PTSDの研究者がとくに関心を寄せる遺伝子であり、この遺伝子のいくつかの表現型を持つ人が衝撃的な経験をすると、平均値を上回る率でPTSDを発症することが発見された。

SLC6A4遺伝子のプロモーター領域に存在する5-HTTLPRは、脅威を感じるような体験をしたときに気分を安定させる重要なホルモンであるセロトニンの量をコントロールする。この遺伝子領域の機能は、ストレスに対する個々の感受性と関係がある。Sアレル（ショートアレル）と呼ばれる5-HTTLPRの変異アレルを持つ人は、怯えた顔や怒った顔などネガティブなイメージに晒されたとき、より大きな情動反応を経験する可能性が研究によって示唆されている。Sアレルを持つグループはまた、ネガティブなイメージやストレスフルなイメージに強い警戒心を示す、もしくは注意を払う傾向があるようだが、それに対してLアレル（プロモーター領域の長い変異形）を二つ持っている人はストレスフルなイメージを選択的に避け、ポジティブなイメージに注意を向ける傾向がある。5-HTTLPRはまた、恐怖シーンの情動的な内容にとらわれない能力とも関係している可能性があり、これは人々がホラーを楽しみ、もっと見たいと思う遺伝的理由のひとつを示しているのかもしれない。

そしてもちろん、第一章で述べたように、COMT遺伝子の異型は極度に驚きやすいハイパー・スタートラーを生む可能性があり、彼らはジャンプスケアのシーンで平均的な映画ファンよりも大きなリアクションをしやすい。

しかしこれらの遺伝的要素は、恐怖やホラー映画の内容を私たちがどう処理するかに影響を及ぼすかもしれないが、いずれもホラーを娯楽として楽しむという概念からはほど遠い。あなたの両親がホラーを楽しむなら、あなたも楽しむ傾向が強いかもしれないが、それはあなたが成長期を通じて、ホラーが禁じられていた家庭で育った人よりも頻繁にホラーに接していた結果にすぎない。ホラー好きは伝染するかもしれないが、どうやら遺伝性のものではなさそうだ。

刺激欲求

ホラー体験はしばしば闘争・逃走反応によるアドレナリンの大量放出と関連付けられるため、研究者はホラー愛と刺激欲求尺度として知られる性格指標との相関関係を測定することに注目してきた。

刺激欲求尺度の高さは、変わった食べ物を試すことに非常に興味がある、（フリークライミングやバンジージャンプなど）過激なアクティビティに高い関心があるなど、さまざまな感覚が大きく関与する体験に魅力を感じやすい性格と関係がある。いわゆるアドレナリン中毒者《ジャンキー》に関する一般認識とは異なり、最強のアスリートたちは、カオス的なエネルギーがみなぎり叫びたいほどの興奮を覚えるというよりも、むしろ非常に穏やかで「完全に没頭している」感覚を持つことが多いのだという。その感覚を、心理学者ミハイ・チクセントミハイは「フロー状態」と呼んだ。このフロー体験の特徴とは、いままさに自分がいる瞬間に意識が集中し、その瞬間と自分の行動をコントロールできていると感じ、自己意識はなく、時間が歪んでいるか止まっているような感覚で、自分がしていることそれ自体に満足感があること。つまり、とてもすばらしい気分なのだ。

私たちはみな、ある程度は新しい経験や新しい刺激を欲する。マーヴィン・ズッカーマンは刺激欲求特性の四つの尺度を定めた。

- スリルや冒険の追求、すなわち危険なアクティビティ（その最たる例がフリーダイビングやベースジャンピングだ）に、たとえ無事にやり遂げた人がいまだかつていなくとも挑戦したいという欲求。
- 経験の追求、すなわち五感や認知プロセスのレベルで刺激を得られる経験への欲求。
- 脱抑制、すなわち刺激と快楽の源としてのセックスやパーティー、ドラッグ、ギャンブル、飲み会などを求める自発的かつ快楽主義的な行動。
- 退屈に対する感受性。

刺激欲求性が高い人は、それが低い人と比べるとホラー映画を見るモチベーションが高いかもしれない。それは病的なまでの好奇心を満たし、スリリングな内容やゴアを味わうためだ。

しかし刺激欲求尺度に関する研究では、それと相容れない結果が出ている。全体的に見ると、この尺度はスリルを求める人とホラー鑑賞との有意な相関性を示していないが、個別の尺度ではわずかに相関性が見られる。たとえば経験欲求度の高い人は超自然系のホラーよりも現実的なホラーでより怖さを感じる傾向がやや強く、また退屈に対する感受性が高い人は誰かと一緒にホラーを鑑賞する機会を求め、楽しむ傾向がある。生々しいホラーに特化した別の研究によると、このようなホラーを好むのは脱抑制度の高さと相関関係があり、退屈に対する感受性と経験の追求ともいくらか相関性があるが、スリルや冒険の追求とはまったく相関性がないことが示唆された。ほとばしる興奮を得るためにホラー映画を見ているのではないという確信があるなら、あなたはおそらく、なんらかの解放感を求めているのだろう。

カタルシス説

カタルシス効果を得るためにメディアに触れるという思想は、おそらく本書で扱うなかでもっとも古い概念だろう。最初にこの考えを示したのはアリストテレスで、彼は悲劇（アリストテレスの時代、すなわち紀元前三八四年から三二二年頃には、映画ではなく芝居の形をとっていた）の鑑賞は観客の感情を解き放ち、悲しみや恐怖、怒りなどのネガティブな気持ちを浄化する機会を与えると説いている。私たちは、ホラー映画制作者たちの口から発せられるこの思想のこだまを何度も繰り返し耳にしている。アルフレッド・ヒッチコックはかつて、「テレビが果たした最大の貢献のひとつは、殺人を本来あるべき家庭に戻したことだ。殺人をテレビで見ることは良い治療になりうる。それは人の敵意を晴らすのに役立つかもしれない」と語った。また、ホラーは比較的安全で害のない形でタブーを探求できる方法かもしれないと示唆するホラー学者も複数いるが——あなたはどう判断するだろうか？

私は日常的によくホラー映画を見る。とくに嫌なことがあった日には、友だちと一緒に映画館でホラーを見て自分にご褒美を与える。私はいつも冗談で、カタルシスを得るためにそれが必要なのだと言う。ネガティブな感情から気をそらすために、それとは別の、スクリーンに映し出されるより差し迫ったネガティブな感情を思い浮かべる。これをした後はたいてい気持ちが晴れるのだが、私の気分の変化をもっともうまく説明できるのは、カタルシスではない。気分が良くなるのはおそらく、友だちと一緒に過ごす時間（映画を見る前に欠かせない、ファストフードを食べながらのガス抜きも含めて）と、プロットやジャンルは問わず、映画を見るという気晴らしのおかげだ。

自己申告によると、ホラー映画を見た後、たいていの人は恐怖を感じにくくなるどころか、むしろより強く感じるようになる。一般的に、ホラーメディアに本当にカタルシス効果があることを裏付ける証拠はないが、ホラーを見ると気持ちが晴れるのならば、気分を良くするためにホラーを見ても害はないだろう。

同様に、私たちがホラーを楽しむのは、比較的安全でコントロールされた方法で怖い状況やストレスフルな状況を体験できるからだとする説もある。言ってみれば、最悪のシナリオを補助輪付きで体験するようなものだ。第二章では、現実の恐怖を超現実的な恐怖として反映したホラー映画の歴史を全体的に振り返った。猛烈なウイルスによって世界中の人々が全滅する映画に感情移入することで、私たちは世界規模のパンデミックという現実の恐怖と折り合いをつける。また、世界が破滅的な終末を迎える映画を見て気候変動への不安を乗り切る。たしかに、この考えを検証する研究は見当たらなかったが——それに、この安心感をどう測ることができるだろうか？——結局は昔から言われるあの言葉に立ち戻ることになる。ホラーの世界は現実とは違うのだから、もし怖いと思ったら自分に向けてこう繰り返せばいい。これはたんなる映画の話。これはただの映画。ただの映画。

このカタルシス説を、安全な恐怖の体験以外にも応用できるとしたらどうだろう。二〇二一年、研究者のベッキー・ミラーとジョニー・リーは、ホラー映画が悲しみの処理に役立つ便利なツールである可能性を示した。その理由のひとつは、ホラー映画の定番であるモンスターが人々の生活を崩壊させる様が、悲しみが人生を崩壊させるのに似ているからだという。ミラーとリーはさらに、悲しみを主軸にしたホラー映画は非常に多く、それらは次のような一定の構成に則っていると指摘している。

1. 主人公が序盤で愛する人を失う（または失った直後から映画が始まる）。主人公の日々の生活が悲しみによって崩壊している。
2. モンスターがあらわれ、主人公の現実認識を徹底的に破壊し、それが死別によって引き起こされた世界の崩壊と重なる。
3. 主人公はモンスターを打倒する、または逃げる、手懐《てなず》けるなどして感情面の安定を取り戻す。

ミラーとリーによると、この構成に合致する悲しみに満ちたホラー映画には次のようなものがある。『赤い影』、『チェンジリング』（80／ピーター・メダック監督）、『ディセント』、『レイク・マンゴー　アリス・パーマーの最期の3日間』（08／ジョエル・アンダーソン監督）、『ババドック　暗闇の魔物』、『ヘレディタリー／継承』、そして『ミッドサマー』（19／アリ・アスター監督）。これ以外にも、まだまだたくさんあるはずだ。

この構成に従って、悲しみに向き合っている人々は映画に描かれた死別と自分を結びつけ、同様に破壊的なモンスターが最後は打倒され、主人公が悲しみもモンスターも消え去った後の安定した生活を取り戻す様を目にすることができる。問題の解決策にはならないかもしれないが、ホラーは恐怖やストレス、悲しみを経験している人にとって、それに対処するための有用なツールになりうるように思える。

恐怖に寄り添う

すでに述べたように、私の場合、ホラー映画はひとりよりも誰かと一緒に見たほうが間違いなく楽しい。友だちと怖い映画を見ることは感情体験を共有することを意味し、その経験がより深まることが多い。同様に、混み合う劇場で知らない人たちに囲まれて座っているときにも、その感情は増幅される。ジャンプスケアとほかの観客の叫び声が同時に襲ってくることで、驚愕効果が増すのだ。そして言うまでもなく、劇場で観客の誰かが思わず笑い声を発すると、魔法のようにその場の緊張感が和らぐ。ウェス・クレイヴンがかつて語ったように、「自分が叫び、ほかの観客もみな叫びを上げると、自分だけが恐怖を感じているんじゃなく、みんながそうなのだと気づき、それで不思議と解放感が味わえる」のだ。ホラー映画を誰かと一緒に見るということは、感情体験をその場で一緒に処理する相手がいることを意味する。その相手とは、笑いで緊張をほぐしてくれる人かもしれないし、あなたが感じている緊張や不安感を代わりに表現してくれる人かもしれない。

よく言われることだが、ロマンチックな映画デートで絆を深めたいなら、ラブコメや涙を誘う物語よりもホラーを選んだほうがいい。その根拠となるのが、社会学者が「寄り添い理論（Snuggle Theory）」と呼ぶものだ。ドルフ・ジルマンとそのチームが一九八六年に提唱したこの理論では、男女の社会化の違いにより、異性とのデートでホラー映画を見るという行為が「恐れを知らないマッチョマン」(誓って言うが、これはジルマンが論文で用いた表現そのものだ)といった望ましい性別役割《ジェンダーロール》を強化するとされている。この研究は、異性愛者だと報告したシスジェンダーの男女以外をすべて除外する形で実施された(研究記録によると、ある男性被験者が同性愛者であると報告したが、一方で彼は異性愛者であるとも報告していたため除外されなかった。おそらく、バイセクシャルの欄がなかったのだろう)。この研究については、ジェンダー、セクシュアリティ、そしてホラー映画に関する見解として、鵜呑みにするなり割り引いて考えるなり、好きなように受け止めていいだろう。

この理論を検証するために、ジルマンは大学生を異性のパートナーとペアにして映画を鑑賞させた。このときパートナーは『13日の金曜日 PART3』から抜粋した一四分間の映像を見て、中立的な態度、動揺、または〝慣れている〟態度のいずれかを示す。一緒に映画を鑑賞するパートナーはまた、最初の好感度が高い人と低い人に分けられていた(もっとも、ペアを演じるそれぞれ二人の男女が好感度の高い役と低い役にどう振り分けられたのかはわからない)。

研究の結果、男性がホラー映画をもっとも楽しんだのは、映画に動揺する女性と組んだときで、もっとも楽しめなかったのは、ホラーに慣れている女性と組んだときだった(ただし、その女性を最初から好ましいと感じていた場合を除く)。ホラーに慣れている様子の女性と一緒だとあまり楽しめないと男性が感じた理由のひとつとして挙げられているのが、パートナーを怖がらせることができないのなら、その映像は本質的にあまり怖くないのだと感じるから、というもの。果てしなく疑わしい解釈だ。一方で女性は、パートナーの男性が動揺を示した場合にもっとも映画を楽しめなかったようで、〝慣れている〟態度を示す男性をより性的魅力が高いと評価し、最初の好感度が低かった男性の場合は魅力が増したと評価する傾向があった。いずれにしろ、恐れを知らない態度には、男性に対して女性パートナーをより魅力的に見せる効果はなかった。

わずか三六人の女子大学生と三六人の男子大学生（けっして多様な被験者ではない）の行動を調査したこの小規模な研究からは、数多くの大胆な結論が導き出されている。この研究は面白く、ジェンダーとホラーを含むメタアナリシスの多くにいまも引用されている。しかしこれは三五年も前の研究であり、私が知る限り、近年になって同様の研究は行われていない。また、粗捜しをするつもりはないが、この研究結果は『13日の金曜日 PART3』の全編ではなく、ほんの一部のビデオクリップに対する反応に基づくもので、種類の異なるビデオクリップはおろか、別の種類のホラー映画との比較すらされていない。同時代に行われたほかの研究によると、女性はスラッシャー映画をあまり好まないとされることから、この研究に男性が好むとされるサブジャンルが選ばれたのは奇妙だ。

次のデートでホラー映画を選ぶといい理由として、ジェンダーロールに基づく旧態依然としたスタンスよりももっと信頼できるのは興奮移転理論かもしれない（偶然にも、この理論を最初に提唱したのもジルマンだ）。これについては、ジャンプスケアで叫んだ後に笑いだしてしまう理由を説明しうる理論として第一章で述べた。また、第六章では触れなかったが、興奮移転理論はホラーを見たときの鬱積した興奮が攻撃的行動に変換されるメカニズムの説明としてもよく引き合いに出される。鬱積した興奮が攻撃的行動ではなく性的興奮に変換されるとしたら——ホラーで欲情するという意味ではなく、高まる興奮を誰かと共有することで、その人をより身近に感じるとしたらどうだろう。不快な経験や痛ましい経験を共有すると、それが人と人とをつなぐ〝社会的接着剤〟のような役目を果たし、他者との絆や協力関係が強化されるという研究結果もある。共有される経験とは、たとえば一緒に激辛のトウガラシを食べる、激しくきついエクササイズをするといった軽いものから、衝撃的な出来事を乗り切る、ともに戦争で戦うといった過酷なものまでさまざまだ。本書ではこれまで、ホラー映画にはストレスフルな瞬間や不快な瞬間が意図的に盛り込まれていることを明らかにしてきた。だからもしかすると、意中の人と一緒に怖い映画を見れば、二人の距離がもう少し縮まるかもしれない。

　この概念は、シェリー・テイラーが提唱した「思いやりと絆（tend and befriend）」というメタファーによっても裏付けられている。これはストレスを感じているときの社会への帰属を表現した言葉で、人はストレス反応として闘争・逃走反応を示すのと同じように、保護やなぐさめといった社会的交流を求める傾向があることを示す。その根底には、ストレスフルな体験（ホラー映画を見ることもそのひとつだ！）はオキシトシンというホルモンの分泌を促進するという考え方がある。オキシトシンが分泌されると、脳内のドーパミン作動経路やオピオイド経路の作用にも敏感になる。脳の報酬系としても知られるこれらの回路は、辛い体験でも、ポジティブな社会的体験があればそれと合わせてポジティブな体験として強化する。ただしこれには注意が必要で、逆もまたしかりだとテイラーは指摘している。つまり、あなたの映画鑑賞相手があまり協力的でない場合、オキシトシンの分泌がその人に対するネガティブな感情をかえって助長してしまうのだ。この説を裏打ちするほかの研究によって、オキシトシンは他人の不幸を喜ぶ気持ちや、いい気味だと思う気持ち、妬みといったネガティブな社会的感情を強化する可能性があると報告されている。

オキシトシンは、科学の世界でもメディアの世界でもかなり誇大宣伝されてきた。主要メディアでも、オキシトシンがよく「ハグホルモン」、「抱き締めホルモン」などと呼ばれているのは、社会的結合やセックス中の親密な結合、信頼、共感などに大きく関与しているからだ。実験では、オキシトシンの分泌には鎮静効果があり、見知らぬ相手にさえ自分の気持ちを開示しやすくすることが報告されている。だが、じつはオキシトシンはそこまで単純なものではない。

もっとハグをするだけで誰もがよりお互いを信頼し愛するようになる奇跡のホルモンというよりも、最近の研究によって、オキシトシンはほぼ調節ホルモンであり、多くの生理的プロセスを経て、私たちの脳と身体を抑制された状態、すなわち「ホメオスタシス（恒常性）」として知られる比較的均衡のとれた状態に維持するのに大きく寄与していることが示唆されている。私たちが社会的経験を共有するとき、オキシトシンが脳内でなんらかの働きをしているのは間違いないが、人との関係――心温まる関係、曖昧な関係、あるいは不快な関係など――に対する感情を呼び起こすというよりも、むしろその予備段階として、私たちの注意を対人関係そのものに引き寄せる役目を果たしている可能性が高い。そこに注意が向くことで、その関係に対して私たちが抱く感情が増幅して感じられるのだ。

ホラー関係の本の執筆とそのための取材に費やした日々、私はたくさんのホラーファンと出会ったが、彼らのホラー愛には無数の形があり、その範囲は多様なサブジャンルと深さに及んでいる。低予算の三流映画からメジャースタジオ作品まで、臆することなくあらゆる形のホラーを平等に楽しむファンもいるだろう。ファウンド・フッテージやジャッロなど、ごく限られたお気に入りのジャンルに的を絞り、そこだけにエネルギーを注ぐ人もいるだろう。また、ミーハーなホラーファンで、新作映画が公開されると必ず劇場のシートに腰を沈めるが、映画館以外での関わりは求めない人もいれば、驚くほど深い井戸からもホラーのトリビアを引き出せる、百科事典並みの知識を持つ情熱的なファンもいるだろう。人一倍ホラーに目覚めやすい性格的特徴はありそうだが、私たちがホラーを味わう理由や動機は、ホラーを愛する方法と同じように人それぞれ微妙に異なると思う。どのような形でホラーを愛そうと、ほかのホラーファンに対して誠実なものである限り、それはホラーへの正当な愛なのだ。

インタビュー

アレクサンドラ・ヘラー＝ニコラス

アレクサンドラ・ヘラー＝ニコラス博士は、オーストラリアのメルボルン出身の映画評論家、作家、研究者。カルト、ホラー、エクスプロイテーション映画について、ジェンダー政治学、性暴力の表現、女性の映画制作に重点を置いて論じた著作がある。

――まず、カルト映画とはどういうものか説明していただけますか？　カルト映画とホラーにはどのような共通点があるんでしょうか。

カルト映画とはその名の通り、良くも悪くも、カルト的に熱狂的な信奉者がいる映画のことです。カルト映画の不思議な魅力は、「ああいうのが作りたい」と言って真似ができないところ。カルト映画とは要するにテイストと承認の問題で、多くの優れた研究者や批評家が指摘しているように、メインストリームとは正反対のテイストという、ある種の（サブ）カルチャー的特徴を持っています。これがカルト映画の用語で言うところの「最低すぎて最高に面白い」映画を生むわけです。「そうだ、カルト映画を作ってやろう」なんて言って作れるものではない、そこがいいんです。そういう斜に構えた、見え透いたウケ狙いはカルトファンには通用しないし、本当に作ろうとする人がいたら引いてしまいます。もともとメインストリームの観客向けに作ったんだろうな、というカルト映画は山ほどあります。公開時は大コケ、でもそのうちにカルト信者がどんどん増えていった、というように――たとえばポール・バーホーベン監督の『ショーガール』(95)とエレイン・メイ監督の『イシュタール』(87)はどちらもメジャースタジオ作品にもかかわらず、当初はかなり不評でジョークのネタになるくらいでしたが、公開から数十年後には熱狂的なカルト的ファンを獲得していました。

これらの作品からわかるように、カルト映画とホラー映画は同義ではありません。とはいえ、もちろんホラー映画の多くはカルト映画です。その理由はおもに、カルト映画ファンから見て、研究者のジェフリー・スコンスがかつて「文化の瓦礫の山」と呼んだものから快楽を見出すのは、非常に価値のあることだからでしょう。ホラーにおいて、この瓦礫の山の宝探しとカルト的ファンは、低俗なボディホラーの世界で交わります——たとえば〔B級映画を数多く手がける映画製作会社の〕トロマ・エンターテインメントの作品や、J・マイケル・ミューロー監督の『吐きだめの悪魔』(87)など。でももう一度言いますが、メジャースタジオ作品からも(たいてい時間が経ってから)カルト映画が生まれることがあります。たとえばカリン・クサマ監督の『ジェニファーズ・ボディ』(09)は、最初は酷評されましたが、最近では多くのカルトファンに歓迎されてフェミニスト・ホラーのお墨付きを与えられましたし、普通に考えて高尚な、あるいは作家主義的なカルト映画と見なされそうな例としては、スタンリー・キューブリック監督の『シャイニング』を挙げれば十分でしょう。

——ホラー映画がカルト映画として傑出しているのは、なぜでしょう?

カルト映画とは、要するに広く承認された映画です。カルト映画を作ろうという意図が見え見えだったりすると、恥ずかしささえ感じてしまいます。カルト映画には承認に至るプロセスがあって、そこには営利目的のウケ狙いが入り込む余地はありません。そういうものはカルト映画

『ジェニファーズ・ボディ』(09/カリン・クサマ監督)

の性質とは相反するものだからです。とはいえ、私がとくにカルトホラーで面白いと思うのは、カルト映画として承認されると、「良い」、「悪い」、「高尚」、「低俗」といったテイストによるカテゴリー分けがなくなっていくことです。そして最終的には、より魅力に近いものが残り、その感覚を誰もが共有し、議論が交わされる状態が維持されることになります（たとえば、『ジェニファーズ・ボディ』の公開一〇周年を記念する論評記事に、「これぞフェミニスト映画の傑作。公開当初、我々はいかに見誤っていたか」的なものが何本あったかを見てみるとわかるでしょう）。カルトとは何かという、文字通りの意味の話に戻りますが――そこには志を同じくする一定数のファンが必要で、彼らは与えられたテクストに一定の方法でアプローチし、ホラーであれ、それ以外であれ、一本の映画の景色や経験を共有することでひとつに結びつきます。ホラーの場合はそもそも一般に受け入れられない低俗な形であることから、その映画はより危険なものとなり、カルトのテクストとしての破壊力がいっそう増すのです。

――著書の中で、感覚的経験にたびたび触れられています。ホラーの場合、感覚はさまざまなサブジャンルをつなぎ合わせる糸のように思えるのですが、こう捉えるのは的外れでしょうか？

私がホラーの感覚的経験について何度も話題にするのは、いちホラーファンとして何よりもまず、現に自分がもっとも恩恵を受けているのがそこだからです。ドキッとしたり恐怖を感じたりすること

――そういうのは私にとって、ホラー映画にできることのなかでもっとも面白くないものかもしれません。たいていはジャンプスケアのような大げさな常套手段と結びついていますからね。私が好きな

ホラー映画は、圧倒し、惑わせ、混乱させ、そして――私の目と耳を通して――ほかの感覚的反応を引き出してくれるようなものです。有名なのはローラ・U・マークスが提唱した「触覚的視覚性」という概念で、ホラーはとくに彼女が興味のある分野ではありませんでしたが、私にとってホラーを触覚的に感じることはつねに貴重な、めったに味わえない喜びです。鳥肌が立つどころか、ほぼ本能的に身体が反応してしまいます。

とはいえ、ホラーのサブジャンルはすべて感覚的反応を引き起こすことができると私は思うのですが、実際のところは、はっきりそれがわかるのはボディホラーなど一部のサブジャンルだけで、それ以外は広い意味で、もっと知的なものなのかもしれません。それでも感覚的反応を引き起こす能力は持っています。自分の好きなホラー映画を思い浮かべてみると、一方にはダリオ・アルジェント監督の『サスペリア』やアンジェイ・ズラウスキー監督の『ポゼッション』(81)があり、どちらもそれぞれのやり方で強烈に感覚的反応を引き起こそうとしてきます。その一方で、ブラッド・アンダーソン監督の『セッション9』(01)のような作品は、少なくとも表面上は典型的なホーンテッドハウスもののはずですが、それを完全に超越していて、私にはいまだに理解できないような方法で、知的な謎解きやミステリよりもむしろ、まず感覚的な経験を生み出すんです。カルト映画ではまた、「最低すぎて最高に面白い」系も否定できません。こういう形の承認は根本的に上から目線な感じがして私は嫌いなんですが、多くのカルトホラー映画ファンが感じる面白さはたしかにあって、それは映画の「最低ぶり」や、本物の感覚的反応を十分に引き起こせない力不足な部分から生まれているんです。

――さまざまな形の画面上の暴力と結びついた感覚について詳しく教えていただけますか？

これはカテゴリーによってかなり違ってきます。たとえばジャッロの場合、画面上の暴力は（映画そのものもそうですが）ほぼ怪奇趣味的《バロック》で、その流れを汲むスラッシャー映画と同じように、暴力シーンは華々しい場面として提示されます。そこでの感覚的刺激は高い頻度でセックスと関係付けられ、同時に映画の中の特定の物語の部分に組み込まれています。ボディホラーは、おそらくそれほど構造化されていないので、いつその場面が出てくるかわからないという危機感が映画をエキサイティングなものにすると同時に、破壊的なテーマや超越的なテーマの作品として非常に影響力のあるものにしています。この形式の達人はもちろん、デヴィッド・クローネンバーグ監督とジュリア・デュクルノー監督です。一方、レイプ・リベンジが完全に異質なのは、かなり多様性に富んだカテゴリーだからです。レイプ・リベンジがホラーと同義語になる以前から西部劇にもその要素を含むものがあり、いまもジャンルを超えたひとつの型となっています。実際、これらの映画に出てくる性暴力シーンは、これまでも、そしてこれからも、官能を刺激する悪趣味な性的見世物として使われつづけるでしょう。けれども、「#MeToo運動」後のレイプ・リベンジ映画に対する女性監督による警鐘が示したように（ちなみにこの伝統は最近になって始まったものではなく、ずっと前から続いています）、レイプ・リベンジ映画におけるレイプ描写もやはり、たんに感覚を刺激するものとしてではなく、破壊的でイデオロギー的な理由で使われていく可能性があります。

――目下の研究では、ホラーのどのような側面を掘り下げていらっしゃいますか？

私はつねに、ちょっとずついろんな研究に手を出しているんです。女性によるホラー映画制作の研究もまだ続いていますし、同じくレイプ・リベンジ映画の研究も（最近、拙著『Rape-Revenge Films: A Critical Study（レイプ・リベンジ映画研究）』の刊行一〇周年を記念して、第二版が出ました。今回新たに、女性監督によるレイプ・リベンジ映画の章が追加されています）。観客に強力な感覚的反応を呼び起こそうと意識的に取り組んでいる映画制作者たちに、私はとても興味を持っています。その手法はたいていジャンルの言語を抽象的な方法で用いることですが、彼らは必ずしもジャンル映画そのものを作っているわけではありません。こうした取り組みへの関心から、ジョン・エドモンドとの共同編集で、いずれも映画監督のピーター・ストリックランド、エレーヌ・カテト、ブルーノ・フォルザーニに関する本が生まれました。また、これからルシール・アザリロヴィックに関する本も出る予定です。

あとがき

絵画がたんなるキャンバスに塗った絵の具ではないように、ホラー映画はフィルムのひとコマひとコマを連ねただけのものではない。絵を鑑賞するという体験は、画家の光と影の使い方、筆致や質感、そして言うまでもなく、私たちが鑑賞の場に持ち込む過去の経験や現在の心の状態によって形作られる。ホラー映画は芸術とは見なされないかもしれないが、絵画に劣らず複雑な体験をもたらしてくれる。気軽なホラーファンから筋金入りのホラーファン、無理やり映画館に連れてこられた怖がりの人までさまざまな鑑賞者がいるが、私はこの本を執筆するにあたって、彼らが共有するホラー映画体験の構成要素をばらばらに分解しなければならなかった。モンスターのデザイン、サウンドスケープ作り、編集は筆致、すなわちテクニックだ。文化的な不安や個人的な恐怖反応はそこに文脈やニュアンスをもたらす。

私は必ずしも、本書によってあなたのホラー映画の見方が変わるのを期待しているわけではない。それではまるで、気の散る映画体験をしてほしいと願うようなものだ（私はかつて映画館で、集中して『ウィッチ』を見ようとしていたとき、見知らぬ誰かに座席の下からライターの火をつけられたことがある。そんな経験をした身として、この本を読んでくださるみなさんにとって、部屋いっぱいの他人と一本の映画を共有する体験が幸運なものとなるよう祈っている)。そしてまた、本書がこのジャンルへの理解を深め、ホラーに興味を持って関わる新たなきっかけを与え、あるいは以前は〝立入禁止〟にしていたサブジャンルにもちょっとだけ足を踏み入れてみる契機となるよう願っている。

この本のもっともエキサイティングなところは、本書自体は終わっても、科学はまだ恐怖や人間の感情、ホラー映画に関する探究を終えていないということだ。これからますます多くの研究が行われ、そしていつの日か、私たち人間はなぜ恐怖を感じることが好きなのか、その理由が解き明かされる日が来るだろう。

謝辞

本書の編集者であるクリスティン・テンプルに特大の感謝を捧げたい。彼女はその才能と見識、ホラーへの情熱を、この共同作業に注いでくれた。また、『Nightmare Fuel』を出版してくれたトーア・ナイトファイアー社の皆さんにもお礼を述べたい。そしてすばらしいカバーアートのデザインをしてくれたジェイミー・スタフォード＝ヒルに感謝。

マリア・ヴィセンテがいなかったら、本書は存在していないだろう。彼女は「こんなのいいんじゃない？」という私のアイデアを汲んで、本になる最初の形に変えてくれた。この恩は一生忘れない。

そして、たっぷり時間を割いて私の質問に答え、研究を支えてくださった以下の方々に感謝。クリストファー・ブルーム、ジョン・フォーセット、アレクサンドラ・ヘラー＝ニコラス、ジェイミー・カークパトリック、ローネン・ランダ、メアリー・ベス・マッカンドリューズ、テリー・メスナード、レイチェル・リーヴズ、アレクサンドラ・ウェスト。

ホラーに関する本を書くということは、ホラー映画をたくさん見ることを意味する。それをひとりで見ずにすんだときは、この研究がずっと楽しいものに感じられた。私のおもなホラー映画鑑賞仲間であるカム・コープとカトリーナ・ティスデール、そしてブリタニー・ベイカー、ジョシュア・オシカ、ナタリー・アイゼン、そしてグレイソン・マクナマラに心から感謝する。

なぜ一家でただひとり私だけがホラー好きになったのか誰も理解できないまま、それでも支えつづけてくれる家族に感謝。それは私にもわからない。

そして最後に、だけどけっして最小ではない感謝を、妻のコーラ・エッカートに。尋常じゃないくらい何度も『パラサイト』を見るのに付き合ってくれてありがとう。愛してる。

訳者あとがき

ホラー映画は好き？

ここまで読み進めてきたみなさんは、冒頭の問いにきっと「好き」と答えただろう。なぜホラーが好きなのか、なぜわざわざ怖いものを見たいのか、その答えは見つかっただろうか。

本書は、二〇二二年にアメリカのTor Nightfireから出版された『Nightmare Fuel: The Science of Horror Films』の全訳である。

著者のニーナ・ネセスはカナダ在住の生物学者で、デモンストレーション等を通じて科学をわかりやすく伝える「科学コミュニケーター」の仕事をするかたわら執筆活動に従事している。第七章に登場するウシの目玉の解剖シーンでは、科学コミュニケーターとしての活動を垣間見ることができる。著者のデモンストレーションはきっとユーモアに富んだ面白いものに違いないが、それは本書の書きぶりにも生かされており、しっかりと学術的な内容でありながら、カジュアルな文体で軽快に語られていく。ただし、言うまでもないが、語られる内容は生物学ではなくホラー映画だ。つまり本書は、ホラーファンである生物学者があたかもホラー映画を〝解剖〟するかのように、脳内の働きや視覚、聴覚、心理学的な面など、さまざまな角度から科学的に分析していくという、なかなかユニークなポピュラー・サイエンス本なのだ。

さて、本書には三〇〇作品以上のホラー映画が登場するが、「これは見た」、「これは知っている」という作品がどれくらいあっただろうか？　一括りにホラー映画と言ってもいくつものサブジャンルがあり、その枠には収まらないものも登場し、他のジャンルとの境界線を越えてさらに広がっている。ホラー映画がここまで広く深いジャンルだとは知らなかった。

私自身はもともとホラーファンではないが、ホラー映画関係の本を訳すのは今回で二度目だ。一作目は、リー・メラー著『ビハインド・ザ・ホラー——ホラー映画になった恐怖と真実のストーリー』（青土社、二〇二一年）。映画の元になった実際の恐ろしい事件や事故、殺人鬼、怪奇現象などを扱った本だった。そして今回、まったく切り口の異なるホラー本を訳す機会を得た。じつは翻訳者にとって、ホラーはちょっと〝怖い〟分野だ。ディープなファンの存在があるからだ。訳した内容が実際の映画と違っていたら（たとえ原文の誤りであったとしても）、すぐに見つかって指摘されそうで怖いのだ。だからシーンの描写が出てくると、可能なかぎり映画を見て確認する。そんな作業を繰り返すうちに、ふと気づいた——ぜんぜん怖くないのだ。それはたぶん、仕事の一環として見ているからだろう。その意識がせっかくの怖さを台無しにしているのだ。みなさんにはぜひ純粋にホラー映画を鑑賞し、制作者が狙ったとおりの恐怖をたっぷりと味わってほしい。

もう一点、本書の特徴について触れておきたい。読んでいてお気づきかもしれないが、著者は随所でジェンダーの問題に触れている。とくに、従来の実験や統計がシスジェンダーの男女の比較のみを行ってきた点や、社会的に望まれる性別役割《ジェンダーロール》が影響している点などについて問題提起している。じつは著者は「500 Queer Scientists（クィアな科学者五〇〇人）」に名を連ねており、自身の性自認や性的指向も公表したうえで、これから世に出る若い人々のために自ら手本となるべく活動している。本書の原文には男女を区別する「he（彼）」と「she（彼女）」に代わって用いられる三人称単数の「they」も使われており、新しい時代の文章に触れている感覚をひしひしと感じた。ただ残念ながら、これを日本語で表現することは難しい。

著者も述べているように、ホラー映画はこれからますます領土を拡大し、多彩な作品が生み出されるだろう。本書を通じて、ホラー映画をもっともっと楽しみたいと感じていただけたなら、何よりもうれしい。

最後に、本書を訳す機会をくださった株式会社フィルムアート社、そして事実確認、調べもの、訳文のブラッシュアップと親身に寄り添ってくださった編集者の白尾芽さんに、心より感謝を申し上げたい。

二〇二四年七月

五十嵐加奈子

作品名索引

- 映画作品のほか、TVシリーズ、ドラマシリーズ、ウェブ上で公開された映像作品を含む。
- ページ数の後のfは図版を示す。

1–9, A–Z

ア

カ

サ

タ

ナ

ハ

マ

ヤ

ラ

ワ

日本未公開作品

参考文献

はじめに

Carroll, Noël. "The nature of horror." *The Journal of Aesthetics and Art Criticism* 46, no. 1 (1987): 51–59. https://doi.org/10.2307/431308.

Clover, Carol J. *Men, Women, and Chain Saws: Gender in the Modern Horror Film*. Princeton University Press, 1992.

第一章

Acharya, S., and S. Shukla. "Mirror neurons: Enigma of the metaphysical modular brain." *Journal of Natural Science, Biology, and Medicine* 3, no. 2 (2012): 118–24. https://doi.org/10.4103/0976-9668.101878.

Baird, Robert. "The startle effect: Implications for spectator cognition and media theory." *Film Quarterly* 53, no. 3 (2000): 12–24. https://doi.org/10.2307/1213732.

Bastos, Aline, et al. "Stop or move: Defensive strategies in humans." *Behavioural Brain Research* 302 (2015): S48-S48. https://doi.org/10.1016/j.bbr.2016.01.043.

Bayle, D. J., M. A. Henaff, and P. Krolak-Salmon. "Unconsciously perceived fear in peripheral vision alerts the limbic system: A MEG study." *PLOS One* 4, no. 12 (2009): e8207. https://doi.org/10.1371/journal.pone.0008207.

Gallup, G. G. "Tonic immobility: The role of fear and predation." *The Psychological Record* 27 (1977): 41–61. https://doi.org/10.1007/BF03394432.

Hagenaars, Muriel A., Karin Roelofs, and John F. Stins. "Human freezing in response to affective films." *Anxiety, Stress & Coping* 27, no. 1(2014): 27–37. https://doi.org/:10.1080/10615806.2013.809420.

Kilner, J. M., and R. N. Lemon. "What we know currently about mirror neurons." *Current Biology* 23, no. 23 (2013): R1057-R1062. https://doi.org/10.1016/J.CUB.2013.10.051.

Maier, S., et al. "Clarifying the role of the rostral dmPFC/dACC in fear/anxiety: Learning, appraisal or expression?" *PLOS One* 7, no. 11(2012): e50120. https://doi.org/10.1371/journal.pone.0050120.

Morales, Andrea C., Eugenia C. Wu, and Gavan J. Fitzsimons. "How Disgust Enhances the Effectiveness of Fear Appeals." *Journal of Marketing Research* 49, no. 3 (2012): 383–93. https://doi.org/10.1509/jmr.07.0364.

Straube, T., et al. "Neural representation of anxiety and personality during exposure to anxiety-provoking and neutral scenes from scary movies." *Human Brain Mapping* 31 (2010): 36–47.

Volchan, Eliane, et al. "Is there tonic immobility in humans? Biological evidence from victims of traumatic stress." *Biological Psychology* 88(2011): 13–19. https://doi.org/10.1016/j.biopsycho.2011.06.002.

第二章

Allmer, P., D. Huxley, and E. Brick (Eds.). *European Nightmares: Horror Cinema in Europe Since*

1945. Wallflower Press, 2012.

Balmain, Colette. *Introduction to Japanese Horror Film*. Edinburgh University Press, 2008.

Clover, Carol J. *Men, Women, and Chain Saws: Gender in the Modern Horror Film*. Princeton University Press, 1992.

Cowan, D. E. *Sacred Terror: Religion and Horror on the Silver Screen*. Baylor University Press, 2016.

"Fright Exclusive Interview: Bob Clark." Icons of Fright, 2005. https://robertvgalluzzo.com/icons-interview-black-christmas-director-bob-clark/

Grant, B. K. *The Dread of Difference: Gender and the Horror Film*. University of Texas Press, 1996.

Jones, D. *Horror: A Thematic History in Fiction and Film*. Bloomsbury Academic, 2002.

Keesey, Douglas. *Twenty First Century Horror Films*. Kamera Books, 2017.

Kerner, A. M. *Torture Porn in the Wake of 9/11: Horror, Exploitation, and the Cinema of Sensation*. Rutgers University Press, 2015.

Mallory, Michael. *Universal Studios Monsters: A Legacy of Horror*. Universe Publishing, 2009.

McRoy, Jay. *Nightmare Japan: Contemporary Japanese Horror Cinema*, Ernest Mathijs and Steven Jay Schneider (Eds.). Rodopi, 2008.

West, Alexandra. *The 1990s Teen Horror Cycle: Final Girls and a New Hollywood Formula*. McFarland, 2018.

Zinoman, J. *Shock Value: How a Few Eccentric Outsiders Gave Us Nightmares, Conquered Hollywood, and Invented Modern Horror*. Penguin Press, 2011.

第三章

Adolphs, R. "What does the amygdala contribute to social cognition?" *Annals of the New York Academy of Sciences* 1191 (2010): 42–61. https://doi.org/10.1111/j.1749-6632.2010.05445.x; pmid: 20392275.

Apicella, C. L., et al. "Facial averageness and attractiveness in an isolated population of hunter-gatherers." *Perception* 36 (2007): 1813. https://doi.org/10.1068/p5601.

Bonhommeau, S., et al. "Eating up the world's food web and the human trophic level." *PNAS* 110, no. 51 (2013): 20617–20. https://doi.org/10.1073/pnas.1305827110.

Cheetham, M., P. Suter, and L. Jäncke. "The human likeness dimension of the 'uncanny valley hypothesis': Behavioral and functional MRI findings." *Frontiers in Human Neuroscience* 5, no. 126 (2011). https://doi.org/10.3389/fnhum.2011.00126.

Chien-Chung Chen, Kai-Ling C. Kao, and Christopher W. Tyler. "Face configuration processing in the human brain: The role of symmetry." *Cerebral Cortex* 17, no. 6 (2007): 1423–32. https://doi.org/10.1093/cercor/bhl054.

Crawfurd, J. "On the physical and mental characteristics of the Negro." *Transactions of the Ethnological Society of London* 4 (1866): 212–39. https://doi.org/:10.2307/3014290.

Davey, G. C. L. "Characteristics of individuals with fear of spiders." *Anxiety Research* 4, no. 4 (1991): 299–314. https://doi.org/10.1080/08917779208248798.

Feeley, K. J., and B. Machovina. "Increasing preference for beef magnifies human impact on world's food web." *PNAS* 111, no. 9 (2014): E794. https://doi.org/10.1073/pnas.1323071111.

Fischoff, Stuart, et al. "Favorite movie monsters and their psychological appeal." *Imagination,*

Cognition and Personality 22, no. 4 (2003):401–26. https://doi.org/10.2190/CJ94-83FR-7HQW-2JK4.

Fischoff, S., et al. "The psychological appeal of movie monsters." *Journal of Media Psychology* 10 (2005): 1–33.

Freud, S. "The uncanny." In J. Strachey (Ed.), *Standard Edition of the Complete Psychological Works of Sigmund Freud* (pp. 219–56). Hogarth Press, 1919/1955.〔フロイト「不気味なもの」『フロイト全集17　1919–22年　不気味なもの／快原理の彼岸／集団心理学』新宮一成・鷲田清一・道籏泰三・高田珠樹・須藤訓任編、岩波書店、2006年〕

Greenberg, Jeff, Sheldon Solomon, and Tom Pyszczynski. "Terror management theory of self-esteem and cultural worldviews: Empirical assessments and conceptual refinements." *Advances in Experimental Social Psychology* 29 (1997): 61–139. https://doi.org/10.1016/S0065-2601(08)60016-7.

Griffin, A. M., and J. H. Langlois. "Stereotype directionality and attractiveness stereotyping: Is beauty good or is ugly bad?" Social *Cognition* 24 (2006): 187. https://doi.org/10.1521/soco.2006.24.2.187.

Hanson, David, et al. "Upending the uncanny valley." *Proceedings of the National Conference on Artificial Intelligence* 4 (2005): 1728–29.

Hayakawa, S., N. Kawai, and N. Masataka. "The influence of color on snake detection in visual search in human children." *Scientific Reports* 1, no. 80 (2011). https://doi.org/10.1038/srep00080.

Heberlein, A. S., and R. Adolphs. "Impaired spontaneous anthropomorphizing despite intact perception and social knowledge." *PNAS* 101 (2004): 7487–91. https://doi.org/10.1073/pnas.0308220101; pmid:15123799.

Ho, C.-C., K. F. MacDorman, and Z. A. Pramono. "Human emotion and the uncanny valley: A GLM, MDS, and Isomap analysis of robot video ratings." *Proceedings of the 3rd ACM/IEEE International Conference on Human Robot Interaction, HRI '08* (2008): 169–76. https://doi.org/10.1145/1349822.1349845.

Kawai, N., and H. He. "Breaking snake camouflage: Humans detect snakes more accurately than other animals under less discernible visual conditions." *PLOS One* 11, no. 10 (2016): e0164342. https://doi.org/10.1371/journal.pone.0164342.

Ketelaar, T. "Lions, tigers, and bears, oh God! How the ancient problem of predator detection may lie beneath the modern link between religion and horror." *Behavioural and Brain Sciences* 27 (2004): 740–41.

Lovett, Laura L. "'Fitter families for future firesides': Florence Sherbon and popular eugenics." *The Public Historian* 29, no. 3 (2007): 69–85. www.jstor.org/stable/10.1525/tph.2007.29.3.69.

Masataka, N., S. Hayakawa, and N. Kawai. "Human young children as well as adults demonstrate 'superior' rapid snake detection when typical striking posture is displayed by the snake." *PLOS One* 5 (2010): e15122.

Mori, M. "The uncanny valley." *Energy* 7 (1970): 33–35.

Mormann, F., et al. "A category-specific response to animals in the righth uman amygdala." *Nature Neuroscience* 14 (2011): 1247–49.

Morris, M. R., et al. "Fluctuating asymmetry indicates the optimization of growth rate over developmental stability." *Functional Ecology* 26(2012): 723. https://doi.org/10.1111/j.1365-

2435.2012.01983.x.
Pallett, P. M., et al. "New 'golden' ratios for facial beauty." *Vision Research* 50 (2009): 149. https://doi.org/10.1016/j.visres.2009.11.003.
Richerson, P. J., and R. Boyd. *Not by Genes Alone: How Culture Transformed Human Evolution*. University of Chicago Press, 2005.
Roopnarine, P. D. "Humans are apex predators." *PNAS* 111, no. 9 (2014): e796. https://doi.org/10.1073/pnas.1323645111.
Rosenthal-von der Pütten, A. M., et al. "Neural mechanisms for accepting and rejecting artificial social partners in the uncanny valley." *Journal of Neuroscience* 39, no. 33 (2019): 6555–70. https://doi.org/10.1523/JNEUROSCI.2956-18.2019.
Saxe, R., and A. Wexler. "Making sense of another mind: The role of the right temporo-parietal junction." *Neuropsychologia* 43, no.10 (2005):1391–99. https://doi.org/10.1016/j.neuropsychologia.2005.02.013.
Schiller, D., et al. "A neural mechanism of first impressions." *Nature Neuroscience* 12 (2009): 508–14. https://doi.org/10.1038/nn.2278; pmid: 19270690.
Selden, Steven. "Transforming better babies into fitter families: Archival resources and the history of the American eugenics movement,1908–1930." *Proceedings of the American Philosophical Society* 149, no.2 (2005): 199. EBSCO host.
Seligman, M. E. "Phobias and preparedness." *Behavior Therapy* 2, no. 3(1971): 307–20. https://doi.org/10.1016/S0005-7894(71)80064-3.
Sipos, Thomas M. *Horror Film Aesthetics: Creating the Visual Language of Fear*. McFarland, 2010.
Steckenfinger, S. A. and A. A. Ghazanfar. "Monkey visual behaviour falls into the uncanny valley." *PNAS* 106 (2009): 18362–66.
Vermeij, G. J. "The limits of adaptation: Humans and the predator-prey arms race." *Evolution* 66 (2012): 2007–14. https://doi.org/10.1111/j.1558-5646.2012.01592.x.
Wang, S., S. O. Lilienfeld, and P. Rochat. "The uncanny valley: Existence and explanations." *Review of General Psychology* 19, no. 4 (2015):393–407. https://doi.org/10.1037/gpr0000056.
Winston, J. S., et al. "Automatic and intentional brain responses during evaluation of trustworthiness of faces." *Nature Neuroscience* 5 (2002):277–83. https://doi.org/10.1038/nn816; pmid: 11850635.

第四章

Arnal, L. H., et al. "Human screams occupy a privileged niche in the communication soundscape." *Current Biology* 25, no. 15 (2015):2051–56. https://doi.org/10.1016/j.cub.2015.06.043.
Beckerman, J. *The Sonic Boom: How Sound Transforms the Way We Think, Feel, and Buy*. Houghton Mifflin Harcourt, 2014.
French, C. C., et al. "The 'Haunt' project: An attempt to build a 'haunted' room by manipulating complex electromagnetic fields and infrasound." *Cortex* 45, no. 5 (2009): 619–29.
Lerner, N. (Ed.). *Music in the Horror Film: Listening to Fear*. Routledge, 2009.
Novak, Colin. "Summary of the 'Windsor Hum Study.'" GAC, May 23, 2014. https://www.international.gc.ca/department-ministere/windsor_hum_results-bourdonnement_windsor_resultats.aspx?lang=eng
Raphael, Amy. *Danny Boyle: Authorised Edition*. Faber & Faber, 2013.

Singer, N., et al. "Common modulation of limbic network activation underlies musical emotions as they unfold." *NeuroImage* 141 (2016):517–29. https://doi.org/10.1016/j.neuroimage.2016.07.002.

Tandy, Vic, and Tony Lawrence. "The ghost in the machine." *Journal of the Society for Psychical Research* 62, no. 851 (1998): 360–64.

Wiseman, R., et al. "An investigation into alleged 'hauntings.'" *British Journal of Psychology* 94 (2003): 195–211. https://doi.org/10.1348/000712603321661886.

第五章

Brown, R., and J. Kulik. "Flashbulb memories." *Cognition* 5, no. 1 (1977):73–99. https://doi.org/10.1016/0010-0277(77)90018-X.

Burgess, A. W., and L. L. Holmstrom. *Rape: Victims of crisis*. Robert J. Brady, 1974.

Cantor, J. (2006, May) Long-term memories of frightening media often include lingering trauma symptoms. *Association for Psychological Science*. Presented at the Association for Psychological Science convention, New York, USA.

Cantor, J. "Why Horror Doesn't Die: The Enduring and Paradoxical Effects of Frightening Entertainment." In J. Bryant & P. Vorderer (Eds.), *Psychology of Entertainment* (pp. 315–27). Lawrence Erlbaum Associates Publishers, 2006.

Cantor, Joanne, Dean Ziemke, and Glenn Sparks. "Effect of forewarning on emotional responses to horror film." *Journal of Broadcasting* 28(2009). https://doi.org/10.1080/08838158409386512.

Clasen, M. "'Can't sleep, clowns will eat me': Telling scary stories." In C. Gansel & D. Vanderbeke (Eds.), *Telling Stories: Literature and Evolution*. De Gruyter, 2012.

Fanselow, M. S., and Z. T. Pennington. "A return to the psychiatric dark ages with a two-system framework for fear." *Behaviour Research and Therapy* 100 (2018): 24–29. https://doi.org/10.1016/j.brat.2017.10.012.

Holmes, E. A., et al. "Can playing the computer game 'Tetris' reduce the build-up of flashbacks for trauma? A proposal from cognitive science." *PLOS One* 4, no. 1 (2009): e4153. https://doi.org/10.1371/journal.pone.0004153.

Kerr, Margee. *Scream: Chilling Adventures in the Science of Fear*. Public Affairs,2 015.

LeDoux, Joseph E. "Coming to Terms with Fear." *Proceedings of the National Academy of Sciences* 111, no. 8 (2014): 2871–78. https://doi .org/10.1073/pnas.1400335111.

Neuendorf, Kimberly, and Glenn Sparks. "Predicting emotional responses to horror films from cue-specific affect." *Communication Quarterly* 36 (1988): 16–27. https://doi.org/10.1080/01463378809369704.

Piaget, J. *The Child's Conception of the World*. Littlefield Adams, 1990.〔ピアジェ『臨床児童心理学 改訂2 児童の世界観』〕大伴茂訳、同文書院、1960年〕

Piaget, J. and Inhelder, B. The *Psychology of the Child*. Basic Books, 1972.〔ジャン・ピアジェ、ベルベル・イネルデ『新しい児童心理学』波多野完治・須賀哲夫・周郷博訳、白水社、1969年〕

Watson, J. B., and R. Rayner. "Conditioned emotional reactions." *Journal of Experimental Psychology* 3, no. 1 (1920): 1–14. https://doi.org/10.1037/h0069608.

Wilson, B. J., and J. Cantor. "Reducing fear reactions to mass media: Effects of visual exposure and verbal explanation." In M. McLaughlin (Ed.), *Communication Yearbook* 10 (pp. 553–73). Sage, 1987.

第六章

Alia-Klein, N., et al. "Reactions to media violence: It's in the brain of the beholder." *PLOS One* 9, no. 9 (2014): e107260. https://doi.org /10.1371/journal.pone.0107260.

American Psychological Association. *Report of the APA Commission on Violence and Youth*, January 1, 1993. http://www.apa.org/pubs/info/reports/violence-youth.

Bandura, A., D. Ross, and S. A. Ross. "Transmission of aggressions through imitation of aggressive models." *Journal of Abnormal and Social Psychology* 63, no. 3 (1961): 575–82.

Chaffee, Steven. "National Television Violence Study 3." *Journal of Communication* 49, no. 3 (1999): 194–96.

Chaffee, Steven. "The National Television Violence Studies." *Journal of Communication* 47, no. 4 (1997): 170–73. https://doi.org/10.1093/jcom/47.4.170.

Dahl, Gordon, and Stefano DellaVigna. "Does Movie Violence Increase Violent Crime?" SITE Conference Archive — Spotlight at Stanford. Stanford University, 2006. https://exhibits.stanford.edu/site-archive/catalog/pb218gw7580.

Eron, L. D., et al. "Does television violence cause aggression?" *The American Psychologist* 27, no. 4 (1972): 253–63. https://doi.org/10.1037/h0033721.

Ferguson, C., and J. Savage. "Have recent studies addressed methodological issues raised by five decades of television violence research? A critical review." *Aggression and Violent Behavior* 17 (2012): 129–39.

Freedman, Jonathan L. *Media Violence and Its Effect on Aggression: Assessing the Scientific Evidence*. University of Toronto Press, 2002. http://www.jstor.org/stable/10.3138/j.ctt1287sxj.

Friedrich, L. K., and A. H. Stein. "Aggressive and prosocial television programs and the natural behavior of preschool children." *Monographs of the Society for Research in Child Development* 38, no. 4, Serial No. 151 (1973): 63. https://doi.org/10.2307/1165725.

Hennigan, K. M., et al. "Impact of the introduction of television on crime in the United States: Empirical findings and theoretical implications." *Journal of Personality and Social Psychology* 42 (1982): 461–77. https://doi.org/10.1037/0022-3514.42.3.461.

Huston-Stein,Aletha, et al. "The effects of TV action and violence on children's social behavior." *Journal of Genetic Psychology* 138, no. 2(1981): 183–91. https://doi.org/10.1080/00221325.1981.10534133.

Kendrick, J. *Film Violence: History, Ideology, Genre*. Wallflower Press, 2010.

Linz, Daniel, Edward Donnerstein, and Steve Penrod. "The effects of long-term exposure to violent and sexually degrading depictions of women." *Journal of Personality and Social Psychology* 55 (1988): 758–68. https://doi.org/10.1037/0022-3514.55.5.758.

Milgram, S. "Behavioral study of obedience." *Journal of Abnormal and Social Psychology* 67, no. 4 (1963): 371–78. https://doi.org/10.1037/h0040525.

Mussen, P., and E. Rutherford. "Effects of aggressive cartoons on children's aggressive play." *Journal of Abnormal and Social Psychology* 62(1961): 461–64. https://doi.org/10.1037/h0045672.

Newson, Elizabeth. "Video violence and the protection of children." *Journal of Mental Health* 3, no. 2 (1994): 221–27. https://doi.org /10.3109/ 096382 39409003802.

Oliver, M. B. "Adolescents' enjoyment of graphic horror: Effects of viewers' attitudes and

portrayals of victim." *Communication Research* 20(1993): 30–50.

Sharrett, C. (Ed.). *Mythologies of Violence in Postmodern Media*. Wayne State University Press, 1999.

第七章

Eichenbaum, H. "Prefrontal–hippocampal interactions in episodic memory." *Nature Reviews Neuroscience* 18 (2017): 547–58. https://doi.org/10.1038/nrn.2017.74.

Gagnepain, P., et al. "Collective memory shapes the organization of individual memories in the medial prefrontal cortex." *Nature Human Behaviour* 4 (2020): 189–200.

Morris, Jeremy. "The Justification of Torture-Horror: Retribution and Sadism in Saw, Hostel, and The Devil's Rejects." In Thomas Fahy (Ed.), *The Philosophy of Horror* (pp. 42–56). University Press of Kentucky, 2010.

Ramirez, S., et al. "Creating a false memory in the hippocampus." *Science* 341, no. 6144 (July 26, 2013): 387–91. https://doi.org/10.1126/science.1239073.

Ramirez, Steve, and Mark Mayford. "Melding Two Memories into One." Interview by Flora Lichtman. NPR: Science Friday, July 26, 2013

Ritz, Thomas, Alicia E. Meuret, and Erica S. Ayala. "The psychophysiology of blood-injection-injury phobia: Looking beyond the diphasic response paradigm." *International Journal of Psychophysiology* 78, no. 1(2010): 50–67. https://doi.org/10.1016/j.ijpsycho.2010.05.007.

Savini, Tom. *Bizarro: A Learn-by-Example Guide to the Art & Technique of Special Make-up Effects*. Harmony Books, 1983.

Wicken, Marcus, Rebecca Keogh, and Joel Pearson. "The critical role of mental imagery in human emotion: Insights from fear-based imagery and aphantasia." *Proceedings of the Royal Society Biological Sciences* 288, no. 1946 (2021). https://doi.org/10.1098/rspb.2021.0267.

第八章

Andersen, Marc Malmdorf, et al. "Playing with fear: A field study in recreational horror." *Psychological Science* 31, no. 12 (2020): 1497–510. https://doi.org/10.1177/0956797620972116.

Anthony Lane, et al. "Oxytocin increases willingness to socially share one's emotions." *International Journal of Psychology* 48, no. 4 (2013):676–81. https://doi.org/10.1080/00207594.2012.677540.

Bantinaki, Katerina. "The paradox of horror: Fear as a positive emotion." *Journal of Aesthetics and Art Criticism* 70, no. 4 (2012): 383–92. https://doi.org/10.1111/j.1540–6245.2012.01530.x.

Bartsch, Anne, Markus Appel, and Dennis Storch. "Predicting emotions and meta-emotions at the movies: The role of the need for affect in audiences' experience of horror and drama." *Communication Research* 37, no. 2 (2010): 167–90. https://doi.org/10.1177/0093650209356441.

Beevers, C. G., et al. "Association of the serotonin transporter gene promoter region (5-HTTLPR) polymorphism with biased attention for emotional stimuli." *Journal of Abnormal Psychology* 118, no. 3 (2009):670–81. https://doi.org/10.1037/a0016198.

Clasen, Mathias. "Monsters evolve: A biocultural approach to horror stories." *Review of General Psychology* 16 (2012): 222–29. https://doi.org/10.1037/a0027918.

Clasen, Mathias, Jens Kjeldgaard-Christiansen, and John A. Johnson. "Horror, personality, and

threat simulation: A survey on the psychology of scary media." *Evolutionary Behavioral Sciences* 14, no. 3(2020): 213–30.

Fox, E., A. Ridgewell, and C. Ashwin. "Looking on the bright side: Biased attention and the human serotonin transporter gene." *PRSB* 276, no.1663 (2009): 1747–51. https://doi.org/10.1098/rspb.2008.1788.

Harari, H., N. Perach-Bloom, and Y. Levkovitz. "Intranasal administration of oxytocin increases envy and schadenfreude (gloating)." *Biological Psychiatry* 66, no. 9 (2009): 864–70. https://doi.org/10.1016/j.biopsych.2009.06.009.

Hoffner, C. A., and K. J. Levine. "Enjoyment of mediated fright and violence: A meta-analysis." *Media Psychology* 7 (2005): 207–37.

Johnston, D. D. "Adolescents' motivations for viewing graphic horror." *Human Communication Research* 21 (1995): 522–52. https://doi.org/10.1111/j.1468-2958.1995.tb00357.x.

Millar, B., and J. Lee. "Horror films and grief." *Emotion Review* 13, no. 3(2021): 171–82. https://doi.org/10.1177/17540739211022815.

Nakamura, J., and M. Csikszentmihályi. "The Concept of Flow." In *Flow and the Foundations of Positive Psychology*. Springer, 2014. https://doi.org/10.1007/978-94-017-9088-816.

Pinker, Steven. *The Better Angels of Our Nature: Why Violence Has Declined*. Penguin Publishing Group, 2012.〔スティーブン・ピンカー『暴力の人類史』上下巻、幾島幸子・塩原通緒訳、青土社、2015年〕

Quintana, D. S., et al. "Oxytocin pathway gene networks in the human brain." *Nature Communications* 10 (2019), Article No. 668. https://doi.org/10.1038/s41467-019-08503-8.

Rozin, Paul, et al. "Glad to be sad, and other examples of benign masochism." *Judgment and Decision Making* 8 (2013): 439–47.

Sparks, Glenn G., and Cheri W. Sparks. "Violence, mayhem, and horror." *Media Entertainment: The Psychology of Its Appeal* 4, no. 2 (2000): 73–92.

Tamborini, Ron. "Enjoyment and social functions of horror." In *Communication and Emotion* (pp. 425–52). Routledge, 2003.

Tamborini, Ron, and James Stiff. "Predictors of horror film attendance and appeal: An analysis of the audience for frightening films." *Communication Research* 14, no. 4 (August 1987): 415–36. https://doi.org/10.1177/009365087014004003.

Taylor, Shelley E. "Tend and befriend: Biobehavioral bases of affiliation under stress." *Current Directions in Psychological Science: A Journal of the American Psychological Society* 15, no. 6 (2006): 273–77.

Tudor, A. "Why horror? The peculiar pleasures of a popular genre." *Cultural Studies* 11 (1997): 443–63.

Welsh, A., and L. Brantford. "Sex and violence in the slasher horror film: A content analysis of gender differences in the depiction of violence." *Journal of Criminal Justice and Popular Culture* 16 (2009): 1–25.

Zillmann, D., et al. "Effects of an opposite-gender companion's affect to horror on distress, delight, and attraction." *Journal of Personality and Social Psychology* 51 (1986): 586–94.

Zuckerman, Marvin. "Behavior and biology: Research on sensation seeking and reactions to the media." In *Communication, Social Cognition, and Affect*. Psychology Press, 1988.

[著者]
ニーナ・ネセス（Nina Nesseth）
カナダのオンタリオ州サドベリーを拠点とする科学コミュニケーター、ライター。おもにウェブ上でホラーと科学の接点を深く掘り下げた執筆活動を行う。著書に『The Science of Orphan Black（『オーファン・ブラック〜暴走遺伝子』の科学）』（共著、ECW Press、二〇一七年）がある。本書が初の単著となる。

[訳者]
五十嵐加奈子（いがらし・かなこ）
翻訳家。東京外国語大学卒業。主な訳書に、ローラ・カミング『消えたベラスケス』、エドワード・ウィルソン＝リー『コロンブスの図書館』（以上、柏書房）、デボラ・ブラム『毒薬の手帖』、リー・メラー『ビハインド・ザ・ホラー』、ニール・ブラッドベリー『毒殺の化学』（以上、青土社）がある。

ホラー映画の科学

悪夢を焚きつけるもの

2024年7月26日　初版発行
2024年8月25日　第二刷

著者　ニーナ・ネセス
訳者　五十嵐加奈子

日本語版デザイン　戸塚泰雄（nu）
日本語版装画　南景太
日本語版編集　白尾芽（フィルムアート社）

発行者　上原哲郎
発行所　株式会社フィルムアート社
〒150-0022
東京都渋谷区恵比寿南1-20-6　プレファス恵比寿南
tel 03-5725-2001
fax 03-5725-2626
https://www.filmart.co.jp/

印刷・製本　シナノ印刷株式会社

ISBN978-4-8459-2304-5 C0074